云南大学百年中文丛书
本书出版获云南大学一流大学建设项目"中国语言文学"资助

戴庆厦先生口述史

戴庆厦 ◎ 口述　赵燕珍 ◎ 采访　整理

中国社会科学出版社

图书在版编目(CIP)数据

戴庆厦先生口述史 / 戴庆厦口述；赵燕珍采访、整理 . —北京：中国社会科学出版社，2022.1

ISBN 978-7-5203-9570-0

Ⅰ.①戴…　Ⅱ.①戴…②赵…　Ⅲ.①少数民族—民族语言学—中国—文集　Ⅳ.①H2-53

中国版本图书馆 CIP 数据核字(2022)第 012549 号

出 版 人	赵剑英
责任编辑	宫京蕾　周怡冰
责任校对	夏慧萍
责任印制	郝美娜

出　　版	中国社会科学出版社
社　　址	北京鼓楼西大街甲 158 号
邮　　编	100720
网　　址	http://www.csspw.cn
发 行 部	010-84083685
门 市 部	010-84029450
经　　销	新华书店及其他书店

印刷装订	北京君升印刷有限公司
版　　次	2022 年 1 月第 1 版
印　　次	2022 年 1 月第 1 次印刷

开　　本	710×1000　1/16
印　　张	17.25
插　　页	6
字　　数	281 千字
定　　价	108.00 元

凡购买中国社会科学出版社图书，如有质量问题请与本社营销中心联系调换
电话：010-84083683
版权所有　侵权必究

读《戴庆厦先生口述史》（代序言）

段炳昌

最近几十年，各种口述史著作层出不穷，几乎每个领域、每个学科都有口述史著作大量涌现，但在语言学领域，却少有语言学家的口述史著作问世，就我陋见，只读到《王士元先生口述史》（孔江平、汪峰采访整理，云南大学出版社 2017 年出版）和眼前的这部《戴庆厦先生口述史》。这部《戴庆厦先生口述史》可能还是第一部中国大陆语言学家的口述史。

戴庆厦先生是蜚声中外的著名语言学家、民族学家和教育家。近七十年来，他在语言学研究、民族文化的调查和研究、语言学应用和教学、语言学人才培养方面都作出了重大贡献。戴庆厦先生对中国少数民族语言的研究主要集中在以景颇语为中心的藏缅语的调查和研究方面。自 1953 年 6 月起，戴庆厦先生就远涉千山万水，不远万里到了云南边疆景颇族地区，开始了景颇语的调查、记录、整理和研究，从此一头扎进景颇语的研究中，坚持不辍，几乎对景颇语的所有方面，包括系属、方言、语音、词汇、语法等都作了准确的描写和深入的研究，不断掘深拓宽，并且逐渐把研究范围扩展到景颇语与其他藏缅语的比较研究、藏缅语的整体研究、藏缅语和汉语等语言的比较研究等广阔领域，几乎涉及了藏缅语研究的所有问题。举凡藏缅语各民族语言的系属划分、藏缅语声调的特征和历史演变、松紧元音、复辅音声母、弱化音节、辅音韵尾、长短元音、清浊声母、原始藏缅语语音的构拟、动词、量词、结构助词、语义、词源、构词法等问题都作了深入的研究。戴庆厦先生以景颇语为中心逐渐扩散到整个藏缅语以及汉藏语的研究，时时关注景颇语在藏缅语乃至汉藏语中所处的地位、与亲属语言的关系、某些特征的语言学价值的判断等，实际上是把景颇语作为藏缅语研究的枢纽、节点、原点，作为通向其他藏缅语研究的门户、通道，这和美国著名语言学家白保罗的看法是不谋而合的，白保罗在 2003 年出版的《汉藏语概论》中认为景颇语是藏缅语的"中心语言"，认为"景颇语处在藏缅语的十字路口，它在语言中的地位也同它在地理上的位置（缅北）相当"。我们注意到，白保罗发表这个观点的时候，已经是戴庆厦先生致力于景颇语的调查研究之后二十年了。戴庆厦先生的研究还涉及了更为广阔的范围和领域，比如国家语言战略规划和政策的制订、文字创制、词典编纂、教材编写、语言与民族、语言与社会生活、双语或多语使用及教学、濒危语言的区分与保护、语言关系、跨境民族语言的调查与研究、语言国情调查研究、语言和谐调查研究等等。几乎在所有领域和问题的讨论中，无论是在个案研究、专题研究，还是理论研究、宏观研究、整体研究中，戴庆厦先生都有新颖而实在的真知灼见，他富有内涵的意见往往成为代表性的观点而引起国内外学术界的瞩目，他的不少研究，比如濒危语言的研究、跨境民族语言的调查与研究、语言和谐问题的调查研究都起着引领学术潮流的作用。他的研究总是从语言调查开始，从个案、具体问题、微观问题的研究入手，再上升到宏观问题的论述或理论的概括提升。

  在中国少数民族语言研究的理论和方法的建设方面，戴庆厦先生贡献至伟。他为少数民族语言的调查、整理和描写，提出了一整套操作性强、行之有效的理论与方法，这对少数民族语言的田野调查实践有着明显的指导意义。在语言学研究的理论和方法上，戴庆厦先生提出：要从中国传统语言学中吸取有用成分，使之与现代语言学相结合，创造适合汉藏语系包括藏缅语特点的理论和方法；要充分认识汉藏语的复杂性，不能简单地照搬或使用某种现成的理论和方法；要多角度，多方法对汉藏语进行研究；虚心学习和借鉴印欧比较语言学的优秀成果，立足本土，在汉藏语研究的具体实践中，积极创新，努力建立适合于汉藏语特点的理论和方法；在语言结构的分析中，重视语言单位之间的相互联系与相互制约，也就是说音素之间，声韵调之间，语音、语法和词汇之间，都存在密切联系，相互制约，这些联系和制约有一定的规律，一种特征有时受到另一种特征的制约而出现变异，语言单位的演变往往互为条件，所以，在研究藏缅语某一现象时，要重视语言单位之间的关系，从几个角度同时观察，从不同要素的相互制约、互为条件的关系中揭示某一语言现象的本质特征；把握藏缅语的主要特征进行深入研究，既要有一个个比较深入的总体描写研究，还要有一个个比较深入的专题研究；必须重视语料建设，不断增加新语料，根据充实的语料，去总结概括出适合中国少数民族语言的理论和方法。戴庆厦先生对如何处理好微观研究与宏观研究、个案研究与专题研究、近程研究与远程研究、描写与理论概括的关系等方面都提出了建设性的、具有相当指导意义的理论和方法。他在一些重要问题的研究方面，也提出了一些具有强劲解释能力的方法，比如，他对藏缅语松紧元音的来源、松紧元音对立的松化路径和条件的分析及分析方法，已成为学术界研究藏缅语族语言松紧元音的重要分析模型；他提出的民族语言识别的四条标准，也为相关部门和大多数学者所接受。他提出的"反观论"，既是语言学的一个重要的方法论，也是对语言学理论体系的丰富和充实。戴庆厦先生指出，所谓"反观"，是指从另一语言的特点得到启示和借鉴，因为世界的语言都有共性和个性，有亲属关系的语言共性会更多，所以，研究一种语言的特点，特别是深层的特点，从一种语言的内部往往看不清楚，要通过与别的语言对比才能看得清楚，有可能从语言比较中发现所研究语言的新特点、新规律，在研究中能从相互反观中得到新的启示，有助于揭示隐性的语言特点。做汉藏语的研究，无论是做非汉语的研究，还是做汉语的研究，都可以运用反观的理论和方法，将汉语和非汉语的研究相互结合起来，进行深度研究。戴庆厦先生是一位在理论上勇于开拓、富于创新的学者，绝不会人云亦云，也不会凭空发论，言之玄虚无物，故作惊人之论，总是于实实在在、从容不迫的论述中，阐明自己坚实而高远的观点。比如，二十多年来，关于濒危语言的抢救问题，已和非物质文化遗产保护活动一道成为中国文化学术研究的重要话题，甚至成了一股方兴未艾的文化思潮和社会活动，其积极意义是毋庸赘言的。戴庆厦先生是国内最先关注濒危语言问题和最早进行研究的几个学者之一，戴庆厦先生高度评价了抢救濒危语言的理念和活动，但通过扎实的田野调查，从中国少数民族语言的实际情况提出，必须构建有中国特色的濒危语言研究理论体系，不能一味按照国外理论来界定中国的濒危语言。中国的濒危语言研究，必须从中国的实际出发，不能完全照搬国外的理论和实践。忽视有些语言出现濒危、衰变固然不对；夸大语言濒危也是有害的，不仅会造成人心惶惶，导致难以对症下药，还会带来政策上的偏差。濒危语言和衰变语言是不同的概念，濒危语言不可挽救，而衰变语言可以通过各种措施包括政策辅助等，改变其衰变途径，在研究中必须区分这两个概念和两种现象。这样的理论观点确实切中要害，令人耳目一新，对于濒危语言的抢救和研究具有重要的理论价值和实践指导意义。

近七十年来，戴庆厦先生始终对中国少数民族语言事业心怀热爱和敬畏，从来没有离开中国少数民族语言的调查、研究和教学。他说，在大学时被分在景颇语班学习，一开始就爱上了景颇语专业。从此，景颇语成为陪伴他终身的专业，不离不弃，从不反悔。他一直热爱专业，不是站在这山看那山高。坚守"行行出状元"这一信念；一直坚持，勤奋专研，不分心，把学习、调查、研究和写作当成愉快的事。从上大学到现在，他踏遍万水千山，深入山岭边寨，田间地头，做过上百次大大小小的田野调查，有的历时长达数年（哈尼语），短则一两个星期，所调查的藏缅语族语言（方言）就有20多种，还调查了壮侗语族、苗瑶语族的语言，以及南亚语系的部分语言。对景颇族的四个支系语言都作了详细调查。为调查哈尼语方言土语，跑遍了红河两岸、思茅、西双版纳等哈尼族的分布区，调查了数十个哈尼语的方言、土语。还到境外调查了泰国的阿卡语、瑶语、拉祜语，老挝的克木语、傣仂语、普内语、西拉语，缅甸的克钦语，哈萨克斯坦的维吾尔语等。直到最近两年，戴庆厦先生还到云南进行田野调查。我觉得，就语言调查次数之多、历时之长、跨度之大、范围之广、探究之深、成果之巨、影响之远而言，戴庆厦先生应该是最为突出的。正是由于心怀热爱和敬畏，勤奋专研，坚持不懈，在大量田野调查的基础上，戴庆厦先生出版、发表了大量的学术成果，出版了《戴庆厦文集》《藏缅语族研究》《景汉辞典》《汉景辞典》《景颇语语法》《景颇语参考语法》《景颇语词汇学》《语言调查教程》《社会语言学概论》等20多部专著，发表论文350多篇（包括与人合作的），还主编了《二十世纪的中国少数民族语言研究》《汉语与少数民族语言语法比较》《语言国情调查概论》"跨境语言调查"丛书、"少数民族语言参考语法"丛书等，在主编的这些专著和丛书中，他同时也是重要的撰写者。北京语言大学黄月博士利用文献计量学方法，对2001年至2015年"语言学-中国语言文字"类别C刊发表情况做了详尽统计，发现依据发文量的核心作者分析及作者署名排序加权分析，排名均位于前10位的作者包括（按音序排列）戴庆厦、李宇明、刘丹青、陆俭明、邵敬敏、施春宏、吴福祥、袁毓林、张谊生,说明这 9 位作者是 2001—2015 年 15 年间中国语言文字研究领域的代表性学者。(引自《15 年来中国语言学界谁主沉浮?来自文献计量学的分析》,2018 年 6 月 23 日) 也就是说从 2001 年至 2015 年共 15 年之间,戴庆厦先生一直是中国语言学界排名第一的代表性学者。更令人惊叹的是,在上述代表性的学者中,主要从事中国少数民族语言研究的仅有戴庆厦先生一人而已,而且老一辈的语言学家只有戴庆厦先生和陆俭明先生入选。这 15 年,正是戴庆厦先生从 65 岁到 80 岁期间,在这个年龄段,很多学者已经偃旗息鼓,刀兵入库,含饴弄孙,养花逗鸟,而戴庆厦先生还在山野间调研,还在灯下不断写作,不断推出新成果,竟还能登上学术榜首,这种对学术的执着精神令人感佩不已。戴庆厦先生说,我认为自己不太聪明,但比较"勤"。那些成果,早期是一个字一个字地爬格子写出来的。每篇文章要改好几遍,抄好几遍。看到过去的一大堆不断修改的底稿,我真不敢回想当时是怎么熬过来的。后来有了电脑,这些成果也是我自己一个字、一个字地打出来的。早期,写一篇论文要花费我不少精力,好像要瘦几斤。要等到论文誊正寄出后,才觉得吃饭味道好一些。还要有毅力,不管是什么环境、什么条件都要有坚持下去的毅力。正是对专业的热爱和敬畏、专注、勤奋、毅力、坚韧不拔,支持着戴庆厦先生永葆初心,老当益壮,不断前行,不断开新,不断贡献出令人惊叹的成果。

　　由于在语言学研究方面的成就过于耀眼,戴庆厦先生作为一个民族学家却往往被人忽略了,这有如布龙菲尔德、萨丕尔、沃尔夫三人,人们大多只注意到他们的语言学家声望,却往往忘记了他们同时也是有成就的文化人类学家。戴庆厦先生对民族学的贡献也主要是通过对少数民族语言的研究来实现的,也就是通过语言来研究民族特征、民族形成发展的过程和民族现实,这也就是戴庆厦先生和马学良先生所说的"语言民族学",人们往往把语言民族学看作是民族学的分支学科。戴庆厦先生在民族学或者说语言民族学领域研究的成就,我认为主要体现在这些方面:对语言与民族关系、语言学与民族学的关系、语言民族学的定义和性质以及与民族语言学的关系、语言民族学的研究范围和方法进行了高度的理论概括和论证;深刻地论述了语言在民族诸特征中的地位,深化了关于民族定义的内涵和外延的认识;从语系语支划分、语言识别、方言的划分等角度入手,为民族识别、民族文化特质的概括、民族支系的划分等提供了科学实证;

从词义的多义性特点、词组与复合词的构造、借词、亲属称谓词、具有一定特征的语音和语法现象、词汇系统构成等方面出发，从而观察民族的特点、民族的集体情感、共同心理素质和共同经济生活特征；从同源词、借词的比较分析，探讨民族的起源、分流、形成与变迁，探讨各民族之间的接触和联系；通过某些词汇，或某个语言现象的来源的考证，解决或解释民族学、民族史上的一些悬而未决的问题。

下面，略举二例以申述之。语言识别是民族识别的基础和重要条件，对于云南的多数民族而言，语言识别可以说是民族识别最重要的特征和指标，比如白族，往往把"说白""白文（语言）"作为区分是否为白族的标准。但是，在语言识别的具体实践中，情况却比较复杂。戴庆厦先生指出，对语言识别实际上存在两种不同的标准：一种是纯语言标准，可称"语言学标准"，即按语言差异大小来定是"语言"还是"方言"；另一种是社会、民族属性的标准，可称"社会学标准"，即当语言差异与民族划分出现矛盾时，就按照说话人的民族属性来定是"语言"还是"方言"。二者存在一定的矛盾。因此，语言学家可以多做纯语言的研究，从学术上弄清语言之间的差异和通解度，但在确定具体语言的身份时，既要看到语言的实际异同，又要考虑语言的民族归属，还要尊重说话人的意见。总体原则是，有利于民族团结、社会稳定；符合语言科学；不搞"一刀切"。语言识别是人为的，但不是有了统一标准就能解决，要看到其复杂性。戴庆厦先生的这些意见，不仅对语言和方言识别，也对民族识别和民族支系划分有重要的指导意义。再如，景颇族支系的分化与统一的问题，是景颇族历史和社会文化研究中的重大问题，但由于历史文献资料的稀缺，学术界无法得出合理的解释，戴庆厦先生利用景颇族语言材料对上述问题的研究提供了重要根据和解释新途径。戴庆厦先生根据景颇族内部七个支系使用景颇语和载瓦语两种不同语言的情况，比较了两种语言的基本词汇、同源词、异源词及语音对应关系，认为两种语言之间在词汇上的异同关系大致呈现出三种不同的层次，这三种不同的层次比较集中地反映了景颇语和载瓦语在不同时期的关系，有可能通过它去认识景颇族的不同支系在历史上的发展关系。戴庆厦先生不仅深入探讨民族学、语言民族学的学术问题，而且以极大热情投入到少数民族现实问题的研究中，探讨少数民族发展与语言文字使用的关系等现实问题。从1956年至1960年共四年多时间里，戴庆厦先生一直在哈尼族地区做哈尼语方言的调查，同时以大量精力投入到哈尼文的创制、推行以及哈尼文词典、读本、读物的编写中，与几位哈尼族朋友一起编写了《哈汉对照小词汇》《哈尼文扫盲课本》，翻译了七八种哈尼文读物，如《怎样养牛》《怎样养猪》《哈尼族民歌选》等。还身体力行深入哈尼族村寨做哈尼文和汉文的扫盲，开办了"红河州哈尼文第一期培训班"，招收了5个县共600多名学员，还应邀担任绿春县扫盲办公室主任。几十年来，戴庆厦先生一直关心并积极参与了以下这些现实问题的讨论和实际工作，诸如少数民族语言文字的使用和发展、民族文字的创制与推行、民族语文工作、语言国情调查、国家的民族语文政策的制定与实施、双语使用和习得与民族教育发展、双语使用与民族地区社会经济文化发展、城市（镇）化与少数民族语言的使用、族际婚姻家庭与语言使用、语言关系与民族关系、语言和谐与民族和谐、语言关系与国家安全、跨境民族语言与"一带一路"建设、濒危语言的抢救等等，这些都是少数民族发展和国家社会经济文化发展必须要解决的重大或重要现实问题，也是民族学、语言民族学的理论问题，这些问题的研究已经超越了一般的学术讨论，具有非常鲜明的现实性和实践意义，产生了重要的社会影响。

作为一个教育家，戴庆厦先生从事语言教育及人才培养已经有近七十年了。除了20世纪50年代后期为哈尼族创制文字、编写哈尼文教材和科普知识、在哈尼族地区做扫盲和培训等工作以外，戴庆厦先生对中国少数民族语言教育体系的构建、语言教育、少数民族语言专门人才的培养都有着卓越的贡献。一般认为，中国少数民族语言教育体系的开创，是以马学良先生等老一辈学者1952年创建的中央民族学院中国少数民族语言文学系为标志的。经过几代人的持续努力建设，中国少数民族语言教育体系现在已经趋于完善，根深叶茂，立地参天，在中国教育领域独树一帜，举足轻重。在这一漫长的构建过程中，戴庆厦先生起了承先启后、发展创新的重要作用。在中央民族大学中国少数民族文学学院（系）的历史上，除了马学良先生以外，戴庆厦先生是担任院长（系主任）、执掌学科发展时间最长的。自1984年担任系主任、1994年担任学院院长，一直到2000年因年龄关系离任，担任院长（系主任）前后长达16年（之间有一年时间担任学校研究生部主任），这一期间，中央民族大学的中国少数民族语言文学学科有了快速发展，中国少数民族语言教育教学的构建日趋完善：1986年获准设立中国少数民族语言文学博士点，同年中国少数民族语言文学学科成为部委重点学科，1995年设立中国少数民族语言文学博士后流动站，同年被教育部批准为文科基础学科人才培养和科学研究民族语言文学基地，中央民族学院建成了从培养专科、本科到硕士研究生、博士研究生和博士后及外国进修生的多层次的、完整的少数民族语言文学教育体系和人才培养基地，这与戴庆厦先生的努力进取和筹划组织、奔走呼号是分不开的。这一期间，中央民族大学中国少数民族语言文学专业各层次人才培养目标的确立、课程体系的建立、教材的编写、课堂教学的要求、考试考核的规范、师资队伍的建设等工作都得到了科学有序高效的开展，并取得了良好的效果，并且成为全国高校相关专业建设的范式，戴庆厦先生也自然而然地成为中国少数民族语言文学学科的领军人物。这一期间，为了使课程体系更加完善科学，更加适应中国经济社会文化建设的需求，更加及时准确地反映中国少数民族语言发展的现状和人才培养的需要，戴庆厦先生率先提出应该建立少数民族语言文字应用新学科，差不多同时又率先提出应在民族语文专业开设社会语言学课程，不久就开设了这两门课程。戴庆厦先生还倡导并开设语言调查、汉语与少数民族语言关系、语言关系、跨境语言研究、第二语言习得等本科生或研究生课程，这些课程的设立，丰富和完善了中国少数民族语言的课程内容和体系。戴庆厦先生十分重视教材建设和编写，除了参与马学良先生主编的《语言学概论》《汉藏语概论》的撰稿外，戴庆厦先生撰著或主编的教材还有《社会语言学教程》《中国少数民族语言文字应用研究》《社会语言学概论》《语言学基础教程》《汉语与少数民族语言关系概论》《语言国情调查概论》《语言调查教程》《景颇语基础教程》等，这些教材在全国高校的相关专业中被广泛使用。

戴庆厦先生自1984年起招收硕士研究生，1990年起担任博士生导师，数十年来招收并培养了上百名硕士和博士，还培养了十多名港澳地区和外国的研究生。如今，他培养的博士生和硕士生已在四面八方的各个领域发挥着重要的作用。在语言教学和研究方面，特别是在藏缅语的研究和教学方面，他的学生已经成为一支重要的主力军，推动着语言教育和学术事业的向前发展。在人才培养方面，特别是硕士生和博士生的培养方面，戴庆厦先生有着一套明确的思路和行之有效的方法。戴庆厦先生的方法主要是：第一，从严要求，重视基础知识的掌握和基本技能的训练，要求学生牢固掌握语言学的相关知识，以及听音、辨音、归纳音系、调查语言功能、撰写语言调查报告等方面的技能。此外，还要具备社会学、民族学、统计学等方面的知识。第二，注重培养学生具有分析、研究语言的能力。主张语言学的基本理论和知识的教学要少而精，要安排较多的时间培养学生具有调查、分析语言的能力。"否则，培养出来的学生，虽然会说许多语言学的名词，也懂得不少语言学的'行情'，但却无调查、分析语言的真功夫。"第三，尽量自己编写教材，把自己学习语言学、语言田野调查和语言学教学研究的心得和经验写入教材。戴庆厦先生认为，凡是经过自己研究和检验，认为在教学和研究中有用的，或用得比较多的，讲义中就多写，课堂上就多讲；反之就少写或是不写，课堂上就少讲或不讲。"讲些自己做过的，体验过的，会更得心应手，不会隔了一层。"第四，要求学生必须参加田野调查，让学生在田野调查中得到提高和成长。通过田野调查，让学生观察和体验色彩缤纷的语言和民族文化景象，获得准确的语言学材料，记录、发现新语言、新方言，更好地领会、运用和检验学习过的语言学理论和方法。戴庆厦先生说："田野调查是培养、造就有实力的语言学人才的途径之一。一个有能耐的语言学家，必须做到语言学理论和语言实际的紧密结合。我先后带了几十批的研究生，回头比较，凡是做过田野调查的都成长得较好，对后来的专业坚定性、好的学风的培养以及出成果的效率，都起到很大的促进作用。要获得语言的感性知识，到田野实地学习是最好的办法。"第五，培养学生热爱群众、热爱少数民族的感情。戴庆厦先生不仅把田野调查作为提高学生知识技巧能力的手段，更重要的是把它作为培养学生贴近群众、热爱少数民族、具有人文关怀精神的途径。戴庆厦先生说："经过田野调查的青年研究生，认识了什么是语言，知道做语言研究的甘苦，懂得了群众感情、民族感情，做学问、做人都会发生变化。通过田野调查，才能与群众建立感情，才会贴近语言。"所以主张学生研究哪种语言，就必须学会说这种语言，这样才能与少数民族群众自如交流，在交流中与群众建立深挚的友谊。戴庆厦先生又说："许多学生通过田野调查不仅加深了对民族语言的认识，而且建立了对民族同胞的感情，发自内心地热爱少数民族语言和少数民族，这对他们一辈子的科研和生活道路来说,都开了个好头。后来,一到暑假、寒假,许多同学都迫不及待地争取前往民族地区做田野调查。这不仅仅是学术观的改变,而且还是人生观的进步。"戴庆厦先生的做法已经超越了一般的语言教育或单纯的语言调查研究,已经深入到了人文精神化育培养的层面,涉及了教育的最核心、最本真的问题,而这在我们的教育,特别在研究生教育中往往是被忽视的,或者是没有得到落实的。古人云:"经师易得,人师难求。"戴庆厦先生堪称难得的"人师"。戴庆厦先生培养研究生的思路和方法是值得推广的。

双语教育是戴庆厦先生着力比较多的又一个领域。数十年来,戴庆厦先生一直关注双语教育问题,据不完全统计,截至 2010 年,戴庆厦先生发表的专门讨论双语教育的论著多达 40 多篇(部),如果加上 2010 年以后发表的那就更多,这在少数民族语言研究的学者中是非常突出的。戴庆厦先生不仅从理论上阐述了双语概念、双语现象、中国民族地区双语的类型、形成及社会文化因素、新时期双语发展特点、如何实施和发展双语教育等问题,呼吁在民族地区因地制宜、结合九年制义务教育开展双语教育,呼吁在民族院校建立双语专业、建立双语学学科,还先后对云南的玉溪、红河、西双版纳、大理、怒江、德宏、丽江等州市以及新疆伊宁市、内蒙古科左后旗等地少数民族双语使用情况作了深入的个案调查和研究,涉及十多个少数民族及语言。戴庆厦先生有关双语现象、双语教育的调查、研究和讨论,为国家语言政策的制订、双语教育、民族地区教育事业的发展、语言和谐和社会和谐的建设、双语学术研究都提供了具有建设性的参考意见。

作为著名语言学家、民族学家和教育家,戴庆厦先生的贡献是卓越的,他的成就是在漫长而艰苦的奋斗、坚持不懈的历程中获得的,是一步一个脚印走过来的。《戴庆厦先生口述史》中说道,20 世纪 50 年代初期,戴庆厦先生和几位同学到西南边疆的景颇山寨做过一年的语言田野调查,在那里砍竹子、割茅草自己搭盖临时住房;因为地处中缅边界,常有敌特分子破坏骚扰,因此出入要携带枪支和手榴弹,夜晚要轮班站岗放哨。戴庆厦先生说:"景颇山的夜晚宁静无比,有时只听到远处的狗吠声。我们像边防战士一样在祖国的边境持枪站岗,有着一种自豪的感觉。但是,由于白天学习、劳动很累,晚上要熬三个小时的岗,觉得时间很长。记得,我那时利用站岗的时间默默复习白天学到的词汇和句子,思考一些问题,以此来度过这段时间。""我们有三样不离身:一支笔,一个本子,一杆枪。去老乡家串门,这三样东西都要带。遇到新的词、新的短语、和新的句子,马上就记下来,晚上再与景颇族老师核对。每天都要记回一些词和句子。大家深深感到,要学习一种新的语言,不专心致志、一点一滴地学,是不可能学好的。""晚上吃完饭后,我们围在火塘边与老乡聊天,从中记录历史、文化、民情、习俗等知识。"《戴庆厦先生口述史》中还说到,那时的景颇山寨远离城镇,缺医少药,调查队中的肖家成生病,连续几天发高烧,戴庆厦先生和另一队友与几个景颇族老乡砍竹子做简易担架,护送肖家成到医院。一路瓢泼大雨,不停地下。从早上九点出发,下午六点才到,走了九个多小时才到县医院。泥深路滑,一路不知摔倒了多少次。可怜的、发高烧的肖家成,途中几次从担架上翻跌了下来。一检查,发现肖家成得的是伤寒病。肖家成在医院里住了两个月才病愈出院。这些都是非常珍贵的历史材料,它使我们看到了老一辈少数民族语言学家创业的艰辛。戴庆厦先生现在回忆起这一段经历,还动情地说,那时,"我们去了西南边疆的景颇山寨,过了一段难得的、不寻常的生活。其间既有艰苦和欢乐的经历,也有过甜蜜和辛酸的回忆。如今,我们这一批语文工作者都已经老了,为了让后来者了解新中国成立后新的一代民族语文工作者是如何培养起来的,我认为有责任把当年的经历记录下来留给后代。下面我谈的都是我自己亲身经历的,都是真实的,实实在在的,没有任何虚构。尽管已经过了半个多世纪,但许多往事现在还历历在目,记忆犹新"。1956年春,中央决定要在全国开展少数民族语言大调查,戴庆厦先生加入少数民族语言调查工作队,参加了哈尼语的调查,一直在哈尼族地区辗转调查了四年,经历了语言大调查的全过程。参加调查的四年中,戴庆厦先生主要做哈尼语方言的调查、哈尼文的创制、推行,以及哈尼文词典、读本、读物的编写,还进入哈尼族村寨做哈尼文和汉文的扫盲。经历了哈尼语方言调查、哈尼文创制、推广的全过程。对语言大调查的经历,戴庆厦先生是这样总结的:"经过四年的语言调查,我深深感到这次语言大调查,是我一生中最有意义的一段社会实践。通过在语言第一线不断接触活生生的语言,对各种语言现象的不断思索,我对如何研究语言有了实实在在的体会。在业务上,通过夜以继日的语言调查,我学会了怎样比较准确地记录一个新语言。""另一方面，语言调查是塑造人的一个大熔炉。我经过四年的田野调查，对我怎样做一个人，怎样做民族语言研究，怎样做学问，以及对后来的人生道路都起了'奠基'的作用。通过长时间地与少数民族'同吃、同住、同劳动'，我与少数民族父老兄弟建立了亲密的感情，立志终身要为少数民族服务。""从我国民族语文工作的角度看，上世纪50年代的少数民族语言大调查，是我国语言学史上空前未有的一项大事，也是国外的语言学史所没有经历过的。这次大调查，它不仅是认识、解决我国复杂的少数民族语言问题的大举措，而且对我国的语言学学科的建设和发展也有着重要的作用。其调查成果，包括收集的语料，以及调查的经验和教训，都是我国语言学史的一笔用不完的、有价值的财富和遗产，为我国后来的民族语文工作、民族语言研究工作打下了重要的基础。这几年是我人生道路上的一段有亮光的、重要的、永远值得回忆的日子。"1960年语言调查工作结束，戴庆厦先生回到中央民族大学任教，一直担任教学工作至今，其间担任过16年的行政职务。回到中央民族大学后，先后经历了国家短时期的调整恢复时期、十年动乱、拨乱反正、改革开放，参与了中央民族大学中国语言文学学科和教学体系的恢复与建构、少数民族语言文学硕士、博士学位点的建设和研究生的培养，参加了少数民族文字的推行、少数民族语言简志的编写、少数民族双语教育教学、民族院校少数民族语言文学学科的规划、濒危语言抢救、少数民族非物质文化遗产保护、全国民族语文工作的开展、语言国情的调查和教育、语言关系和语言和谐的建构、跨境语言与国家一带一路建设，以及各种少数民族语言学术研讨会的组织、国际学术交流的工作，几乎见证了几十年间中国语言学，特别是中国少民族语言学所有的重要事件。2005年又出任中央民族大学"985工程"中国少数民族语言文化教育与边疆史地研究哲学社会科学研究基地主任、首席科学家；2010年还单枪匹马远到云南师范大学创办"汉藏语研究院"，坚持每年几个月在研究院工作，继续推动中国少数民族语言学术和教育事业的发展。因此，《戴庆厦先生口述史》记述了戴庆厦先生七十年间的主要学术和社会经历，可以看作是戴庆厦先生的个人成长史、学术史、奋斗史和精神史，同时，如果以这部《戴庆厦先生口述史》为起点，组织编撰一批戴庆厦先生的前辈和同辈学者的口述史，集中起来，就构成了一部生动鲜活的、洋洋大观的中国少数民族语言学史。

　　《戴庆厦先生口述史》不仅具有语言学史价值，也具有民族学史价值，戴庆厦先生的许多经验和总结还能对后辈学人，特别是青年学人的为人、为学有明显的启示指导意义。这里抄录几条对我触动较大的戴庆厦先生的语录，以证吾言之不虚："我们与景颇族的父老兄弟结下了深厚的感情，理解他们的喜和忧、乐和苦。我们懂得了要热爱自己的事业，要埋头苦干，坚持不懈，不要这山望那山高。要多为国家、民族做贡献，树立'人生的价值在于贡献'的理念。""每个年轻人都要树立为祖国、为人类多做贡献的志向。这是核心，不是套话。我常对学生说：人生的价值在于贡献，就是说，活在世界上要为祖国、为人类多做些贡献。有了这个宏观认识后，具体的治学经验、方法就有依托了。""我认为自己不太聪明，但比较勤。做语言研究，要靠平时的积累，积累到一定的程度就会有新的思想出来。灵感要有一些，但主要不是靠灵感"。"既然自己是双肩挑，那就要把休息日的时间都用进来，多挤些时间来做业务。勤，还表现在该做的事抓紧做掉，不要拖拉，或明日复明日。我已养成一个习惯，只要是要我做的事，我一定抓紧时间做掉，绝不拖拉留在以后做。"勤记，勤写，是提高效率的一个好办法。"其次要有毅力。不管是什么环境、什么条件都要有坚持下去的毅力。""我深深地体会到，勤奋和毅力应该是科学工作者的必备素质。我有时想，人的一生精力就像一锅水，看你怎么分配用，用完了就没有了。""一个人的精力是有限的，必须要有个重点，或以语言本体研究为主，或以社会语言学为主。二者完全得兼、同样使力，是不可能做好的。""坚持不断往前推进，是指不能一遇困难或挫折，就丧气止步。做语言研究，特别是做一种新语言的研究，不会很顺利，开头总会遇到原先没有预料到的'拦路虎'。要认识到，语言研究总是由浅入深，一步步深化的，不可能一开始就写出一篇有深度的、有理论创意的好论文。眼高手低，对学术进步是有害的。我的认识是，论文是越写越敢写，不写就不敢写，必须是一步一步地向前推进，不切实际的求全求美，是违反认识规律和科研规律的。""汉族做少数民族语言，最好要有一种语言压底，或作为根据地，会唱一场'折子戏'。基于这一理念，我在过去的研究生培养工作中，要求学生每人都要蹲一种语言，对这种语言下点功夫，而不要'满天飘'。中国的语言丰富多彩，吸引人的语言现象多得很，所以不能朝三暮四，像猴子掰苞谷，掰一个扔一个，再掰一个，再扔一个。当然，不是说不能去做别的语言。""语料是无穷的，是智慧的基础；语料掌握得多少，决定成就的大小。有了新语料，就会有新思想，新发现。否则，就只能在概念上打转转，玩点时髦的新名词，这对语言学的进展不会有什么贡献。""我认为，理论有大小，有起宏观作用的也有起微观作用的，有指导大的，也有指导小的，大理论的出现要靠小理论的支撑。每个语言学家如果能够在自己的研究领域里多发现一些过去没有认识到的新规律、新的理论问题，都是好样的，对语言学理论的建设都是有价值的，都值得称赞。""对语言特点的获取要尽量往细里走，获取每个小规则。当然，要达到'细'的要求很不容易，有的能达到，有的未必能达到。但在战略上必须要有争取做得细些这一意志。细，才有可能出真知，才能揭示本质特征；而粗，只能看到表面现象，还容易搞错。""中国少数民族语言的研究，最佳的途径是从小到大，即先做小题目，后作大题目。具体说，先要把一个个语言研究得好些，再做大的语言比较；先要有一个个小专题的研究，大的专题研究才有基础。小的研究容易深入，更能贴近语言实际，由此引申的理性认识会更可靠，更有说服力。""许多小问题，都含有大道理，所以要善于'小题大做'。一个有作为的语言学家要有强烈的创新意识。重蹈别人的一百句话，还不如说一句别人没说过的、有新意的话。要学京剧治学和培养人才的路子：强调基本功；唱好折子戏；把握好一招一式；发展不同的学派等。"

"做语言研究既要有语言事实又要有语言理论，二者缺一不可。像鸟儿的双翼一样，缺了一边就飞不到高处。但二者中，我认为语言事实更重要，语言是第一性的，是基础的，永恒的；而理论是暂时的，可改变的。但我也重视理论，认为能够为创新提供一把钥匙。""每个人做语言研究，虽然可以参考别人的方法，但主要还是要根据自己的条件去实践，去摸索，去总结。""每个人的学术路子不一样，不能强求一致。我之所以重视田野调查，是因为有这个机遇，有这个条件，我并不要求每个弟子都跟我走一模一样的路。希望大家根据时代的需要，个人的条件，摸索适合自己的成长之路。""要知道，田野处处有金子，就看你能不能聚神，有无悟性。""立足本土资源，利用本土优势。什么是立足'本土'？立足'本土'是指重视利用、开发本国、本地区、地区民族的资源，建立自己的优势。做学问，最好从本土资源做起。就每个人来说，也有资源的优势。比如：每个人都有自己的语言或方言优势，可以大有作为。""要有国际视野，了解国际行情。科学是人类共有的，是无国界的。所以，做科学研究，除了立足本土外，还要有国际视野。做学问，要了解国际行情，知道国外有哪些新理论、新方法，有哪些可以参考借鉴。时时思考人家是怎样做的，自己应该怎样做。也就是说，国际视野要汲取国外创造的成果来为我所用。讲究国际视野，才会有高度。""必须认识到现代语言学出现的各种流派各有长短，相互间不是完全对立的，而是有一定的补充性。不能只按一种理论来处理自己所研究的语言。只要有解释力，哪种理论都可以拿来用。""对学生的论文，我是一定要从头到尾一个字一个字看的。有的章节还要当面改。当面改效果好，学生才知道为什么要这样改，有直接感受。我常说要学京戏老师教学生一样，一招一式当面纠正。""做学问就是要实干。语言是实实在在的，不能摆花架子。要一点一滴地积累材料，一步一步地往深处走。'眼中有问题，手中有语料，脑中常思索'，这是一个语言学家必备的条件，是成才的必要条件。当然，路要一步一步地走。""一篇好的论文，都是一种创新，一个可以流传下去的艺术品。""写文章要像唱京戏折子戏，虽短但功夫到家。"在《戴庆厦先生口述史》中这一类语录随处可见，这些都是戴庆厦先生的经验之谈，深悟之理，治学之要，为人之道，洋溢着理想主义的色彩和追求学术创造、不断探索的勤奋坚毅精神，散发着人格力量的光辉，值得我们学习和记取。戴庆厦先生深厚的学术思想还需要进一步的学习和专门研究，探其深广，发其精微。戴庆厦先生对后学充满了希望，语重心长地说："我们的这些感受，希望能够对如今在现代化课堂里学习民族语言和语言学的大学生和研究生们有帮助，还希望对国家如何培养语言学人才有所借鉴。时代不同了，条件不同了，要求也会不同，但一些基本理念、基本精神应是相同的，不变的。"是的，自其变者而观之，则世界、时代都是处在不断变化中，自其不变者而观之，则人类的基本理念、基本精神，诸如对真理的勇敢探索，对道德的顽强持守；不管是什么民族，什么阶层，总是以尊重、平等、爱护的仁爱之心相待；对学问、对人类文化成果深怀敬畏之感，不断探求，不断创造，在戴庆厦先生等前辈身上体现的理想、信念、追求、精神却是不变的，值得永远珍存的。

戴庆厦先生和他的学生、云南大学副教授赵燕珍博士合作完成《戴庆厦先生口述史》后,戴庆厦先生嘱我写一篇序言,我感到十分惶恐,自感人微言轻,学不能及,力不足逮,竟生童子何知、躬逢胜饯之感。但觉得戴庆厦先生一直对我个人、对我所在的学校和学科都关怀有加,同时觉得这也是向戴庆厦先生好好学习的绝佳机会,因此在忐忑惴惴之中,接受了嘱令。戴庆厦先生是我非常仰慕尊崇的学者,第一次见到戴庆厦先生是在 1997 年 10 月,当时我到北京参加中央民族大学中国少数民族语言文学学院举办的"中国少数民族文学文献国际学术研讨会",戴庆厦先生时任学院院长,并作为会议主持人,一直在会议上奔忙。第二天的会间休息时,我在会场旁边不远处的中央民族大学出版社书店买了几本书,其中包括戴庆厦先生担任顾问、黄布凡主编的《藏缅语族语言词汇》一书,回到会场时,戴庆厦先生看到,过来与我交谈起来,我报出姓名与学校后,戴庆厦先生说:"我知道了,不久前你在《民族语文》发了缅语'乌底巴'论文,用白语解读,看来你是白族。"戴庆厦先生还说白语问题比较复杂,研究的空间非常大,鼓励我用心研究。戴庆厦先生的话语虽短,我听后如坐春风,温暖身心,深受鼓舞。遗憾的是,之后不久,我便担任行政职务,一直忙忙碌碌于行政事务与教学,一干就是十八年,回首一顾,竟一事无成,在少数民族语言研究上竟没有什么进步,觉得辜负了戴庆厦先生的期望,想想戴庆厦先生也一直是行政和教学科研双肩挑,就更加倍感羞愧。2000 年 11 月,我和两位同事到北京出差,了解申报博士点事宜,专门到家中拜访了戴庆厦先生,戴庆厦先生和夫人徐悉艰教授对云南来的客人都非常热情,与我们谈笑甚欢,对我们申报博士点表示尽力支持,还表示可以帮助做一些工作,临告别时,戴庆厦先生还赠送我们每人礼物,使我们深感不安,也对戴庆厦先生的热情好客、以礼待人、关爱后学、厚待边远的为人和性格留下了深刻的印象。2001 年,戴庆厦先生接受了云南大学的聘请,成为云南大学的客座教授。后来,戴庆厦先生一直关心和支持云南大学的中国语言文学学科的发展,多次到云南大学讲学,鼓动和支持他的博士生到云南大学任教,对我本人也一直给以热情真挚的关照。戴庆厦先生曾多次馈赠著作给我,有《汉语与少数民族语言关系概论》《语言与民族》《中国少数民族语言文字应用研究》《中国少数民族文化大辞典(西南地区卷)》《二十世纪的中国少数民族语言研究》

《中国民族语言论丛》《汉哈尼词典》《汉语与少数民族语言语法比较》等，前后一共馈赠我 8 种著作，可以看出希望我做好少数民族语言研究，特别是白语研究的殷殷期待和对我的深切关怀。为了对得起这份关照情谊，应当义不容辞接受戴庆厦先生交办的任务。之后，我便认真地阅读了《戴庆厦先生口述史》，仔细地作了摘录，作了笔记，有的章节反复研读揣摩，又研读了戴庆厦先生的一些论著及相关访谈，还读了其他人的一些语言学、中国少数民族语言方面的论著，力求从整体上了解戴庆厦先生的学术成就和成长过程，但越读越感到戴庆厦先生经历之漫长丰富，学问之博大渊深，精微邃远，"仰之弥高，钻之弥坚，瞻之在前，忽焉在后"，难以全面而精准把握，所以不能以序言的一般体式写成简要的短文，我所能做的，只能是写下自己阅读《戴庆厦先生口述史》的一些体会，算是读书报告，实在难以孚应戴庆厦先生的嘱命。

附七律一首：读《戴庆厦先生口述史》

七十年来雨更风，
西南行遍万山中。
山村笔记芭蕉绿，
蓬室夜书明子红。
声韵求真传戴震，
方言绝代及扬雄。
文章百部苦中得，
北斗煌煌挂碧空。

2021 年 4 月 22 日于昆明市龙泉路云南大学小区住所

段炳昌教授，1955 年 2 月生，云南剑川人，白族。云南大学文学院教授（二级），博士生导师，云南省文史馆馆员，中国少数民族文学学会常务理事，中国民族学学会理事。曾担任云南大学人文学院院长、云南省人民政府参事、云南省第十届政协委员、教育部中文教学指导委员会委员、云南省民间文艺家协会副主席等职。主要从事中国古代文学、少数民族文化、地方文化、民俗学等的教学与研究。在《民族语文》《中国边疆史地研究》《思想战线》等刊物公开发表论文 70 多篇，著作 20 种，其中个人专著 10 部。先后多次主持省部级项目多项并获得省级哲学社会科学优秀成果奖，曾获全国"宝钢优秀教师奖"、教育部第八届高等学校科学研究优秀成果奖（人文社会科学）二等奖。

目　　录

一　童年、兴趣……………………………………（1）
二　大学、专业……………………………………（7）
三　语言实习………………………………………（16）
四　专业方向………………………………………（28）
五　科学研究………………………………………（32）
六　语言大调查……………………………………（37）
七　景颇语研究……………………………………（49）
八　"田野调查派"…………………………………（66）
九　濒危语言调查研究……………………………（78）
十　语言国情调查研究……………………………（86）
十一　跨境语言调查研究…………………………（93）
十二　语言和谐调查研究…………………………（107）
十三　反观论………………………………………（110）
十四　治学…………………………………………（116）
十五　教学…………………………………………（138）
十六　弟子…………………………………………（149）
十七　"双肩挑"……………………………………（161）
十八　社会兼职……………………………………（165）
十九　出访…………………………………………（166）
二十　汉藏语研究院………………………………（178）
二十一　妻子………………………………………（182）
二十二　感恩和感悟………………………………（187）
附录…………………………………………………（191）
后记…………………………………………………（254）

一　童年、兴趣

赵燕珍：戴老师，您能不能谈一谈您的童年生活？

戴庆厦：好，我是福建人，1935年出生在福建省厦门鼓浪屿，但我的祖籍是福建省仙游县。我在厦门出生后住了几年，随父亲工作的变动，到过沙县、霞浦、福州等地，在这些地方辗转读了初小。

我从小就尝到了日寇侵略的耻辱和痛苦。1943年，那一年，我和家人在霞浦县城居住。那时，日寇侵入霞浦沿海地区，我们一家人都逃难到乡下。回到县城后，我就没有离开。城里的乡亲们向我们叙说了鬼子进城后如何烧杀抢夺的惨状。所以我从小小的年纪起，就对日本鬼子既仇恨又恐惧，盼望抗日战争早日胜利。

1945年，抗日战争胜利的那一年，我们住在福州仓前山。那时我10岁。八月十五的深夜，我在睡梦中被密密麻麻的枪声、鞭炮声惊醒。一问是什么，母亲高兴地对我们说："抗日战争胜利了！"我赶忙把大弟弟庆榕（八岁）推醒，他听了"抗日战争胜利"，半醒不醒地说："这么快！"我们一夜都高兴得不去睡觉。

我小小年纪就种下了对日寇的恨、对祖国的爱。这对我后来树立"立志报国"的志向有了很大影响。

10岁那年，我随全家回到我们的祖籍仙游。我们家住城西的半路街。半路街在仙游当时是个相对繁华的商业街道，来往的人比较多。过年时，这个地方是买卖年货的集散地，农村的人都要来办年货，十分拥挤。而且半路街还是过年赛马的场地。

我在仙游城西小学读了一年，结识了许多小朋友。这所小学在仙游算是比较好的。城西小学靠近木兰溪，小的时候我常背着家里跟小朋友一起到木兰溪游泳。

我11岁进仙游金石中学读初中，这所中学位于城东的金石山上。每天要步行40分钟才到学校。我在课余常到金石山看书或游玩。

14岁（1949年）那年，我考进了福建省仙游第一中学读高中。这是全县最好的一所高中，在全省也颇有名气。我在这所高中读了三年。这三年在文化知识上以及如何做人上打下了一定的基础。

我出生在一个知识分子家庭。父亲早年曾经在清华大学上过学，读法律专业，后来留学日本，在京都大学读法律专业。回国后，当了几年小官吏，还经过商。母亲毕业于福建集美女子高级学校，早年教过书，后来长期在家抚养子女。父母教育我们的主题是好好读书，将来做一个科学家或工程师，光宗耀祖。好像没有要求我们将来赚大钱什么的。所以小时候，我的人生观就是将来做个出人头地的科学家或教授。

赵燕珍：那您在上大学之前一直都是生活在福建的，您对家乡的印象是怎样的？

戴庆厦：我的家乡仙游县，位置介于福州和厦门之间，和隔壁的莆田县，文化、习俗、语言都相通，历史上曾合在一起称"兴化府"，是一个有文化底蕴、多出秀才的地方，学生读书普遍勤奋，成为县风。我有许多同学家在农村，生活贫困，光着脚，每周背点米来上学，但都要坚持读到高中毕业。那时，学校没有电灯，学生们都自备了一个油灯，每晚提到教室读到十点。邻居挚友林友仰（后来是浙江大学教授），兄弟俩每天一大早就起来背书，把我从睡梦中闹醒。相比之下，我还没有这种毅力和紧迫感。由于在学校考试成绩还可以，以为考大学不会有什么问题，所以在中学阶段没有想过应当怎样努力学习才好，就凭着兴趣在过日子。我读高中的几年，是新中国成立后的初期，那时人们欢欣鼓舞，积极向上。我那时在学校积极参加各项活动，如办板报、排戏、到农村宣传等。

我们仙游县，有自己丰富多彩的文化艺术，有传统的仙游戏、莆田戏，"乡味"很浓。一有喜庆就搭台演戏，观众人山人海，十几里外的居民都会跑来观看。民间还有不少乐班，吹奏本地乐曲。凡有婚庆、乔迁、做寿等吉日，都会请到乐班来助兴。仙游还有自己的弹唱音乐，民间许多人都会演唱《四季歌》《戚继光》等段子。这些文化因子，成为凝聚仙游老乡的凝聚力，早早就在我们幼小的心灵里播下。

仙游和莆田两县，在过去，特别是20世纪下半叶，学校教育水平比较高，每年都有不少高中毕业生考入清华、北大等名校。据我观察，主要是有勤奋学习的风气。所以，这两县出了不少人才，包括院士、著名学者等。

赵燕珍：老师，听说您喜欢音乐，会乐器，是受家乡文化的影响吗？

戴庆厦：对的。可能是受到当地文化的熏陶，在中学阶段，我就爱好乐器，对乐器有特别的癖好。我会拉二胡、小提琴、会吹笛子、口琴，还会弹琵琶等，但是水平都不是很好，其中二胡稍微好一些。这些乐器都是自己学会的。

当时，有个年龄比我大四五岁的同学，叫林锦庭，对我有些影响。他很有音乐天赋，这些乐器他都会，还会吹号，而且还会创作乐曲，在音乐上出类拔萃。那时我们走到一起了。他把我们一批对音乐有兴趣的十四五岁的少年组织了一个小乐队，由他当队长，平时抽时间排练，凡有节日就到群众汇集的地方（仙游人当时称"燕池铺"）表演。我因为是拉二胡的，在台上总是被安排在乐队的正中间。能出风头多高兴啊！许多人称赞我是"少年第一把二胡手"。二胡音质柔和，我很喜欢。我会拉《空山鸟语》《二泉映月》这些二胡曲子。

我们乐队除了为群众演奏外，还为学校剧团排练的歌剧如《刘胡兰》《血泪仇》《赤叶河》等伴奏。我们都是凭兴趣和对祖国的热爱业余奉献的。平时要上课，没有多少时间排练，排练一两次后就上场。记得那时演出的乐谱用毛笔写在大纸上，安在滚轴上转动，由指挥者看前台表演指挥我们，我们看滚轴上的乐谱，就能给前台的演员唱歌伴奏。演出没有任何报酬，全是自觉奉献。谢幕后主办单位给大家提供一桶菜饭，每人自己去舀一碗吃，然后各自回家。即便是这样，我们都积极参加，每出去伴奏一场，都有一种充实感和愉快感。跟我一起的业余音乐爱好者，还有谢宝荣、郑长煌、林友仰诸君。

锦庭兄是我非常要好的同学、学长。他家境贫穷，上学艰难，但他品质高尚，为人正直，有幽默感。他言语很少，音乐是他生活的追求，似乎成了他的生命。1952年8月，我们一起参加高考。他各门课都考得不好，因为有特殊的音乐天分，被山东师范大学音乐系破格录取。毕业后分配到福建人民广播电台工作，我还听过他创作的一些歌曲。后来因专业不同，加上我开始觉悟到自己要抓紧时间学习，不能再碰乐器，所以后来和他就没有联系。听说他已于20世纪80年代去世，但他青年时的形象一直留在我的记忆里。

我对乐器的兴趣是发自内心的，没有人让我学的，家里也不阻拦我。我在自己寝室的墙上挂了二胡、京胡、笛子等，看看心里都满足。在高中即将毕业的时候，有的同学动员我去考音乐学院，但我断然不采纳。因为在那个时代，学艺术好像是被看作低一等的，认为不会念书的人才去考艺术专业。玩玩可以，真要作为自己的终身职业，我就不易接受。后来我的一些学生好奇地问我："老师，你那时如果读了音乐专业，后来会怎样呢？"我回答说："不会的，但如果我当时去学音乐专业，我可能成为一个蹩脚的作曲家，但见不到你们了，可能是命运安排我要研究民族语言的。"

赵燕珍：似乎很多语言学家都很有音乐天赋啊。

戴庆厦：多少年后，有些朋友和学生问我，你爱乐器是否对你后来做语言学有帮助，我一下子回答不出来。但仔细一想，则认为可能对我的记音、理解语言的节奏、韵律会有些帮助，因为语言和音乐一样，都是富有节奏、韵律的。我喜欢拉二胡，是因为它音质柔软，很动听。夜晚，我独自在屋里拉起《二泉映月》，会被自己拉的胡声所感动。

小时候，我除了喜欢乐器外，还喜欢看戏。我们家乡有莆田戏、仙游戏，在民间很流行。即便是小村子，一有喜事就请戏班来唱。搭个戏台，点两盏汽油灯就可以演了，观众来自四面八方。我很愿意去看，天一黑就去抢位置。后来，有了京戏、话剧、歌剧这些剧种，我也很喜欢。特别是京戏，既没有多彩的舞台背景，也没有动听的音响，主要靠演员一招一式的动作刻画和动人的唱腔，感动观众，让人百看不厌。我当了研究生导师后，多次对我的学生说："写文章要像唱京戏折子戏，虽短但功夫到家。"

童年的回忆总是美好的，值得回忆的。回忆起童年，我和那些同窗挚友在木兰溪戏水，在一起合奏乐器，一起提着油灯到学校上晚自习，过年一起放鞭炮、赛马，还一起步行去莆田远足等。顿时，美好的感觉萦绕心间，觉得人生太美妙了。

我在中小学阶段很贪玩，不会要求自己努力学习。进入大学后，我觉得自己完全变了一个人，那时候才知道要努力学习了。这个人生的巨大的转变，是什么因素促使的，是怎样变化的，我想后面再说。

赵燕珍：老师，您的母语是仙游话吧？您还会其他一些汉语方言，这对您从事语言研究肯定会有帮助，是吗？

戴庆厦：我的母语是仙游话，对自己的母语充满了浓浓的感情。仙游话和莆田话合称"兴化话"，其特点与它的地理位置一样，介于厦门话和福州话之间，但更靠厦门话，在闽语中应该立为一个独立的次方言。

我在仙游家乡时与家人、朋友一起都说仙游话。到现在，虽然离家60多年，其间难得与家人、同乡接触，也没有条件像现在一样可以随便打电话、打手机，但我现在还会说仙游话，一般的听说都没有问题，只是说到这几十年新出现的新词术语如"手机、微信、上网、键盘、鼠标"等说起来有点绕口，对方有时听不懂，还得用普通话解释。家乡话是从小就会的，不容易遗忘。我的一些老同学在北京见到我时，跟我说带很重仙游口音的普通话，说自己不会说仙游话了，我不敢相信，从小就会说的母语怎么会忘呢？我还暗暗怀疑他们对自己的家乡话缺乏感情。

小时候，我们都有说普通话的习惯，虽然说得不好，夹杂着很浓的福建口音。在学校除了说仙游话外还说普通话。由于仙游话与其他地区的话不通，当家庭搬迁到沙县、霞浦、福州等地时，我除了在家说仙游话，在学校主要说普通话外，有时还说当地的方言。儿时学话比较快，记得我在福建时，每到一地都会很快就学会当地的方言，能与小朋友用当地的方言交流，不过离开后也就逐渐生疏了。

我的爱人是上海人，岳父、岳母在世时与我们生活过很长一段时间。我妻子跟她的父母都说上海话，所以，我能听懂95%左右的上海话。

这些汉语方言的感性知识，对我认识语言会有一些帮助。比如，学音韵学时，由于我的方言里保存古汉语的特点较多，有一定的优势，学得快些，做方言比较容易理解方言的异同等。而且，仙游话有许多不同于普通话的特点，对我认识什么是语言、什么是汉语、什么是方言都会有些帮助。我研究自己的母语很有兴趣，特点一抓一大把，大学毕业前后我做了一些研究，还发表过一些论文，但进入民族语言研究领域后就没有精力和时间再去做了。年轻时想过，等到退休后再做，但年复一年，退休以后要做的研究很多，至今也还是抽不出时间来做，我觉得非常可惜。

我在 1963 年以前发表过一些研究闽语仙游话的论文。像"仙游话的语音""仙游话的变调"等。我懂闽语仙游话，以及不断接触过一些方言，这些天然的语感对我后来喜欢研究语言和语言学都有很大的作用。

二　大学、专业

赵燕珍：您小时候的志向是做科学家，那您大学时是怎么进入民族语文专业的呢？

戴庆厦：1952 年 8 月，我参加了高考，第一次离开了家，广泛接触了社会，生活方式、周围环境都发生了重大变化。这之后，我的兴趣、志向、追求等也随之发生了变化。可以说，这一年是我这一生的转折点。

我们仙游的高中毕业生，根据省教育厅的指示，都必须集中到福州参加福建省高中毕业生集训班学习（地点在福州师范大学）。到集训班后，大家过着集体生活。一日三餐，吃得很好，都由国家供应。在集训班里，我们接受了人生观、世界观的教育，逐渐有了为人民、为祖国服务的思想。在集训班里学习，我和一些同学加入了中国共产主义青年团。

当时，国家为了帮助少数民族发展经济、文化，在北京创办了中央民族学院（后改为"中央民族大学"），专门培养为少数民族服务的人才。中央民族学院是按照 1950 年 11 月 24 日政务院第 60 次政务会议批准的《筹办中央民族学院试行方案》创办的。筹办方案还具体决定在中央民族学院建立语文系，并规定："语文系招收高中毕业以上的志愿作少数民族工作的汉民族学生以及有相当学历的少数民族学生。"

新中国成立初期，由于历史的原因，少数民族还很少有参加高考的学生。所以，语文系 1951 年招生，主要是从各大学比如南京大学、复旦大学、湖南大学、广西大学等在读大学生中动员一批汉族青年来学习少数民族语言。他们当中，原来学的专业有中文、外语的，还有学社会学、经济学、财经的。到了 1952 年，才首次向高考毕业生招生，这次招了 180 名，包括由北京大学东语系拨过来的 80 名学生，大多数都是汉族学生。

集训班结束时招生发榜。出乎意料地知道我和仙游一中的同班同学吴启禄（后在贵州民族大学任教授）被录取到中央民族学院语文系。当时一点思想准备也没有。因为我一直生活在福建，不知道什么是少数民族，在填"民族"一栏的登记表时，连自己是什么民族成分也不知道，不知道怎么填，问了老师，老师也说不知道。同学们听到我们俩被录取到中央民族学院，都很奇怪，有的说这个大学好，中央支持的，建议我们去；有的说不知道语文系是什么专业，建议我们去看看再说。我经过一番思考，出于"服从国家需要"和去北京的愿望，决定服从分配北上。

赵燕珍：那时从福建到北京很不容易吧？

戴庆厦：是的。10月，我在福州高中毕业生集训班依依不舍地告别了多年相处的同班挚友。大家祝贺我能去北京。好友谢灿（后在安徽做科学研究）在福州离开我时，说我去北京冷，把穿在自己身上的短袖毛衣脱下来送给了我，顿时，我热泪盈眶。

整个集训班有七八十名学生录取在北京各高校，集训班领导组织我们一起去北京。那时我的心情是：上大学了，以后是大学生了，这是值得高兴的；但毕竟不知道自己要学的专业是什么，会不会喜欢这个专业，有点茫然。那时，我才17岁，虽然懂事不多，但风华正茂，对未来充满了美好的希望。

20世纪50年代，交通不像现在这样方便，从福州到北京，一共走了8天，又坐轮船，又坐汽车，又坐火车，过长江时火车还要在江苏渡口轮渡。

从福州市到南平市是坐轮船，我们顺着闽江激流而下。记得那天夜里我独自坐在船头，面对拍打木船的黑茫茫的江水，我想想这一去不知何时才能回到幼年生活的故乡，默默祈祷上天给我一个好的命运。到了南平市，就转乘汽车到江西上饶。到了上饶就开始登上开往北京的火车。我是第一次坐火车，觉得很新鲜。那时的火车很简陋，我们都坐硬座，但乘务员对我们北上求学的学生非常热情。我们从上饶坐火车到北京，路过上海、南京、济南等城市，从渡口轮渡过长江，坐了四天才到北京，一路疲惫不堪。

在济南火车站，我们在那里停留了一个多小时。突然看到头上有两架飞机飞过，但在路边吃水饺的山东大汉毫无反应。我很惊奇，问他们："你们怎么不逃警报？"他们笑着说："那是我们的飞机。"在我们福建，因为是前线，当时还很紧张，一有飞机就要跑警报。

我们的车船票都由国家买给我们的，一路吃饭由自己负责。那时我身上带了30多元，路上只用十几元。

那时的北京站在前门。我们下车后，大家一起唱了一曲《团结就是力量》，就分开各自去找自己的学校。出了前门火车站，我搭了一辆三轮车去中央民族学院。蹬车的老大爷很和善，一口老北京口音，说他知道中央民族学院在什么地方，当时只要了我两角五分钱。三轮车路过天安门、西单、西直门，一个多小时才到学校。老大爷把我送到新生报名处，才和我们告别。

赵燕珍：您到了学校了解了情况之后有没有怀疑过自己的选择，不想做民族语？

戴庆厦：当时我去二号楼办新生登记手续，正好遇到新同学罗美珍在办理登记手续。她见了我后，从登记表上知道我是福建人，马上就说她也是福建人。因为是老乡，我们一下就拉近了。她说她已到校几天，现在义务帮助迎接后到的新生。我很快就问她，我们的少数民族语言专业好不好，她说来了几天了解了这个专业，觉得很好，我国少有的新建专业，我们是第二届，教师都是从北大来的。我听后心里宽了一点。

进校后，见了其他专业的一些少数民族学生，有干部训练班的、有政治系的，对我们都非常热情，都说感谢汉族大学生来学习少数民族语言，帮助他们发展文化教育。我感到少数民族学生很朴实、很热情，尝到学校果真是一个温暖的民族大家庭。

我们同年级同学年龄大小不一，有的比我们大十多岁。一次，见到一位30多岁、西装笔挺的中年人，我还以为是教授，一问才知是同年级同学。我们100多位同学来自全国各地，有说上海话的，有说四川话的，有说西北话的。大家都处得很和睦。

同学中有少数一些不愿意学这个专业，特别是从北大转来的，总觉得亏了自己，闹了情绪。校领导多次对我们进行热爱专业的教育，多次做报告。记得有一次，刘春院长在大礼堂做报告，语重心长地对我们说："你们不要老想去北大。其实，北大的民族学专业、少数民族语言专业还不如我们，行行出状元嘛！"他这段话我是听进去的。后来得知，刘春院长早年也在北大学习过，后来去了延安，是位民族理论专家。他口才很好，很能抓住青年学生的心理，我很喜欢听他的报告。

我算是比较快就安心学习的，并喜欢上少数民族语言专业，还决心在这一领域做些贡献。星期天从北大、清华来看我的高中老同学，当我谈起自己的少数民族语言专业时，都带一种自豪感叙说我们这个专业如何被国家重视、如何有用。他们听了都很羡慕。每次进城，我都佩戴"中央民族学院"校徽，觉得挺光荣似的。

赵燕珍：新中国成立初期，您就到了北京。您是否还留有那时的印象呢？那时的学校是什么样子的？

戴庆厦：时间过得真快。虽然已过了60多年，但当年北京的印象却一直清晰地留在我的记忆中，成为我一生美好的回忆。

20世纪50年代初，西直门城楼还未拆除，那是一座高大的灰色古墙。有轨电车在墙门出出进进，"叮当、叮当"响的电车声，给人以轻快、和谐的感觉。我们每一次进城，都要搭无轨电车从西直门出发。

我们中央民族学院在西郊海淀区，位于西直门到颐和园这条公路的中段。这一带是高校聚集的地带，有北京理工学院、中国人民大学、北京大学、清华大学等。我们学校离城最近，是黄金地段。当时，西直门到颐和园的马路很窄，除了公共汽车外，还有私人的旧式黑色铁皮小汽车，可坐五六人，人上齐即走。我们都喜欢坐这种轻便的小车从学校到西直门，我记得车票是一毛钱。西直门出去有无轨电车，西直门到动物园还有很多人家，但从动物园往北除了一些学校外，就是一片田地和少量农民住家。动物园对面还开了几家小吃馆。我和老乡吴启禄每次一起进城，回来时都在那里吃一盘两毛五的热腾腾的鸡蛋炒面。

一些同学告诉我，我们中央民族学院的建筑是梁思成建筑大师设计的，带有民族风格。墙上的砖都是"磨缝对砖"（砖面用人工磨平对上，无空隙，特别保暖），这体现了中央对培养少数民族人才的关怀。

我们那时享受供给制，衣食由国家全包，每月还发给8元零花钱，花不完。新生登记后，还领了被褥。进校没几天，学校就给我们量身做棉衣棉裤。我们的伙食每月吃18元，一日三餐，八个人一桌。早餐有馒头、包子、稀饭，每天都有一大盘吃不完的油炸花生米。午饭和晚饭都是四菜一汤，也吃不完。我在读高中时，生活比较贫困，现在吃得这么好，很是满足。星期天，清华、北大的老乡学生来找我玩，说你们怎么吃得那么好，我们一个月只吃10元。还开玩笑说："早知道，也报考你们学校。"我说："这是国家对少数民族的照顾。"

　　学校为了调剂文娱生活，星期六晚上还在饭厅里组织舞会。我那时是班干部、团干部，主动动员年级同学参加舞会。每周学习紧张，星期六放松一下，觉得很好。所以，我至今还会跳不太标准的老式的交际舞，就是那个时候学的。

　　大学的学习生活，我觉得自己是努力的、充实的、美好的。每天到教室上课，许多同学都尽量早点去，争取能坐上头几排听课。下课后，还抓紧时间对笔记，生怕记漏了。那时语言学杂志只有《中国语文》一种，我每期都买来读，还到旧书书店去补了前面缺的几期，并按年装订成册。记得三年级的暑假，我把所有的《中国语文》都搬到教室去读，没想到过了几天有两册不翼而飞，大约是被喜欢《中国语文》的同学拿走了。我很痛心，只好再设法从各地补买寄来。如今，我书柜里保存了一整套从创刊号到现在的《中国语文》。

　　赵燕珍：您后来是怎么进入景颇语专业的呢？

　　戴庆厦：开学不久，领导就给我们分班，即分语言专业。说今年开设16个班：蒙古语、藏语（拉萨藏语、安多藏语）、维吾尔语、壮语、布依语、苗语（黔东苗语、湘西苗语）、瑶语（勉语、拉珈语、布努语）、傈僳语、纳西语、景颇语、载瓦语、佤语等16个语言专业班，当时是想学什么专业先报名，最后由学校定。我因对语言专业不了解，不知学什么专业好，于是表里就填了服从分配。

　　过了几天，领导宣布分配名单，说我分在景颇语班，全班15人。领导只介绍景颇族是分布在云南边疆的一个小民族，别的什么也没说。我说："好，就这么定吧！"心里想："反正我什么语言都不懂，学什么都一样。行行出状元嘛，好好学就是了。"一些同学不知从哪里打听到学大语种，如维吾尔语、藏语、蒙古语更有前途，争着要学大语种。我则不以为然，学什么都行。就凭这一星点的认识进了景颇语班，一下子就爱上了景颇语专业。从此，景颇语成为陪伴我的终身专业，不离不弃，从不后悔。

分班后的第二天，系里就安排学生分头与老师见面。我们的景颇语老师有三位：一位是岳绍进老师（Nhkum no），另一位是腊版康（Laban hkang），还有一位是杨老三（Marip la）。他们三位都是云南边境上的景颇族，会说景颇语、会写景颇文，但都没上过大学，更没有学过语言学，汉语只懂一点。学校还给我们配了一名汉族辅导员，即助教，叫张彦翼老师。他是江苏南通人，比我们高一年级，也是从一个大学（可能原来是学经济的）调剂过来的，学了一年彝语后提前毕业分配当景颇语班的辅导员，也是刚学景颇语的，也不会。

我们的课主要是学景颇语日常口语。四位老师在一起编了临时教材，用英文打字机打了印出（景颇文是拉丁字母形式），上课时发给我们。老师一句一句地带我们读，不理解的地方由张彦翼老师解释，如果他也解释不了，就靠大家一起讨论。教学条件尽管如此，我们学习很努力，很尊重几位老师。条件不好也有个好处，逼得学生多思考。

后来逐渐知道，我们所学的景颇语，是属于汉藏语系藏缅语族的一种语言。在我国，景颇族有十多万人，使用多种支系语言，景颇语是其中的一个支系语言，使用人口只有 4 万多，分布在中缅漫长的边境线上。景颇族是个跨境民族，在邻邦缅甸、印度、泰国还有 150 多万人，又称"克钦"（Kachin）。

赵燕珍：您上大学后特别勤奋吧？

戴庆厦：也许是受到北京大学授业老师的影响，或许是受当时社会环境的熏陶，我进大学后就开始认识到自己必须好好学习。我中学的时候比较贪玩，到了大学以后，我一点儿也不贪玩了。

景颇语有许多不同于汉语的特点，如语音中有松紧元音对立、有多个塞音韵尾、有弱化音节等，语法上使用各种形态变化表示使动、人称、数等语法范畴，语序也不同，是宾语在动词前（OV 型）的语言，词汇更有不同的特点。与一些语言相比，景颇语是一种比较难学的语言。我们像学外语一样在学习景颇语。我的母语属于闽语，景颇语里的一些语音特点如舌叶音声母、松紧元音、喉塞音、带塞音尾的韵母等，我母语里都没有，所以需要不断练习并排除母语干扰，才能学会。

母语的负迁移干扰是很顽固的，但我使劲练，多找老师辅导，还找能区分这些音的同学帮助，逐渐对这些音能区分了。我还抓紧背单词、句子。学校规定，每晚十点下了晚自习，十点到十点半有半个小时洗漱时间，我都利用这个时间在走廊的灯光下背20分钟的单词、句子。十点半熄灯铃一响，就赶紧回寝室睡觉。因此，学了不到一个学期，我们就会说一些简单的景颇语会话，自己感觉与景颇族老师近了。

赵燕珍： 那时给你们上课的都是语言学大家吧？

戴庆厦： 是的，当时给我们授课的教授多来自北京大学和中国科学院语言所。他们都有自己终生奋斗的专业，而且都非常热爱自己的专业，他们这些人逐渐都成为我的学习榜样。

北京大学高名凯教授曾经给我们上了一年的《普通语言学》课，把我们这批原先对语言学一无所知的青年学子引进了语言学大门，使我们多少懂得了语言学的奥妙。当时，他以清晰的哲理、雄辩的口才，向我们讲解什么是语言，为什么要学语言，学习语言的价值和意义是什么，使我们对语言学这个专业产生了兴趣。讲课期间，正遇到汉语学界讨论汉语的词类问题，高先生主张汉语无词类划分的观点，所以他当时孤军与主张汉语有词类划分的众多学者展开论战。这一段的课，高先生放下要讲的内容不讲，只讲汉语词类的划分，讲他主张的观点，十分精彩。那时，200多人的教室鸦雀无声，大家静静地在听高先生怎样一步步在讲述自己的观点，怎样抓住对方的论点进行批驳，这使我们感到语言学的博大精深。

老师的一堂课或一席话，往往会影响学生的学术兴趣，和一辈子坚持走什么学术道路。受高先生的影响，我有了要读理论语言学专业的愿望，萌生了将来要做理论语言学的志向，还有了毕业时报考理论语言学研究生的愿望，那时我就产生了这样的愿望。

吕叔湘先生对我也有较深影响。那时，学校请吕先生给我们讲汉语语法课。我们那时就已知道吕先生是我国的著名语言学家，能由他给我们上课感到十分荣幸。听了几节课，我们都被吕先生的课所吸引。吕先生上课的最大特点是，通过具体的语料进行解释，揭示语法规律。那些很平常的语法例句，一到吕先生手里就能说出深奥的道理，使我们具体地体会到语言的科学性、可分析性。这对我后来几十年养成重视语言事实（的习惯）有很大关系。

我们学语音学学了三遍，主要是学国际音标的发音、记音。这是一门打好基本功的基础课，对我们后来做语言调查、研究有重要作用，我们后来经过语言调查实践，越来越感到它的重要性。最先讲的是马学良先生，他是我们的系主任，领导亲自操刀上语音课，说明对这门偏实践的课的重视。后来又请北京大学的袁家骅教授来教。袁先生曾留学英国，给我们带来了国外语音学的信息。他上课时西装革履，一派绅士气质，给我们留下很深的印象。到了三年级时，民族所的傅懋勣先生又给我们讲了一遍语言调查课。傅先生过去调查过一些少数民族语言，所以，在他的课里总会尽量举出少数民族语言的例子。三位老师讲的课各有所长，各有千秋。

几位老师是我们的启蒙老师，虽然都已作古，但他们讲课的风格，以及认真负责的师德，至今还留在我的记忆里，至今我还深深怀念他们。

我们都有很强的求知欲。每次上课，都早早地去抢头几排位置，生怕坐在后面听不清楚。那时，没有PPT，只靠老师讲，黑板上写些板书。我们在下面专心记笔记。上课没记上的，一下课就找同学补上。

我很珍惜学习时间。记得二年级的暑假，学校组织在校生去大连参观，我考虑了几回，还是舍不得去。这个暑假我在校把《中国语文》创刊号以来的论文都读了一遍，大致了解了这些年语言研究的动态。

进了大学，我就下决心好好学习，好像这时候才开始懂事了。我抓紧一切时间学习。下了决心不再玩乐器，手上的几件乐器都送给别人。1983年，福建师范学院（现为福建师范大学）文学院请我去讲学。结束时，时任文学院院长的马重奇教授知道我会拉二胡，特意买了一把质量很好的二胡作为礼物送给我。我从小就听说福州名产二胡，二胡质量好，而且还想过能有一把福州的二胡就好了。这把二胡带回北京后，拉了几次就没有心思和时间去拉了。心想等到退休后再拉，但一直等不到这个时候。这把二胡还完好地保存在柜子里。

1955年，我因各门课成绩优异，被评为校优等生。学校在大礼堂为优等生颁奖，奖品是一个签有院长名字的证书，还有奖金20元。那时，20元可以办好多事，我请全班同学到颐和园去玩了一趟，买了一个胶卷照相，还吃了一顿。从此，我对学习民族语言这一专业更有了信心。

记得，1955年国家号召青年学子"向科学进军"。团委组织了一个讨论会，让我上去表态。我满腔热情地大胆上台发言，说"自己最大理想是将来当个教授、科学家，为祖国争光"。虽然这个无知的发言在当时的会上获得了掌声，但1957年"反右"运动中，则把它当成"白专"道路的典型批判，我遭到了批判。

我觉得自己上大学后有两点值得肯定：一是热爱专业，不是站在这山看那山高。坚守"行行出状元"这一信念。二是勤奋学习，不分心，把学习当成愉快的事。我如今能做出一些事，是与当年的锻炼分不开的。我们这一批同学后来大多成为民族语文专业的骨干、带头人，这是与我们大家当年的努力分不开的。

三 语言实习

赵燕珍：老师，我在读博士期间，常听您说过，您上大学时，民大的语言学专业培养模式跟之后有很大的不同，那时是要求进行语言实习的吧，那是什么样的实习呢？

戴庆厦：1953年6月，当时我们在学校只上了半年的专业课，学校就决定让我们去民族地区直接与群众一起学习少数民族语言。一年的语言田野调查实习生活，让我们这批汉族大学生得到了实际锻炼。我们去了西南边疆的景颇山寨，过了一段难得的、不寻常的生活。期间既有艰苦和欢乐的经历，也有甜蜜和辛酸的回忆。如今，我们这一批语文工作者都已经老了，为了让后来者了解新中国成立后新的一代民族语文工作者是如何培养起来的，我认为有责任把当年的经历记录下来留给后代。下面我谈的都是我自己亲身经历的，都是真实的，实实在在的，没有任何虚构。尽管已经过了半个多世纪，但许多往事现在还历历在目，记忆犹新。

当学校宣布让我们去少数民族地区向少数民族群众学习语言时，我听了非常兴奋，心想这下就可以知道景颇族是一个怎样的民族了。但心里还是有点不踏实，担心景颇族地区的生活不能过惯，担心边境地区不安全。带着这种矛盾的心情出发了。

系领导宣布我是领队之一。领队一共有三人：肖家成（四川籍，后在中国社会科学院任研究员）、胡春惠（四川籍，女，后在中央民族大学任副教授）和我。我意识到这次实习自己有不同于一般同学的担子。

我们七个语言班的同学同路去云南、贵州实习，有景颇语班、载瓦语班、傈僳语班、纳西语班、傣语班、佤语班、黔东苗语班等。那时交通不便，从北京到昆明走了五六天。先坐火车到广西金城江，然后换汽车到贵州。到贵州后再坐汽车，路过七十八弯的山路到沾益，然后再换火车，坐了八小时才到昆明。我们都是自带行李，行李打成一个背包。坐的汽车是货车,行李当座位,一辆车坐十多个人。有的晕车吐得脸都发青。但一路上年轻人在一起可高兴了,有说有笑。

到贵阳时,贵州民委非常隆重地欢迎我们这批献身民族语文工作的大学生,设宴招待我们,还请我们喝了茅台酒。我们第一次喝了茅台酒,感到真香。同学宋哲明(南通人,后在云南玉溪市任教)高兴地喝醉了,吐在被子上。后来,他还兴致勃勃地对我们说,他的被子到云南还有茅台酒的香味。贵州民委当晚还请我们到省政府俱乐部跳舞,其乐融融。第二天我们六个班告别了黔东苗语班,奔向云南。

到昆明时,云南民委领导告诉我们,现在各地领导都来昆明开会,你们快去找保山地委郑书记定实习地点。第二天,我们三个领队的就到开会的地方去找郑书记。郑书记穿了一套没有领章的军服,见到我们很热情,欢迎我们去他们那里实习。他马上就把时任瑞丽县委书记的杨永生书记叫来,说这些大学生就交给你了,实习地点就设在瑞丽县,具体在哪个点由杨书记定。杨书记说:"我明天就回瑞丽,你们到瑞丽后来找我。"后来,听说郑书记刚从部队转业,在部队是师长。

赵燕珍: 那个年代,从北京到遥远的西南边疆,一路经历了很多艰辛吧?

戴庆厦: 对,那时从昆明到实习地点瑞丽一共坐了五天汽车。记得从昆明到保山的长途汽车路上,夜晚十点,在快到保山的一个山头上,几个车灯都坏了,司机几经修理也未能修好,我们只好在车上度过了一夜,等到天亮再走。

到了畹町,那是一个边防镇,紧挨缅甸,与缅甸只有一条小河之隔。许多地方是田与田相连,寨与寨相连,甚至还有两国一寨的。我那天扁桃腺发炎,发烧39度,同学们都上街喝咖啡牛奶(因与缅甸相邻,边民有喝咖啡的习惯),我独自一人在旅馆躺着,等待第二天去瑞丽。

从畹町到瑞丽有50公里,只有一条小土路,不通汽车,只能步行去。当地政府派了一位边防军持枪护送我们去,还雇了一辆小马车给我们拉行李。第二天一早,大家就动身了。同学们看我还发烧,劝我坐马车去,但我想跟大家一起走,沿路看看,不肯去坐马车。后来才知道这辆马车一出畹町,下坡时马受惊翻了车,驾驶员当场遇难。我命大,如果坐了车,后果如何就不敢去想。

赵燕珍：那时的边境是什么样的景象呢？

戴庆厦：我们一直沿着中缅交界的小河走，饱览了南国风光。沿路到处都有遮阴的大青树（榕树）和菠萝蜜树、香蕉丛、竹林；不时能见到穿着傣族、景颇族、德昂族民族服装的老乡，还有披着黄色袈裟的和尚；每隔一段都有喝咖啡、喝水的小竹房店。对面就是缅甸的寨子，能清楚地看到妇女们在交界河边洗衣服，农民在田里犁田，孩子在家门口嬉戏玩耍，连寨子里的公鸡啼叫也能清楚听见。边防战士一路保证我们的安全，每走到拐弯处都要先走到拐弯处看看情况。一想，我们已到边界了，好激动！

下午，我们终于到达目的地——瑞丽县。瑞丽县是德宏傣族景颇族自治州的一个县。这个自治州是一个多民族的地区。人口最多的是傣族，居住在平坝地区，其次是景颇族，分布在山区。此外，还有阿昌族、傈僳族、德昂族等，居住在山区。这里，草木旺盛，大树林立。每隔百米就有一棵或一丛大青树，当地人视它为"神树"或"吉祥树"，说他们的祖先从古到今，每逢夏季烈日暴晒，百姓可以在树下乘凉，雨季可以在树下躲雨。房屋都是竹制的平房或两层小楼。因为是亚热带气候，水果很多，有芒果、菠萝、木瓜、桔子、芭蕉、橄榄等，由妇女摆在路边卖，很便宜。我们吃到过去没吃过的菠萝蜜，当地称"牛肚子果"（因形似牛肚子而得名），一元钱买三大个，三个人吃一个还吃不完。我们都不会吃，请老师教我们怎样用刀破、怎样用手抠出籽儿来吃。当地居民都非常和善、热情，见到我们这些外来的陌生人，都带着笑脸，总让我们免费尝尝。当时我想过，这就是我毕业后要常来的地方，或者可能是我一辈子要在这里定居，当时脑子里就萌生了这样一个想法。

瑞丽县政府所在地只有一条不到80米的小街，只有几个卖日用品的小店，还有一两家裁缝店。街上一片宁静，没有招待所，更没有宾馆，也没有饭店。我们住在县政府干部的宿舍里，在县政府食堂吃饭。县政府是一组砖瓦旧平房，听说是一位土司的房子。

县里的领导、干部和边防军对我们这批大学生非常热情，他们说在边疆很难见到大学生，为我们这批大学生能学习少数民族语言、为少数民族服务而由衷钦佩。见到我们都说："你们回家了！"县团委还邀请我们实习队与他们举行篮球赛，没想到，我们这个小小的实习队竟赢了他们县里的篮球队，也许是他们让给我们的。

县委杨永生书记（山西人）见到我们后，就给我们安排实习的事情。当时就定了几条，他说："我们热烈欢迎你们这批大学生。边疆刚解放，社会状况复杂，要注意安全。一是因为景颇族群众对我们新政府还不了解，你们还不能住到老乡家里，先要盖个临时住房自己住。二是你们要带武器，以防万一。因为你们从北京来，目标大，怕敌对势力来袭击你们。离开住处100米就必须带枪。一会儿给你们发枪和手榴弹。三是实习地点定在勐秀寨，那里景颇人多些，虽紧挨缅甸，但寨子离边防站近，有事的话边防战士一刻钟就能跑到。"县委还给我们配了一位20多岁叫麻腊的当地景颇族干部，让他负责与当地老乡联系，解决我们的需要，还让他照顾我们的生活。当天，我们在县上领了枪和手榴弹后，第二天就上山进寨了。

勐秀在离县城约有二十公里的一座小山上。进寨后我们选了几家房子大的先住下，再考虑盖房子的事。景颇山很美，到处是树林，空气清新。白天，阳光明媚，凉爽宜人，只听到鸟叫声和知了叫声。夜晚一片宁静，有时能听到景颇小伙子吹的笛子声。

上山的第二天，边防军就训练我们打靶，每人打三发。我们都是第一次打枪，又高兴，又害怕。女同学也都战战兢兢地参加了，枪的后坐力把她们吓得脸都发白了。边防战士温馨地对我们说："你们住在寨子里如果遇到敌情就放枪，我们会很快赶到。"我们跟边防军处得非常好。每当路过边防站时，边防军会热情地留我们吃饭，还不许我们付钱。这些都使得我们感到边境地区的温暖，也就不觉得陌生、艰苦，增强了学习少数民族语言的信心。

赵燕珍：那当地人是怎么看你们这些北京来的大学生的呢？

戴庆厦：我们都是第一次进景颇寨的，这些景颇寨过去也没有大学生来过，所以他们感到很好奇。勐秀山区的景颇族人家，零零星星地洒落在郁郁葱葱的原始森林里。景颇族群众带着好奇的、和善的眼光看着我们这些来自城市的汉族青年，他们不知道我们是来干什么的。（景颇）男子们身上都挎把长刀，有的还背只铜炮枪，威风凛凛的，但很和善，也很有礼貌。女人们都以微笑的面孔看着我们。这里的景颇族除了信仰原始宗教外，还信仰基督教，对人和善，都有博爱之心。

那时，他们有个习惯是"嚼沙枝"。什么叫"嚼沙枝"呢？就是嘴里放上一小撮烟丝，再放点槟榔、石灰，慢慢地嚼，一会儿就能吐出鲜红的口水，不断往地上吐，闻起来有点烟香味。他们说，嚼沙枝的人，牙齿保护得好。老人多嚼，年轻人少。但现在已不兴嚼沙枝了。这大约是亚热带居民的一种习惯。嚼了沙枝嘴里有像吸烟那样的刺激。开始看了不太习惯，慢慢地也就习惯了，我们还去模仿怎么嚼，尝尝味道。后来才意识到，一个民族形成什么习俗不是偶然的，有其特殊需要，我们必须换位思考，不能以自己的习惯来理解别的民族的习惯。

我们刚上景颇山，学校学的那些景颇话就不管用了。跟老乡只能说"你好、吃饭了没有、家住哪里、再见"等常用语。老乡互相说的，只能听懂一小点。老乡听了我们说的景颇语，觉得不纯正，会和善地、会心地笑笑，都会主动教我们怎么说。

赵燕珍：你们真的自己盖了房子吗？

戴庆厦：对，我们必须自己盖房子住。县委派来帮助我们实习的景颇族干部麻腊和我们的景颇语老师，立即找了当地山官、头人以及群众说明了我们的来意，提出我们要盖房子的要求。他们表示欢迎，并且愿意帮助我们。

我记得，那时山官即刻带我和一位景颇老师到山上，确定要砍哪一片的竹子和树。这位山官只有40岁左右，穿着一般人的衣服，还光着脚，不像我们想象的有"官"气，但老百姓都听他的。他指着前面的一片树林，说这片树林是归他管的，"你们可以随便砍"。征得当地山官的同意后，我们就选定在一个山头盖竹房。

第二天一早，一些老乡主动来帮我们砍竹子、破竹篾，山官和几位景颇族老师带领我们去割铺房顶的茅草。来自四川、上海的几位女同学，割茅草时手被茅草划破，一手鲜血。男同学要上山砍竹子，我们第一次学会怎样砍竹子。麻腊提醒我们，砍竹子时要站在竹子要倒的那一边，千万不能站在另一边，否则竹子倒下时会被未断的竹片伤着。我们还跟老乡学了怎样把一棵大竹子劈成一条条细薄的小竹篾片，又怎样用小竹篾捆绑柱子、地板。这时，我们才知道劳动的艰苦，还了解到边疆少数民族大众的艰苦生活。

在盖房的过程中，我们利用空余时间向老乡学习景颇语，学了许多在课堂上没有学到的词汇，如"竹篾、竹节、金竹、竹板、柱子、门框、劈（竹篾）、破（竹板）"等。第一次跟当地的景颇族说景颇语，虽然说得不好，但觉得很充实，有一种难以言传的充实感。

我们和老乡辛苦了三天，就盖好了一大间可以入住的简易茅草房。我们把它分为三小间，左间是女生住的，右间是男生住的，中间是学习间，也是招待老乡的"客厅"，旁边还盖了一小间厨房。大部分材料都是用竹子。就这样，我们这个小家落成了，虽然简陋无比，但却充满了温暖，因为这是我们用自己的双手创造的。

有了家，老乡陆续地来串门了。我们与他们交了朋友。夜晚，我们这间小竹房响起了景颇姑娘悠扬的景颇歌声，回荡在景颇山间。

赵燕珍： 在这样艰苦的环境里，你们是怎么学习景颇语的？

戴庆厦： 有了家后，我们就安排了日常的学习和生活。白天，我们参加群众的田间劳动，在劳动中学习鲜活的语言。晚上，老乡会来我们这里串门，老乡一来，就抓紧和他们聊天，提高口语水平。我们还教他们唱歌。背小药箱的徐悉艰除了给班里同学发放防疟疾的药外，还给老乡治些小病，如发烧、头疼等。大家都抢着跟老乡说话，不清楚的我们就请教老师。

我们有三样不离身：一支笔，一个本子，一杆枪。去老乡家串门，这三样东西都要带。遇到新的词、新的短语和新的句子，马上就记下来，晚上再与老师核对。每天都要记回一点词和句子。大家深深感到，要学习一种新的语言，不专心致志、一点一滴地学，是不可能学好的。

我们的生活很紧张，除了学习、记录、整理材料外，每两晚还要轮流站一次岗。每次三小时，女同学和男同学两人合成一岗。还规定了几条守则（夜晚站岗的守则），如遇到紧急情况时怎么对付、怎么交岗等。

景颇山的夜晚宁静无比，有时只听到远处的狗吠声。我们像边防战士一样在祖国的边境持枪站岗，有着一种自豪的感觉。但是，由于白天学习、劳动很累，晚上要熬三个小时的岗，觉得时间很长。记得我那时利用站岗的时间默默复习白天学到的词汇和句子，思考一些问题，以此来度过这段时间。

一天晚上，大约是半夜两点，我在睡梦中被一声巨大的枪声惊醒，当时以为是敌人来了。来不及穿好衣服就提了枪到门口察看是什么情况。一问才知道是交班时前一班的宋哲明同学的枪走火了。因为我们规定交班时要把三颗子弹退出，他没退完第三颗就扣了扳机走了火。接班的是方炳翰（温州籍，后来在云南民族大学任教授）和龚佩华（上海籍，女，后来在中山大学任教授）。子弹从龚佩华头上掠过，打下竹墙一块竹片，正好掉在龚佩华头上。龚佩华喊了一声："我的头！"以为头被打中了，方炳翰立即跑过去往头上一摸，摸到一块竹片，这才解了惊。

除了晚上站岗外，我们还要轮流下山买菜。每周派两名同学下山赶集，把一周要吃的蔬菜、肉类及大米买回来。大家轮流做，但谁都不会做，反正好吃不好吃就这样了。那时年轻，吃什么都好吃。后来，由于担心营养不够，决定每周加一次荤，多买些猪肝、肉、鱼等改善伙食。周兴勃同学（北京籍，后来在云南民族大学任教授）特别会讲究营养，每次做菜都嘱咐掌勺的要多放些油。后来，大家跟他幽默地开玩笑，给他取了一个绰号 Asau，景颇语的意思是"阿油"。

刚到景颇山，景颇族群众不了解我们是为什么来的。因为他们长期生活在国界边上，有的连自己是哪一国的人都不清楚。记得我们初到村寨时，向群众讲明我们是为帮助景颇族来学习景颇语的，是政府（asuya）派我们来的。讲了半天，他们还以为我们说的"政府"是缅甸政府。后来，他们逐渐了解了我们来这里是帮助景颇族的，知道了"中国、北京、昆明、人民政府"等新的概念，因为他们是边界的边民，新中国成立初（这些概念）是很模糊的。

过了三个月，我们结交了许多景颇朋友，景颇人也了解了我们。为了能更好地学习语言，我们征得县委领导的同意后，部分同学搬到老乡家里去住，和群众"同吃、同住、同劳动"，在"三同"中学习语言。两人分一家，我和周兴勃分到姓 Marip 的一家。

由于勐秀乡的景颇族居住分散，一个山头只有一两家居住。刚住下来的头一两天，到了夜晚有点害怕。半夜狗吠声把我俩从睡梦中惊醒，我们立即端起了枪。但时间一长，加上白天太累，周兴勃和我也就逐渐不想过多，尽管狗还在叫，转头又睡了。

我们深知，学好语言必须与群众搞好关系。所以，我们严格要求自己，与群众打成一片。清早，我们与女主人一起舂米，舂完当天要下锅的米。主人下地劳动，我们也跟了去，锄地、薅草、播种等什么活都干，有时还下山干水田活。从劳动中学到了不少词汇。晚上吃完饭后，我们围在火塘边与老乡聊天，从中记录历史、文化、民情、习俗等方面的知识。

那时，景颇人吃饭很简单，一锅大米饭，一碗水煮的野菜，好时加个煮木耳或弄个"舂菜"（几种菜舂在一起）。我们跟着吃，吃得很香。

大家都与景颇人有了感情，都不约而同地把景颇人当成自己的亲人。见到老一辈人都称"jidui（爷爷）、dui（奶奶）、wadi（伯伯）、nu（妈或姨）"，见到同辈的都称"hpu（哥哥）、ana（姐姐）、nau（弟弟/妹妹）"。老乡们听了很高兴，觉得我们可亲，是自己人，一下就拉近了距离。他们也称我们"asha（孩子）、ahpu（哥）、ashong（姐）"等。

一次，我与佘国华（山西籍，后来在云南民族出版社任副社长，编审）下山到县府办事。回来上山的路上，看见一位年约50岁的景颇族大爷躺在路上呻吟，一问才知道他出现了胃剧痛。夕阳西下，天已快黑了，若不回去，就会在野外遭到野兽的袭击，后果不堪设想。我和佘国华商量了一下，认为他肯定已走不动，立即决定轮流把他背回寨子。有了这个决心和勇气，不知哪来的力气，我俩轮流硬把他背回寨子，还上了一个坡。虽然汗流浃背，但我俩都为自己做了一件好事而高兴。

赵燕珍：那你们在边境实习的时候，有没有遇到特别危急的情况？

戴庆厦：有的。有一天晚上八点钟，边防站突然通知我们，他们说："根据情报，今晚有股敌对势力要过你们的寨子，你们要做好应急准备。一有情况你们就放枪，我们就跑步赶到。"那时，我在老乡家住，饭还没有吃，就提了马灯到各家去通知大家立即回我们盖的茅草房队部集中。我去通知大家时，要经过几个林子，一路黑压压的，但那时并没想到会有什么危险。

大家都回来后，宣布了"敌情"，做了"战略"部署。基本方针是：如果敌人来了，持枪的男同学在第一线战斗，几位女生往屋后山洼里跑，躲避自己。还说大家不要怕，边防军听到我们的枪声会来支援的。其实，我们那时一直放不下心，担忧的事很多。

这天晚上，我们彻夜没睡，一直熬到天亮。第二天清晨，边防军来通知我们，敌人往别处走了，没过你们的寨子。我们这时才松了一口气。

现在回忆起来觉得蛮有意思。我们这批没受过任何军事训练的大学生，竟然也能在关键时刻，被逼上梁山做起"战略部署"。如果这股敌人果真要经过我们这里，那结局将会怎样，大家都不愿再往下想。

由于考虑到现在这个实习点景颇人居住太分散，还夹杂不少说载瓦语的景颇人，如果能再去一个专门说景颇语的景颇人比较聚居的村寨实习，可能收获会更大些。在征得学校领导和瑞丽县委的同意后，我们开始做搬迁的准备工作。

因为是新中国成立之初，对景颇族的分布（情况）还不清楚，特别是对景颇族内部不同支系的情况不清楚。所以要找一个说景颇语的景颇支系比较集中的地区，简直是"一眼黑"。怎么办？只好自己去找。当时决定派景颇族老师岳绍进和肖家成同学（四川籍，后来在中国社会科学院任研究员）两个人担当这一任务，步行到附近地区去找。他俩五六天后回来，告诉大家找到陇川县章凤区的弄唤村（景颇语叫 Nonghong），那是一个景颇族聚居的村寨，位于坝区，离景康街（Jingkham Gat）只有两公里。大家听了都很高兴，感谢二位辛苦奔波，并决定几天后就开始搬迁。

过了两天我们就动身了，走了约 40 公里的山路，下山后再走一段平路就到了弄唤村。到后，我们就找那个寨的头人，同样说明来意，希望他支持。这位山官 50 多岁，一副精明能干的样子，说他曾经参加过政府组织的民族参观团，到保山、昆明参观过，还说内地很好。他看我们很诚恳，又有景颇族老师陪同，表示愿意与我们交朋友。他找了两间没有人住的空房，让我们住下。

但没想到，没等到我们安顿好住处，肖家成因为找新点劳累过度和旅途饮食的原因，可能吃了一些不当的食物，连续发了几天的高烧，一直不退。附近不要说是医院，连个医生也找不到，只好决定往县医院送。那么怎么送呢？到县城不通公路只能用担架抬着送。我们找了山官商量这事，竟然出现了两个没有意料到的问题，山官很为难地说："我们景颇人的习俗是不能抬活人的，只能抬死人。"后经景颇族老师和他们反复商议，最后，他们同意挑八位青壮年分两组轮流抬到县医院。一清早，他们就砍了竹子做好了担架，由我和佘国华两个人护送。

这期间正是雨季，雨不停地下着。从我们住处到县里虽然只有30多公里，但我们从早上九点出发，下午六点才到，走了九个多小时，一路瓢泼大雨。通往县城的是一条靠水田的土路，由于不断下雨，加上土路被黄牛、水牛踩得泥泞不堪，每一脚都要踩进烂泥半尺。抬担架的老乡非常辛苦，为避免摔倒，并排两人的手互相搭肩行走。我和佘国华背着枪走在后面，全身都淋湿了。开始是穿草鞋，后来因为草鞋踩进泥里拔不出来，就改穿球鞋。但球鞋太滑，不知一路上摔了多少次。由于担架上下晃动，可怜的、发高烧的肖家成，途中几次从担架上翻了下来，好不容易才走到县城。

没想到县医院十分简陋。病房只是一间竹房，除了几张竹子搭的病床外，什么也没有，黄土的地面疙瘩似的高低不平。我和佘国华一进屋都愣住了，这哪像个医院。这就是当年边疆的医院！好在医生很热情、很负责，马上就检查。一检查，发现是伤寒病，说你们怎么不早点送来，如果再晚点送来的话就没救了。后来才得知，这位医生过去自己得过伤寒病，所以，根据症状一下子就准确地诊断了病情。天哪，幸亏遇到了这位医生，肖家成有救了。他在医院里住了两个月才出院，回到我们这个集体。

搬到弄唤村以后，我们的学习条件好一点。因为周围都是说景颇话的景颇人，大家都抓紧学习，争取在实习结束时口语能大大提高。除了坚持与群众一起学习口语外，还通过研究景颇语的各种现象提高对景颇语的理性认识。

实习队把每个人每天收集到的语料汇在一起，由我和张骥（常州籍，毕业以后分配到云南民委工作，后来调到常州做工会工作）用蜡纸刻出来印发给大家交流。当时的条件很差，刻写的蜡板、印刷器械是向附近的工作组借的，是夜晚在马灯下一个字一个字刻出来的。

丰富而珍贵的语料，为大家思考景颇语的特点提供了依据。我们思考了景颇语的语序特点、四音格词的构造规律以及语音结合特点、解释了各种助词的语法意义等。每遇到不懂的词和不懂的句子，由于没有资料可查，没有人可问，只能靠自己苦思冥想地去解决，去寻求答案。我们逐渐懂得，每一种语言都是深奥的，要学会一种语言是很不容易的。

我们在这一段学会了一般的会话后，就注意记录反映景颇族社会历史文化的语篇材料，如景颇族的口传文学（故事、谚语），还有历史传说、生活习俗等。

有一次，我跟佘国华晚饭后到一个姓岳的（Nhkum）大爷家里聊天，岳大爷热情地在火塘边接待了我们两个。他说今晚要给我们讲景颇人如何上山打麂子的事（麂子是一种像小黄牛一样的动物），我俩认真地低头记录他的描述。他讲到兴奋时，从墙上取下铜炮枪比划给我们看，说如何在树上躲藏，等野兽靠近时开枪。他突然摁了扳机，一声巨响，子弹从我俩的头边擦过，把我们两个人都吓呆了。大爷也吓坏了，赶忙说以为枪里没有装火药。至今一想这事，还有后怕。

赵燕珍：听了您生动的实习生活的回忆，真的很让人感动。您能不能给我们介绍一下您语言实习的主要收获是什么？

戴庆厦：好的。我们是在缺少前人研究成果、实习条件差的情况下，努力学习少数民族语言的。前人的景颇语研究，基本上是一张白纸，我们没有可参考的资料。不过这也好，逼着我们自己去思考、去研究。回想起来，实习时期这种学习方式，对我们这批人后来的成长，如何做好教学研究工作提供了一定的基础。

第一线的语言实践，使我们有了丰富的感性知识，更重要的是，它使我们初步懂得了应该如何处理好语言事实和语言学理论的关系。

一年的实习生活，我们学到了许多在学校课堂里学不到的东西，使大家初步懂得如何做人、如何做学问。我们与景颇族的父老兄弟结下了深厚的感情，理解他们的喜和忧、乐和苦。我们懂得要热爱自己的事业，要埋头苦干，坚持不懈，不要这山望那山高。要多为国家、为民族做贡献，树立"人生的价值在于贡献"这样一个理念。

在景颇山实习时，由于当时的条件，没有电话，更没有手机，我们几乎与学校、家庭隔绝。与家里通信，一封信要走十天才能到。县里邮局照顾我们，派个邮递员每周给我们送一次信。我们最高兴的事情之一是每周见到县里来的邮递员。

如今，我们这批当年曾经在景颇山学习语言、得到锻炼的青年学子，大多是教授、研究员，成为新中国第一批景颇语文教学研究的骨干。《景颇语语法》（戴庆厦、徐悉艰，1992）、《景汉词典》（岳相昆、戴庆厦、肖家成、徐悉艰，1981）、《景颇语词汇学》（戴庆厦、徐悉艰，1995）、《景颇语基础教程》（戴庆厦、岳相昆，2005）、《勒包斋娃——景颇族创世史诗的综合性文化形态》（肖家成，2008）、《景颇族的山官和山官制度》（龚佩华，1986）等一批景颇族语言文化奠基之作，都是出自这批人之手。我们还培养了多批从事景颇语文工作的年轻一代，使这一事业得以传承。

离开景颇山寨已经60多年，但至今我们都时时想到与我们"同吃、同住、同劳动"的景颇山寨的父老兄弟，想到我们自己盖的茅草房，想到夜晚在火塘边学习景颇语，想到在笔记本上记下的珍贵语料。这些难以忘怀的情结，给我们心里播下了美好的种子，后来成为不断催促我们前进的力量。

我们的这些感受，希望能够对如今在现代化课堂里学习民族语言和语言学的大学生和研究生们有帮助，还希望对国家如何培养语言学人才有所借鉴。时代不同了，条件不同了，要求也不会相同，但一些基本理念、基本精神应该是相同的、不变的。

曾经与我们共患难的同班挚友，有六人已经故去。他们是：方炳翰、崔志超、宋哲明、张骥、胡春惠、肖家成。我们将永远记住这六位同学曾经与我们相处的日日夜夜，记住他们为开辟景颇语文事业所作的贡献。我要以此回忆，表示对他们的深切哀悼。

四　专业方向

赵燕珍：戴老师，您既做语言本体研究，又做语言使用方面的研究，那您能不能谈一谈，您是怎样处理这二者的关系的？

戴庆厦：这是一个很重要的问题。大学毕业以后，我主要是做哈尼语、景颇语的语言本体研究的。自己看的书、注意力也都是与语言本体有关的。我们的启蒙老师都是做语言本体研究的，希望自己将来与老师一样做个某一语言研究的专家。所以，在填专业表的一栏时，我总是填"藏缅语族语言研究"，有时加上"兼做社会语言学研究"。这也就是表明自己的主业是做语言本体的，副业是做语言使用研究的。因为我早早就确定主业是做语言本体研究，所以常常会有意识地去控制自己做语言功能研究的激情。

但由于民族地区社会应用的需要，身不由己，只能顺需而行，就是顺着需要去做，既做语言本体研究，又做语言功能研究。比如，为哈尼族创制文字，必须研究哈尼族的社会状况、支系划分状况、语言使用情况。由于社会需要，我又参加语言资源保护会议、参加《中国语言生活绿皮书》审稿。要完成周边语言的研究项目，还要参加有关国家语文政策的讨论，等等。这些都需要我去思考这方面的问题，但我主观上还是要求自己多做藏缅语族语言本体的研究，特别是景颇语、藏缅语共时、历时的研究。

赵燕珍：您为什么要确定自己以做语言本体研究为主？您为什么会对社会语言学，包括语言使用状况、语言关系、语言生活等等这些方面有兴趣呢？

戴庆厦：我确定以语言本体为主的专业方向，跟老师的影响有关，还与自己的兴趣有关。

这要从 1956 年参加中国科学院中国少数民族语言大调查谈起。我参加了语言大调查后，虽然一开始主要做方言研究，记录、描写、研究语音、语法、词汇，但涉及文字的创制、改革以及方言划分、语言识别这些问题时，就必须紧密结合、联系民族的社会历史、文化。哈尼族为什么要创制两种文字，这除了方言分歧大，还有它的社会、文化的原因。所以，在调查工作队的那几年，我既做本体研究，又做语言功能研究，两方面一起做。

1960年回校任教后，系里让我讲授语言学概论和社会语言学课，我发现凡结合社会讲语言的发展、变化，学生都爱听。这增强了我做社会语言学研究的兴趣。

从1978年开始，我就发表了多篇社会语言学的论文。如：《各民族都有使用和发展自己语言文字的自由》（1978）、《论"语言民族学"》（1981），还有《我国民族地区双语研究中的几个问题》（1984）、《我国的民族语文工作与社会语言学》（1987）、《语言和民族》（2008），等等。后来，我又就语言关系、语言生活、语言和谐、语言保护、濒危语言、双语习得等问题发表了大量的论文。许多这方面的会议邀请我参加，我也不好推辞，推动了我这一领域的研究。

回头一看，做语言本体研究如果能够兼做语言功能方面的研究，是有好处的。首先，它能让你更好地认识什么是语言，语言是在什么条件下发生变化的。能够使你正确认识引起语言某种变化的是内因还是外因，不至于错误地把内因当外因，把外因当内因。我在研究景颇语的时候，由于做了景颇族支系语言的研究，认识了不同支系语言的互补和竞争，因而对景颇语中的一些词语的来源、语法的变异，有了新的认识。又如，我们在划分哈尼语的方言时，如果不联系哈尼族的历史、文化就不可能划分好。

我认为，一个语言学家必须关心群众的语言生活，尽量做些语言应用方面的研究，不能关起门只做自己的语言本体研究。当然，一个人的精力是有限的，必须要有个重点，或以语言本体研究为主，或以社会语言学为主。二者完全得兼、同样使力，是不可能做好的。

我再谈一个语言识别问题。研究语言，首先要确认是语言还是方言的问题。但这是语言研究中长期纠结的一个难题，不好解决。为什么？因为人们确定某种"话"是语言还是方言，有使用纯语言标准的，也有使用语言以外的社会标准（包括民族、文化、支系这些因素）的。大致看来，语言学家多强调语言标准，而社会学家、民族学家则多强调社会标准。这就是说，我国现有对语言、方言名称的定位，使用的是多重标准。

举例来说，壮语南北方言差异很大，互相不能通话，但人们都认为是同属一种语言；而布依语跟壮语北部方言的相近度比壮语北部方言与壮语南部方言之间更近，但布依语与壮语则被认为是不同的语言。为什么？因为布依族与壮族是不同的民族，而说南北壮语的都属壮族。又如，彝语六大方言差异是比较大的，互不通话，属于不同的方言，因为说不同方言的都是彝族；而维吾尔语与乌兹别克语差异很小，能通话，但是是不同的语言，因为说话者是不同的民族。这说明识别语言，不全是按语言差异度来定的，有的是以是不是同一民族作为标准的。

对待语言差异大的民族，也有根据语言差异定为不同语言，甚至定为分属不同语支、不同语族的语言。如：景颇族使用的景颇语和载瓦语差别很大，通过亲属语言的历史比较，定为分属藏缅语族不同语支的语言，景颇语属景颇语支，载瓦语属彝缅语支。裕固族分别使用两种不同的语言——西部裕固语属突厥语族，东部裕固语属蒙古语族。但语言使用实践告诉我们，把一个民族使用不同的"话"定为不同的语言，有时会受到本族人统一民族意识的抵制，他们不愿意接受这一现实。因为任何一个民族，都存在统一的民族意识，总希望自己使用的是一种统一的语言。

但语言演变的客观事实是，一些民族由于历史上的各种原因，如民族的分化、融合、接触等，会使得他们的族群内部分别使用不同的语言。如20世纪60年代，一些语言学家经过慎重研究，认为景颇族使用的景颇语和载瓦语是不同的语言，但这一科学的判断不被一些人所接受，他们出于同一民族同一特征的美好愿望，总希望景颇语和载瓦语同属一种语言，都使用已有的景颇文。后来多年的实践证明，说载瓦语的支系学习拼写景颇语的景颇文有很大的困难，他们才接受景颇语和载瓦语是不同的语言，并赞同另创拼写载瓦语的载瓦文。

可见，对语言识别实际上存在两种不同的标准：一种是纯语言标准，可称"语言学标准"，就是按语言差异大小来定是"语言"还是"方言"；另一种是社会、民族属性的标准，可称"社会学标准"，即当语言差异与民族划分出现矛盾时，就按照说话人的民族属性来定是"语言"还是"方言"。二者存在一定的矛盾。

依我看来，解决我国的语言识别问题应当把握以下几点：一是要重视语言的识别工作，把语言识别看成是语言研究中的一项战略任务，是制定好语言规划、语言政策所必需的。二是语言学家可以多做纯语言的研究，从语言学上弄清语言之间的差异和通解度，这对语言研究、语言教学是有价值的。三是在确定具体语言的身份时，既要看到语言的实际异同，又要考虑语言的民族归属，还要尊重说话人的意见。四是总体的原则是，有利于民族团结、社会稳定；符合语言科学；不能搞"一刀切"。语言识别是人为的，但不是有了统一标准就能解决，要看到它的复杂性。

五　科学研究

赵燕珍：您在学生时代就一直重视科研，直到现在，每年都有不少新的成果。能不能谈谈您是怎样提高自己科研能力的？

戴庆厦：我在大学上学的阶段就知道要提高自己的科研能力。这大约是受我们的启蒙老师的影响。给我们上课的老师，如高名凯、吕叔湘等，都有自己大量的论著，有的著作等身，很让我羡慕。我在想，如果我也能留给后代自己的科研成果，该有多大意义。

大约到大学二年级，特别是语言实习之后，我就萌生了要写论文的念头。写什么？后来我想还是从自己熟悉的母语闽语仙游话入手。

在大学三年级的时候，我先是和同年级的同学又是老乡的吴启禄一起做我们自己母语仙游话的研究。吴启禄也是同年被中央民族学院录取学布依语的，后在贵州民族大学任教。我们试着写了一篇《闽语仙游话的音系》，投给了《方言和普通话集刊》。因为从来没有投过稿，也不知能否被接受，反正试试看，不抱希望。投出去有一年多，没有任何消息。毕业以后，我去参加中国少数民族语言调查工作队，在云南接到学校系办公室来信，说来了一本杂志，是你发表的论文。我听了这个消息高兴得很，因为我们都没有发表过文章，也不知道写的论文能不能得到刊用。《闽语仙游话的音系》这篇文章是我们学习了语音学之后，分析了自己的母语后反复修改而成的。语料应该是可靠的。杂志社可能看到语料的可靠性，加上仙游话还没有研究成果，给我们俩刊登的。这篇短文能登出，对我们鼓励很大，增强了做科学研究的信心，心想以后可做的事还多得很。

接着，我又整理了仙游话的变调规律，写出《闽语仙游话的变调规律》投给《中国语文》，在1958年第10期刊出。这篇文章，我根据大量的变调现象，整理出48条变调规律，并尽可能指出变调的条件。我还试图分析变调与否与词的性质及结构性质的关系。指出："实词能变调，虚词不能变调；实词和实词相连能变调，实词和虚词相连不变调。""在连字里考察变调与否可以帮助我们去辨别实词和虚词、虚词和附加成分"。这几点是在我的论文中提出的一些观点。

后来，我又与吴启禄一起写了《闽语仙游话的音变规律》（刊载在《中国语文》1961 年第 1 期），《闽语仙游话的文白异读》（刊载在《中国语文》1962 年第 8、9 期）。记得有一天下午，时任《中国语文》编辑的陈章太先生来学校找我，说要用我们这篇文章，让我和吴启禄再修改一下。他还说，他是福建永春人，同仙游只隔一个小山，但话不同。我听了感到很亲切，觉得我们福建人做语言研究的还不少。我们后来成了好朋友，一直往来。不仅是好朋友，他还是我的老师。

这几篇研究闽语仙游话的论文，反映了我早年学术水平和我们追求学术的志向。这开头的一步很重要，对后来的路子、发展有着引领的作用。

我研究民族语言的第一篇论文是《谈谈松紧元音》（1958）。后来，又和胡坦合写了《哈尼语元音的松紧》（1964）。还有《我国藏缅语族松紧元音来源初探》（1979）、《藏缅语族松紧元音研究》（1990）。

对藏缅语族松紧元音的研究是我早期语言研究的一个重要的课题。它的来龙去脉是这样的：1956 年，我参加了少数民族语言大调查来到了云南，当时担任第三工作队队长的罗季光教授要我参加哈尼语组，调查哈尼语方言，并创制哈尼文。在开始调查哈尼语方言的一段时间里，哈尼语不同方言松紧元音的变异一下子就吸引了我。我根据调查的材料，写了一篇《谈谈松紧元音》，给了罗季光先生看。当时他是中国科学院语言研究所的研究员。他看了鼓励我说，题目很好，但语料不足，让我多补充语料。于是，我使劲地补充了一些语料后交给他看，他看了以后还是说语料不够，就这样经过几次折腾我才完成初稿。罗先生看了后认为这篇论文可以，让我寄给马学良先生，让他推荐发表。不久，我就收到马先生的来信，看到他在我的稿子上批了四个字"可以刊用"。马先生鼓励我把这篇论文修改后投稿。我往北京投稿后，很长时间都没有消息。过了一年多，我去西双版纳勐海做语言调查时，偶然在勐海的一个很小的新华书店里，看到有一本《少数民族语文论集》（1958），里头刊登了我这篇论文。我高兴得几乎跳了起来，因为那是我写的第一篇少数民族语言研究论文，那时我大学毕业才两年。罗季光、马学良两位老师都已故去，但他们对我的栽培，我一直是记在心里的。

　　这是我发表的第一篇与少数民族语言有关的论文。在这篇论文里，我首次对松紧元音的现状进行了系统的描写和分析。包括它的发音特点，与声调、声母、舌位的关系，还对在新创的民族文字里如何设计表示松紧元音特征提出了意见。这篇论文所用的语料大多是我亲自收集的。后来发表的《藏缅语族松紧元音研究》一文，我对藏缅语族松紧元音的发音特点、来源、演变又进行了全面的研究。指出藏缅语族松紧元音有"一头一尾"两个来源：一是来自头部声母的清浊辅音，由清浊辅音演变为元音的松紧，浊声母变为松元音，清声母变为紧元音；二是来源于尾部韵尾，促声韵尾变为紧元音，舒声韵尾变为松元音。还对松紧元音对立的演化的路径和条件进行了分析。事过 60 年，证明我的这些认识基本还是站得住脚的。

　　早期养成的爱科研的习惯，后来一直延续下来，成为我生活的乐趣。我每去一个地方调查，都要写出调查成果出版，脑子里都装了一些题目在思考。

　　如今，我出了自己的文集七卷（《戴庆厦文集七卷》2012—2018）、《藏缅语族语言研究五卷》（2006—2010），还有《景汉辞典》（1983）、《汉景辞典》（1981）、《景颇语词汇学》（1995）、《景颇语参考语法》（2012）、《语言调查教程》（2013）、《社会语言学教程》（1993）、《社会语言学概论》（2004）、《汉藏语研究方法讲稿》（2021）、《戴庆厦自选集》（2021）这些专著，发表的论文有 350 多篇。这些成果里头，有一部分是合著的。我还主编过《语言国情调查》（2018）、"跨境语言调查"丛书、"少数民族参考语法"丛书等 50 多部。

　　我的科研能力能够得到提高，还跟当时年轻时候我们的系领导马学良先生让我参加《民族辞典》《中国大百科全书》民族卷、语言卷的编辑工作有关。那时为了培养年轻人，我有幸当了这些辞书的编委会的副主编，与老专家一起讨论学术问题，从中受益，而且在改稿中文字能力得到了实际锻炼。虽然付出了一些精力，但还是有收获的。

　　赵燕珍：到目前为止，您出版的专著我粗略算了一下，已经超过了 700 万字。这几十年来，您除了有教学任务，有时还要承担一些行政工作，在这样的情况下，您是怎么写出来的？

戴庆厦：这是一点一滴积累起来的。我读大学到现在已经有 60 多年，除了家里一些事用点时间外，主要的精力是做教学和科研。每天不想点、做点教学科研上的事，好像一天过得不实在。想点新问题，写点新成果，觉得非常充实。节假日也是如此。这已经成为一种习惯，不能改的习惯，而且认为这是自己最美好的生活习惯。看到有的老师花了很多时间去打扑克、打麻将，我觉得没有意思。

我认为自己还是比较"勤"。那些成果，早期是一个字一个字地爬格子写出来的。每篇文章都要改好几遍，抄好几遍。看到过去一大堆不断修改的底稿，我真不敢回想当时是怎么熬过来的。后来有了电脑，这些成果也是我一个字一个字地打出来的。早期，写一篇论文要花费我不少精力，好像要瘦几斤。要等到论文誊正寄出后，才觉得吃饭味道好一点。

平时，我老在思考有什么题目。有了题目，我就开始收集语料。我的习惯是，大约有了六成的语料我就开始写。写的过程会启发我去发现新的语料，还会引导我产生相关的题目。写好后，放一放，过段时间再修改。

我认为自己不太聪明，但是比较"勤"。做语言研究，要靠平时的积累，积累到一定的程度就会有新的思想出来。我做松紧元音研究就是从零点开始不断加高基础的。从发音特点的各种变体到它们与声母、声调的制约关系，从共时表现的各种特征到历史来源的途径，以及不同点的演变趋势的差异，都是靠语料的积累以及认识的不断深化而形成的。灵感要有一些，但主要还不是靠灵感。

另外，我的体会是要有毅力。不管是什么环境、什么条件都要有坚持下去的毅力。"文化大革命"极"左"路线横行期间，许多知识分子灰心了，不想做学问，家里的业务书三分钱一斤都卖掉。我那时不灰心，认为以后还是要做的。所以，我的资料保存得很好，因为这是自己辛苦记录的，一张纸、一本书也不能丢。唐山地震的时候，我们大家都住在自己搭的地震棚，我也不愿意参加打扑克、聊天，在这个时候抽时间学缅语、缅文。所以"文化大革命"结束后，我能够很快地利用我保存的语言资料开展语言研究。

我深深地体会到，勤奋和毅力应该是科学工作者必备的素质。我有时想，人的一生精力就像一锅水，看你怎么分配，怎么用它，用完了就没有了。

赵燕珍： 那从您的经验看，您觉得科研和教学的关系是什么？

戴庆厦： 科研和教学相辅相成。做科研有利于教学。我给学生讲课，我觉得学生感到最满意的或者是最能引起学生共鸣的，是我研究过的内容。讲课要突出难点、疑点、重点，不能照本宣科，自己做了科研，才知道什么是学生最需要的，什么是学生最喜欢听的。我讲了多次语言学概论课，凡讲到与我国民族语言研究结合的内容，学生最爱听。

长期以来，我通过科研活动提高自己的教学水平。我出版的一些教科书，如《社会语言学教程》（1993）、《社会语言学概论》（2004）、《景颇语基础教程》（2005）、《语言学基础教程》（2006）、《语言调查教程》（2013），这些书都是我在教学与科研相结合的基础上产生的。这两年，院里让我给研究生讲语言研究方法论这门课，给了我出版新书的机会。我最近把自己多年讲方法论的讲稿整理了一下，出版了《汉藏语研究方法论讲稿集》一书。

我自认为自己讲课是认真的。每一堂课我都要事先写好讲稿，没有讲稿我就胆怯，不敢上台。有讲稿，我心里就踏实了。写讲稿已经成为一种习惯。

我周围的老师的情况也是这样。凡科研做得好的，讲课也讲得好，反之亦然。所以我当系主任、院长时，不但自己搞科研，还提倡教师搞科研，每年都要做科研成果统计。对学生，也提倡搞科研，每年举行一次科研竞赛会，好的给以奖励。这样坚持做几年，整个学院上下都有做科研的风气，后来这种风气一直延续了下来。

教师除了教书外必须重视科研，这应该是一条经验。

六　语言大调查

赵燕珍：戴老师，您20世纪50年代参加了我国少数民族语言大调查。人们常说这是我国民族语文工作的黄金时期。您能讲一讲这次大调查的历史背景和经过吗？

戴庆厦：好。新中国成立以后，全国的政治、经济、文化出现了历史上从未有过的新现象。由于废除了民族压迫制度，实行了民族平等、民族团结的新制度，各民族意气风发，迸发出发展民族、振兴祖国的热情。语言文字是民族的一个重要特征，它的使用和发展状态如何关系到一个民族的发展繁荣。新中国成立的时候，少数民族的文化教育非常落后，大多数民族都没有代表自己语言的文字，有些民族还过着"刻木记事、计豆数数"的日子，严重阻碍了社会的进步。1953年，我去德宏州景颇族地区实习，目睹了景颇族地区的落后情景。那时，连小学都没有，文盲遍地是，只好从内地引进了大批的教师、医生和技术人员。语言文字问题成为阻碍民族地区发展进步的瓶颈。

但是，当时我们对少数民族语言的状况都还认识不清楚。连我国究竟有多少种语言，语言的特点是什么，分布情况如何，文字使用状况如何，哪些民族有文字，哪些民族没有文字，这些基本情况都不清楚。所以，迅速调查、弄清我国少数民族语言文字状况已经成为一个亟待解决的任务摆在我们党和政府的面前。

我国政府一直把解决少数民族语言文字问题当成自己必须履行的任务。政务院于1951年2月做出了"在政务院文化教育委员会内设民族语言文字指导委员会，指导和组织关于少数民族语言文字的研究工作"的决定，随后在北京又成立了民族语言文字工作指导委员会。当时，中国科学院语言研究所等相关机构就派遣了一些专家到少数民族地区调查、了解民族语言文字使用的情况。但是，由于我国的少数民族语言多，分布广，是小规模的调查所不能解决的，需要组织大规模的调查。

1952—1956 年，我在中央民族学院语文系学习少数民族语言。1956 年 2 月即将毕业的时候，学校宣布我的分配方向是进研究生班学习，我顿时感到我还要在校园里再待几年。但领导又说："中央决定现在要在全国开展少数民族语言大调查，弄清少数民族语言的基本情况，这是难得的学习机会，你们这批进研究生班的学生先下去调查，等研究生班开班时再叫你们回来学习。"原先以为只去几个月就回来上研究生班，后来由于形势的变化，研究生班不办了，所以，我一直在少数民族语言工作队参加语言调查，前后在云南待了四年，经历了语言大调查的全过程。

虽然已过半个世纪，但这次大调查的一些主要事件和经历仍历历在目。

1956 年，由国家民族事务委员会和中国科学院牵头，组织全国的少数民族语言大调查。参加这次调查的有 700 多人，分别来自中央民族学院及各地方民族院校的教师、应届民族语文专业的毕业生，以及由各民族地区选派的少数民族干部和知识分子。名称是"中国科学院少数民族语言调查工作队"。这个工作队一共分了七个调查队。第一工作队负责调查壮、布依、侗、水、黎等壮侗语族语言；第二工作队负责调查苗瑶语族语言；第三工作队负责调查除彝语外的云南各种语言；第四工作队负责调查云贵川等省的彝语；第五工作队负责调查蒙古、达斡尔等蒙古语族语言；第六工作队负责调查维吾尔、哈萨克等突厥语族语言和塔吉克语；第七工作队负责调查藏、羌、嘉戎、普米等语言。

因为参加这次调查的人员大多没有做过语言调查，所以，1956 年 2 月在中央民族学院举办了"少数民族语言调查培训班"。我也参加了这个培训班。参加培训班的学员有 400 多人，分甲班和乙班。我在甲班，大都是应届毕业生；乙班多是由各地选派来的民族干部。培训班主要讲授语言调查常识，有怎样记音、怎样归纳音位系统、怎样调查语法、怎样记录词汇、怎样划分方言土语，等等。授课的老师有著名语言学家傅懋勣、马学良、金鹏、陈士林、喻世长、王辅世、王均、李森等。这些老师都已经故去了，讲课的内容后来已汇集成为《语言调查常识》（1956）出版。

培训的时间是三周。结业时举行了隆重的典礼，我至今难忘。结业典礼是在中央民族学院大礼堂举行的。会前我们只知道有时任中国文字改革委员会主任的中央首长吴玉章来做报告。我当时坐在大礼堂的中间位置认真听吴玉章主任的报告。报告开始不过 20 分钟，礼堂的后门突然出现了说话的声音，我们都转身往后看，过了一会儿，后门打开了，看到我们敬爱的周总理走了进来，后面还有一些陪同。我简直不敢相信自己看到的是周总理。顿时，会场的人都看到周总理来了，掌声雷动。周总理顺着走道走到大礼堂台下，吴老要下去接总理，总理用手示意让他别下来，自己就走上了讲台，在台上右边的主持人座位坐下，让吴老继续讲，他也在听。等吴老快讲完的时候，他悄悄地从后台出去到我们的学生宿舍去视察了。这些都是我的亲身经历。

总理亲自来到民族语言培训班结业典礼看望学员，说明中央对民族语言工作的莫大重视。半个多世纪以来，这已成为民族语言工作的传世佳话，鼓舞激励民族语言工作者努力做好民族语言工作。总理那种伟大而朴实、威严而平易的神态和风格，长期印在我的脑海里，成为催促我在民族语文战线上不断努力的一种精神力量。

培训班结束前，各工作队的领导分别召开会议安排具体工作。我因为在学校学的是景颇语，是云南的少数民族语言，被分在第三工作队。但宣布名单时，第三工作队的队长罗季光教授对我说，由于哈尼语组没有人，所以把我调到哈尼语组，主要做哈尼语调查，不进景颇语组。这一变动，决定了我后来的几年要重新学习一种新语言——哈尼语。

赵燕珍：您能不能谈一谈您这个时期的体会？

戴庆厦：好。语言调查是锻炼人、培养人的一个绝好的机会。开始的时候，不知道什么是语言调查，它有什么价值、意义，特别是对年轻人有什么作用。经过四年的语言调查，我深深感到这次语言大调查，是我一生中最有意义的一段社会实践。通过在第一线不断接触活生生的语言，对各种语言的现象不断地思索，我对如何研究语言有了实实在在的体会。

在业务上，通过夜以继日的语言调查，我学会了怎样比较准确地记录一种新语言，怎么写音系、怎么写语法、怎样做语言使用功能的调查。学会记录一种新语言，是一项不容易掌握好的、非常重要的基本功。一个好的语言研究者，如果不会记音，用了一堆错误百出的语料写论文，那只能是害己害人。我几年的语言调查，最大的收获是从记录几十种语言、方言的实践中，学会怎样分析、描写一种新语言，怎样拿下一种新语言的基本面貌。通过面对面地学习少数民族语言，我对少数民族语言有了感性知识。这对我后来的教学研究，怎样教书、怎么样做学问，都起了重要作用。有了这一基本功，往后的研究就有可靠的基础。

另外，语言调查是塑造人的一个大熔炉。通过四年的田野调查，对我怎样做一个人，怎样做民族语言研究，怎样做学问，以及对后来的人生道路都起了"奠基"的作用。通过长时间地与少数民族"同吃、同住、同劳动"，我与少数民族父老兄弟建立了亲密的感情，立志终身要为少数民族服务。

从我国民族语文工作的角度上看，20世纪50年代的少数民族语言大调查，是我国语言学史上空前未有的一项大事，也是国外的语言学史所没有经历过的。这次大调查，它不仅是认识、解决我国复杂的少数民族语言问题的大举措，而且对我国的语言学学科的建设和发展也都有着重要的作用。它的调查结果，包括收集的语料，以及调查的经验和教训，都是我国语言学史的一笔用不完的、有价值的财富和遗产，为我国后来的民族语文工作、民族语言研究打下了重要的基础。这几年是我人生道路上的一段有亮光的、重要的、永远值得回忆的日子。

这次大调查已经过了60年。如今，参加这次调查的成员都已老了，有些已经过世。为了继承历史经验，开拓未来，有必要对这次大调查的经验进行回忆记录。做好这项工作，主要是要靠每一位亲身参加过这次大调查的学者来回忆整理，这是最可靠的。

这次大调查的成绩是巨大的，有着深远的正能量的影响力。主要是：（1）首次对全国17个省、自治区、直辖市的50多种少数民族语言进行大规模的普查，对我国大多数民族语言的主要特点都有了不同程度的了解，改变了过去对我国少数民族语言文字朦胧的认识状态。所调查的语言大多是过去不了解或只了解一点的。（2）对少数民族文字使用的情况有了基本的了解。知道了哪些民族没有文字需要创制新文字；哪些文字还存在问题需要改进；哪些民族虽然没有文字但不适合创造文字，必须另选文字。这就是20世纪调查时期总结出的、解决我国少数民族文字问题的"创（制）、改（改）、选（择）"的原则。（3）通过大调查，凝聚、锻炼了一批民族语文专业者，对全国以后民族语文工作、民族语文教学研究的发展培养了一大批骨干和带头人。参加这次大调查的成员，后来大多数成为我国少数民族语文工作的骨干。（4）大调查引起全社会对少数民族语文的重视，使全国上下认识到民族语文是一项不可缺少的工作。这期间，各地都建立了相关的民族语文工作指导机构和民族语文翻译出版机构。（5）大调查的成果为我国制定民族语文政策、如何解决我国的少数民族语言文字的使用问题提供了新的认识。（6）推动了我国语言学、民族学、教育学等学科的建设和发展。（7）大调查得到了全国各民族的拥护和欢迎，推动了我国各民族的大团结。各民族人民从心里衷心感谢新政府尊重、帮助少数民族使用和发展自己的语言文字。人们称赞这个时期为民族语文工作的"黄金时期"。

赵燕珍：您大学学的是景颇语，但在大调查中，您参加的是哈尼语调查组。在这个过程中，您有没有遇到一些困难？你们是怎么开展工作的呢？

戴庆厦：我原先对哈尼语一无所知，所以能有机会做一种新语言，当时的心情十分兴奋。1956年5月底，我们第三工作队全体成员从北京坐火车出发，5天后到了昆明，由云南省民委接待，住在翠湖边的省民委宿舍。新的生活开始了。我被任命为哈尼语组副组长，与来自哈尼族地区的哈尼兄弟一起，为哈尼语调查、哈尼新文字的设计、推广付出了艰苦的努力。我经历了哈尼语调查的全过程，对陌生的哈尼语从一点都不了解到会说并有了理性认识，哈尼语的研究成为我一生奋斗的专业之一。

在第三工作队到达之前，云南省民委就已成立了哈尼语组，负责哈尼族语言文字工作。我记得当时的成员有：王尔松（哈尼族豪尼支系）、肖庆文（汉族，云南大学毕业）、寸心贤（汉族，云南师范学院毕业）、马普恩（红河哈尼支系）、马国柱（红河哈尼支系）、罗扬生（红河哈尼支系）、李家有（江城卡多支系）、胡金华（墨江碧约支系）等。从北京来的除了我之外，还有我的同班同学方炳翰、周兴勃。我们共同组成了中国科学院第三工作队哈尼语组，由王尔松担任组长，我担任副组长。后来又增加了一些人，人数最多时有20多个人，全组团结融融。记得开会时哈尼族兄弟轮流吸水筒烟，这是哈尼族的习惯，整个屋子里烟气腾腾，"嘭、嘭、嘭"的吸水筒烟的声音不断。后来，为了不影响工作，规定在上班时间不许在办公室抽水筒烟。

哈尼语属汉藏语系藏缅语族彝语支，与彝语、傈僳语、拉祜语、纳西语比较接近。在中国，主要分布在云南省红河哈尼族彝族自治州、玉溪地区、普洱地区和西双版纳傣族自治州等地，人口有163万，这是2010年的统计数字。在国外的越南、泰国、老挝、缅甸等地也有分布。哈尼族内分哈尼、豪尼、雅尼、碧约、卡多、峨努等不同支系，方言、土语的划分同支系的划分是密切的。前人的哈尼语研究成果很少，大片空白地等待我们去开垦。让我转行去做这样的一种新语言，我一开始就非常高兴。

哈尼语组组建后，第一件事是做调查前的准备工作。准备工作主要有三项：

一是编写词汇调查大纲。

我们根据哈尼族社会、文化的实际，确定选3000多个词编成《哈尼语词汇调查大纲》。编写过程中，有以下两个问题困扰着我们：一是究竟选哪些词汇比较好？哪些词符合哈尼族的社会文化实际，有特点的词收到什么程度，哪些收，哪些不收？比如，哈尼族有许多山区的动物，如穿山甲、水獭，有许多植物，如荞麦、草果等收不收？哈尼语的语义分类不同于汉语，比如汉语的"叫"，哈尼语有"叫（人）"叫 gu^{55}、"（公鸡）叫"叫 de^{55}、"（猪）叫"叫 dze^{31}、"（狗）叫"叫 tse^{33}、"（羊）叫"叫 be^{33}等；汉语的"穿"，哈尼语区分为"穿（衣服）"dɔ^{33}和"穿（袜子）"bɔ^{31}等；汉语的"有"，哈尼语分为 dza^{33}"有（人）"，还有 dɔ^{31}"有（液体）"，还有 dɔ^{55}"有（路）"等，要选哪几个？这些里面怎么选？有些词，哈尼语是常用的，汉语不常用，没有对应的词。如 khu^{31} dza^{31}dza^{31}"六月年"，哈尼族的一个节日，是在六月过的，过去已译为"六月年"，像这样的词汇究竟收不收？另一个是怎么排列。有按意义排列和语音排列两种。按意义排列，有的好排，如排为天文地理、人体部位、数量词、代词等，但有的不好排，如动词，可以按动作发出的部位分类，如与手有关的动作，与脚有关的动作，与心有关的行为，但有的动词不好归类，比如"摔倒、落下、升起、发动"等，这些都不好排，后来我们就按音系来排动词的顺序，跟其他类别有点不同。

二是整理音系。

下乡调查要有几个整理好的音系做参考。我们组共整理了绿春哈尼语音系、碧约哈尼语音系、卡多哈尼语音系、豪尼哈尼语音系等四个音系作为模板。这四个点，调查组的成员中都有母语人。我负责碧约和卡多两个点的音系整理。因为我们都学过怎样整理音系，所以大致能够操作。每个点都有一个音系、3000个词，还有语法简况。当时没有电脑，都用手写，再用复写纸复写几份。

三是调查用品准备。

一般要带这些物品：笔记本、稿子、复写纸、钢笔、墨水、被褥、电筒、雨衣、药品、照相机、介绍信等。这就是20世纪50年代调查队下乡调查的基本装备，跟现在不太一样。每人都发给一块大油布，一根绳子，把所要带的东西都打成一个包自己背。那时，旅馆很少，特别是下到乡镇、农村，必须自己带行李。县上的旅馆很简单，房费一个床位只要两毛五，一间住七八个人。还要带10多张介绍信，凭介绍信与县、乡政府联系工作。

准备工作做好后，我们就分组下乡。因为是第一次做田野调查，很是兴奋，有出征士兵的感觉。那时，县以下单位大学毕业生很少，我们莫名其妙地觉得有点优越感。

我和胡金华（他是哈尼族碧约人）分在一个组，任务是调查哈尼语碧约支系、卡多支系的方言。第一站是到墨江县调查碧约话和卡多话。我们到了县上，就找县政府。县政府驻在一套大户人家的住房，十分简陋。县办公室把我们安排到一间空房住下。第二天，县长就接待了我们。我记得县长很年轻，对我们很热情。我们说明来意后，县长说："墨江县是哈尼族人口占大多数的县，你们来创制哈尼文，我们一定尽力支持。"见面后，我们很高兴，觉得有了政府支持，调查工作就好办了。

我和胡金华趁下午还有空，就到街上看看。那时墨江县只有两条石头铺的小街，一些小商店摆着一些日用品。街上很宁静，走着一些穿民族服装的哈尼族、彝族。我第一次见到我所向往的哈尼族，心想我将要为他们创造自己的文字了。

我们俩按照调查大纲的要求到了碧约人居住的菜园乡调查了碧约话，记录了碧约话的词汇和基本语法特点。我俩深入家庭体验了碧约话的使用情况以及碧约人的住宅、生活习惯。这次调查倒还顺利。因为胡金华就是那里人，人地熟悉，我离不开他这个翻译。碧约话的记音，难点主要是松紧元音。因为松紧元音的对立在碧约话里已松动，对立只在少数元音上，有的对立已被不同舌位所代替，所以不容易记准。好在有母语人胡金华在场，他感觉敏锐，拿不准的我就问他。碧约话的记音，我最大的收获是学会分辨松紧对立。

在墨江，我俩还记了卡多话、多塔话、峨努话，等等。卡多话松紧元音的对立也已松动，有的元音可松可紧，在处理时既要考虑音质，又要考虑韵母系统和历史来源，有一定的难度，但从中可学到许多知识。多塔话接近布都话，由于发音人思维敏捷，对音位特别是松紧元音对立很快就有分辨能力，所以这个点的记录比较顺利。峨努话也就是西摩洛话，接近白宏话，有自己的一些特点，所以引起我的记录兴趣。

几个月后，我又单独一人去元江县调查那里的哈尼话。这次调查是我几十年中调查最失败的一次，至今我还记忆犹新。我是7月去调查的，住在县政府的一个仓库里，记音条件很差。元江是云南热得出名的一个县，七月的元江像火炉一样，坐在哪里都要出汗。这个点的声调不同其他方言点，单字调的调值只有两个，变读多，规律不易求出。好不容易记了2000多个词，但中平调和高平调究竟是两个调还是一个调，弄不清楚。加上发音人汉语不太好，而且急躁，多问几句就不耐烦。最后，连个满意的音系都没有整理出来。

之后，我又到普洱、思茅、元阳、绿春等地调查了哈尼语的方言、土语。因为对哈尼语有了一定的熟悉度，记录起来都比较顺手。

当时的记录，使用的是传统的记音方法，用小卡片记。白天记五、六百个词，晚上将小卡片按声韵调系统排列，第二天核对。不同的词打乱按语音排列，核对时容易发现错误。每张小卡片，都标上与词汇本相同的号码，核对后的卡片按顺序填入词汇本。这个方法虽然有点陈旧、费时，但对初学记音的，不失为一种实用的、有效的方法。2000多个词，要记五六天。记了六七百个词后，就要考虑音系的整理，边记边收集音位变体和连音变化的材料。每个点的记录都要完成四个成果：2500个词、一个音系报告、一个简单的语法概要、少量话语材料。由于当时没有电脑，记录的材料都是用复写纸抄写的。这些复写材料，我至今还保存着。

经过大约8个月的田野调查，我们哈尼语组按照预定的计划基本完成了未知方言、土语的调查，并做了方言比较，可以进入《哈尼语方言土语调查报告》的编写。经过 20 多天的努力，共同写出了调查报告。稿子改出后，刻了蜡纸印出。主要章节有：哈尼族社会情况；哈尼语方言土语的划分；哈雅方言的主要特点；豪白方言的主要特点；碧卡方言的主要特点；关于制定哈尼文方案的意见等。语言特点包括语音、语法、词汇的主要特点，并附一些音系。我负责豪白方言、碧卡方言的编写，和全稿的修改。这个调查报告，成为解决哈尼族文字问题的一个最早的历史文献。

参加调查的这四年，我主要做哈尼语方言的调查、哈尼文的创制、推行，以及哈尼文的词典、语法、读本、读物的编写。我还进入哈尼族村寨做过哈尼文和汉文的扫盲。我经历了哈尼语方言调查、哈尼文创制、推广的全过程。

赵燕珍：您能不能谈一谈哈尼文创制的过程？

戴庆厦：可以。怎样解决好哈尼族的文字使用问题，是哈尼语组的中心任务之一。哈尼语分三大方言，方言之间不能通话，显然使用一种文字是有困难的。为此，哈尼语组当时决定为哈尼族创造两种文字———一种是以哈雅方言为基础设计的哈雅方言文字，在哈尼族的哈雅方言地区推广；另一种文字是以碧卡方言为基础设计的碧卡方言文字，这种文字要在哈尼族的碧卡方言地区推广。豪白方言怎么办？由于人口较少，单独为说豪白方言的人创制一种文字看来是不必要的。豪白方言在语言特点上与哈雅方言稍微接近一点，但在地理位置上则与碧卡方言接近，所以说豪白方言的人使用哪种文字可由他们自己选择。哈尼语组写成《关于哈尼语方言划分及创制哈尼文的意见》，并提交到 1957 年 3 月在昆明召开的"云南省少数民族语言文字科学讨论会"上讨论。

参会代表主要是哈尼族，经过认真讨论，一致同意中国科学院第三工作队哈尼语组的报告和创制文字的意见。

当时，已有《汉语拼音方案》，所以决定哈尼文的字母形式采用拉丁字母，并尽量与汉语拼音方案靠拢。做法上，学习苏联的经验要选择基础方言和标准音，设计的原则与其他新文字（如壮文、苗文等）是一致的。哈尼语的一些特殊的音，用双字母表示，如浊音用两个 b、两个 d、两个 g、两个 z、两个 j，[ɣ] 用两个 h 表示，[ʐ] 用两个 s 表示等。汉语拼音方案不用字母标调，哈尼文用 f 表示高平调，用 q 表示低降调，用 v 表示紧元音。我们设计的这套方案经试行证明还是容易学的。

记得在选择标准音的问题上我们遇到了难处。按照一般选择标准音的原则，条件应该是语言代表性强，地区的政治、经济、文化相对发达，即语言条件和社会条件都好。汉语选北京话为标准音，这两个条件都符合。但哈尼族的情况不同：语言有代表性的地区社会发展则相对落后，而社会发展相对先进的地区语言代表性又差些。如：我们考虑选绿春大寨，语言代表性较好，但社会发展相对落后，当时还没有通公路。还考虑选红河甲寅，社会发展相对先进，但语言代表性差些。怎么办？我们推广新文字还是要注重文字容易学习，于是决定把语言代表性摆在前面，选绿春大寨为标准音。这个意见得到参加"云南省少数民族语言文字科学讨论会"代表的一致同意。

哈尼文方案制订后，我们就转入了做推行新文字的准备工作。

到了1958年，由于"左"倾思潮的干扰，不适当地强调文字统一。反对"异、分"，即不能强调不同，不能主张分用不同的文字。在这股浪潮中，决定哈尼族只能使用一种文字，就这样，碧卡方言文字就被扼杀在摇篮里。于是我们集中做哈雅方言文字的试验推行和扫盲。

当时的一个任务是编写扫盲课本和通俗读物。这期间，我和罗书文、白祖额等哈尼族兄弟一起编写了《哈汉对照小词汇》《哈尼文扫盲课本》，还翻译了七八种哈尼文读物，如《怎样养牛》《怎样养猪》《除四害》《哈尼族民歌选》等。

下一步是下到农村去开展扫盲。

我们决定先在元阳县开办边四县（当时红河州的边四县是元阳、绿春、红河、金平）的"红河州哈尼文第一期培训班"。经州委领导同意，这一期学员600多人，主要招收边四县的小学教师、生产队会计、文书。哈尼语组下去的任课教师只有我、罗书文、白祖额三人，三人要对付600多人，每天要上十几个小时的课，嗓子都喊哑了。但我们过得很充实，眼看自己艰苦创制的文字方案已经出成果了。学员们经过四五天学习，有些已能用哈尼文写信，有的还用大字报贴出自己写的哈尼文信，我们看了很受鼓舞。

但是，当时在"左"倾浮夸思潮的弥漫下，我们的努力常受到打击。一天晚上，在各扫盲小组汇报工作的电话会议上，云南省语委一位领导问我:"你们扫一个盲要多少时间?"我算了一下说:"要一周时间,每天以六小时计算,共需 36 个小时。"这位领导听了就给了我当头一棒:"太慢了,思想解放不够!有的组,如景颇语组,6 小时就脱盲。"当晚,我们组辗转难眠,怕落后,怕被扣上右倾保守的帽子,但不知如何才能赶上先进。幸亏我懂得景颇文,不相信他说的,还稳住一些。后来我回到昆明,才听说景颇文组所推广的经验是假的,学习对象是一些在缅甸学过景颇文的,当然只需要五六个小时再复习一下就可以。1958 年的浮夸风竟然在民族文字扫盲中也有表现!

后来,我们哈尼语组分头到各县参加扫盲,我被分到绿春县。这是一个哈尼族占 80% 的县份,是哈尼文标准音的所在地。我很愿意去,想趁这个机会多学些哈尼语口语。

1958 年 7 月,我到达绿春县的第二天,县委书记洪大明就接见了我,研究了全县的扫盲工作。他很重视扫盲,办事果断,听说过去他也读过大学。谈了一会儿,他做了两点决定:一是成立县扫盲办公室,指派我当办公室主任;二是县委、县政府的领导参加哈尼文扫盲,把哈尼文学会,他也参加学习。领导对扫盲的重视,我很高兴;但当扫盲办公室主任,怕做不好。后来,州里、省里每次开扫盲汇报会议,我都代表绿春县去参加。

过了几天,我就开始教县领导学习哈尼文。上过高中、大学的领导,因为学过英语,学习哈尼文比较快,而一些文化水平不高的干部则困难大。但他们不甘落后,常找我个别辅导。每天在县里操场教县领导学哈尼文,成为县里一景。

一个月后,我还下到阿倮坡头等乡去做扫盲。那时,正遇到粮食紧张,我与老乡一起度过一段吃芭蕉根饭的艰苦日子。经过这段饿肚子的日子,我体会到吃饱肚子是不容易的。后来条件好了,我养成不浪费粮食的习惯,没吃完的饭菜绝不倒掉。我带研究生出去做田野调查,也不允许他们浪费饭菜。

哈尼文推行一段时间后,发现读物跟不上,群众没有书看,难以巩固。于是,我与云南人民出版社的哈尼族编辑一起突击编出了一些读物,如《哈尼文拼音读本》(1958)、《云南小春增产十大措施》(1958)、《各族民歌选译》(1959)等。尽管如此,读物还是跟不上,阻碍了大规模扫盲的进展。

我那时多数时间住在哈尼族村寨，与老乡在一起。由于老乡不会汉语，逼得我不得不学哈尼语，很快就会说哈尼语的日常用语，并有了一定的语感，这对我后来进行哈尼语研究有很大的帮助。

赵燕珍：那您怎么评价这次少数民族语言大调查呢？

戴庆厦：这次语言大调查已经过了60多年，这期间我国经历了风风雨雨，在摸索中艰难地前进。现在形势大好，可以静心来总结当年的大调查。

我参加了这次大调查的全过程，是有实际体会的。我认为，20世纪的中国少数民族语言大调查，成绩是主要的。在建国初期那样一个历史条件下，国家有魄力组织这样一次大规模的少数民族语言大调查，大致弄清了我国少数民族语言的状况，并为十多个少数民族创制了新文字，还为一些民族改进了文字。这是一个大手笔，得到了广大少数民族的欢迎，在世界各国都是没有过的。

通过这次调查，我们记录了大批过去从未有过的语言资料，为我国后来的语言学建设提供了一定的基础。再有，通过这次大调查，培养了一大批民族语文专业人才，这些人才后来成为民族语文领域的骨干和带头人。

这次大调查将载入少数民族语言工作的史册。其经验和教训都是可贵的，是多少人的精力换来的，对以后的语文工作都会有重要的借鉴。

对我个人来说，这次大调查培养了我，使我懂得了怎样做人、怎样对待民族和语言，初步学会了怎样研究语言。我们今日的这些成就，是与参加这次大调查分不开的。

不足之处是，这次大调查受到"左"倾思想的干扰，出现了一些不符合实际的做法。如：为了求同，规定少数民族文字中的汉语借词，一律按汉语拼音的拼写形式拼写，给文字的使用带来不必要的困难。又如：对知识分子采取过分的批判，不许自己积累材料做研究，把个人积累的材料说成是"小仓库"进行批判。

七　景颇语研究

赵燕珍：戴老师，您主攻藏缅语族景颇语，发表了大量有影响力的论著，能不能请您介绍一下研究景颇语的经验？

戴庆厦：是的，我主攻的语言是景颇语。虽然也遇到了不少干扰，但幸运的是，60多年来我主要是在景颇语这块土地上耕耘。景颇语的教学和研究，成为我终身的主要职业，我持续地学习它，研究它，不知不觉就与景颇族、景颇语有了深厚的、不离不舍的感情。如今，我有必要把自己半个多世纪以来研究景颇语的一些体会梳理一下。这样做，一方面能够促进自己以后的语言研究，另一方面对年轻的同行者也许能够提供一些参考或者借鉴。

要说明一点：世界的语言种类多，特点多样，比如，有形态变化多的，有分析性强的，有句型复杂的，也有句型简单的。所以，揭示具体语言规律的理论、方法必然会有不同。每个人做语言研究，虽然可以参考别人的方法，但主要还是根据自己的条件去实践，去摸索，去总结。我是汉族，做少数民族语言研究属于非母语的研究，跟少数民族母语人做自己的语言研究有些不同。做语言研究，各人会有自己的体会，自己的方法。人各有路，人各有志，不能强求一样，也不能认为自己的方法就是绝对正确的。

我初步总结了一下，有五条经验可说。

经验之一是：锁定景颇语为主攻方向，坚持不断地往前推进。

在语言学研究中，我除了景颇语外虽然陆陆续续地做过哈尼语、阿昌语、浪速语、仙岛语等几十种语言和方言的研究，还做过一些社会语言学方面的研究，比如语文政策、双语、语言国情、跨境语言等方面的研究，但最能持续、坚持不放的还是景颇语。半个世纪以来，我坚持把景颇语研究作为重点，锁定景颇语这个语言作为自己的主攻方向，把主要的精力、注意力、兴奋点都集中在景颇语上。

回忆起来，半个世纪的时间里，我在景颇语研究领域编了两部词典、两部语法书、一部词汇学、一部教材，发表了50多篇景颇语专题的论文，还发表了近百篇与景颇语相关的语言研究论文。这些进展，使我对景颇语有了一定的语感，多少知道了它的"奥妙"，尝到了它的甜头。对研究的语言有了语感后，给自己带来了许多好处。比如：能够用景颇语的语料和知识来认识、判断一些语言现象、语言学的理论问题；不时地会冒出一些新课题，觉得有做不完的题目；觉得自己与语言近了，对语言的认识实在一些；等等。

我体会到，熟悉不熟悉所研究的语言大不一样。对研究的语言有了语感后，使用起语料来就容易得心应手，考虑问题思路会广点，说起话来底气会足点，判断问题的能力会强点。我坚持长期做景颇语，逐步提高了对景颇语的熟悉度，认识一步一步地随之深化，做完一个课题又做另一个课题，觉得有做不完的题目。

我有这个想法和意志，是向师辈和同行朋友学习的。比如师辈王辅世先生，20世纪80年代，我曾因做《中国大百科全书·语言文字卷》的审定，在延边跟他住在一起，还跟他一起出国访问过，发现他对石门坎苗语了如指掌，能说出每个词的声韵调，能记得石门坎苗语细微的特点。无怪乎我在美国见到张琨先生时，张先生对我最先称赞的是辅世先生，认为辅世先生的研究很有见地，虽然那时他俩还没有见过面。又如，师辈傅懋勣先生20世纪50年代就转做西双版纳傣语，我记得那时他很快就学会说西双版纳傣语，能在一次傣文改革的会议上用西双版纳傣语向在场的傣族代表作报告。他与刀世勋等人合写的《云南省西双版纳允景洪傣语的音位系统》（1952）曾经获得中国科学院的优秀成果奖，成为汉藏语音系描写的经典之作。又如，我师兄胡坦教授对藏语死下功夫，对藏语文非常熟悉，很受藏族的称赞。他写了许多高水平的藏语研究论文，比如《藏语（拉萨话）声调研究》（1980），曾经在第15届国际汉藏语暨语言学会议（法国巴黎）上宣读过。国外的学者，比如著名的美国马提索夫（James Matisoff）教授，他为了研究拉祜语，在泰国住了很长时间，能说一口流利的拉祜语，能用拉祜语作报告，这个基本功为他后来开展大规模的汉藏语历史比较研究提供了基础。他对汉藏语特点的许多创新性的思想，都有他对拉祜语认识的影子。但马提索夫教授的主要贡献还在拉祜语上,他著有《拉祜语语法》《拉祜语词典》等。汉族做少数民族语言,最好要有一种语言压底,或作为根据地,会唱一场"折子戏"。基于这一理念,我在过去的研究生培养工作中,要求学生每个人都要蹲一种语言,对这种语言下点功夫,而不要"满天飘"。中国的语言丰富多彩,吸引人的语言现象多得很,所以不能朝三暮四,像猴子掰苞谷,掰一个扔一个,再掰一个,再扔一个。当然,不是说不能去做别的语言,我也做了一些其他语言和汉语方言的研究,对自己扩大语言视野、思考深层次的语言问题有很大好处。我大学毕业后,由于工作需要,我做了几年的哈尼语研究,写了一些论文,比如《哈尼语的松紧元音》(1964)等,为我后来的语言学研究打下了一定的基础,后来我又回来做景颇语研究。这里我只是强调必须主攻一种语言,在一种语言上多下功夫,有自己的主攻语言。

做少数民族语言研究的,有的做得比较好,长期做一种语言。如台北"中研院"的孙天心院士,潜心于嘉戎语,"十年磨一剑",在嘉戎语的研究上做出了世界一流的成绩,2018年,被评为史语所院士。

但我也看到有些年轻人看到民族语的一些奇特现象很激动,就动手做,但不好好学习语言,没做多久就不做了,浅尝辄止,坚持不了。他们写的一些"现炒现卖"的文章,只要我能看懂的,觉得经不起推敲。

说"坚持不断往前推进",是指不能一遇困难或挫折,就丧气止步。做语言研究,特别是做一种新语言的研究,不会很顺利,开头总会遇到原先没有预料到的"拦路虎"。比如,开始的记音就会把你拦住,使你失去信心。要认识到,语言研究总是由浅入深,一步一步深化的,不可能一开始就写出一篇有深度的、有理论创意的好论文。我现在回头看看自己二十几岁发表的论文,包括关于我的母语——闽语仙游话的论文,觉得都比较浅,缺乏深度,尽管那时也是尽力写的。但没有那时的努力和积累,哪有后来的进步。眼高手低,对学术进步是有害的。我的认识是,论文是越写越敢写,不写就不敢写,必须一步一步地向前推进,不切实际地求全求美,是违反认识规律和科研规律的。这是一条经验。

经验之二是:把主要精力放在景颇语语言事实的收集、整理和分析上。

摆好语言事实与语言理论的关系是一个老话题,但这是一个不能不反复思考的问题，不断深化认识的问题。我的景颇语研究，二者的摆法大致是七比三，即精力的七分用在语言材料的收集、整理、分析上，三分用在理论、方法的学习、思考上。当然，收集材料的过程也会有理论的思考。

语料是无穷的，也是智慧的基础；语料掌握得多少，决定成就的大小。有了新语料，就会有新思想，新发现。否则，就只能在概念上打转转，玩点时髦的新名词，这对语言学的进展不会有什么贡献。我有时在想，传统语言学留下的《说文解字》《方言》《广韵》等巨著，其具有永久价值的主要是其不可替代的丰富的语料，过去没有的，国外也没有的，当然还有其科学的治学方法。

我同样主张要重视理论，但认为必须掌握好理论与实际的关系，分配好二者的比例。我在大学学习时和毕业后一段时间，非常想做一个语言学理论家，还曾想过去考语言学理论研究生。但后来参加了全国少数民族语言大调查，接触了活生生的语言，理念变化了，知道了认识语言的艰苦，才决心老老实实做实际的语言研究。

我对景颇语的一些新认识，都是在深入挖掘景颇语语言事实的过程中产生的。再举一个景颇语句尾词研究的例子。景颇语的句尾词是景颇语的一个非常重要的语法特点，共有350多个，表示句子的人称、数、体、方向等语法范畴。随着语料的不断增多，我先后发表了四篇论文论述景颇语句尾词的性质和特点。开始的时候，我只根据收集到的语料做些分类性的描述，但后来随着语料的增加，认识到人称标记存在多选择性的特点，又写了一篇《景颇语谓语人称标记的多选择性》（2008）这篇论文。在这篇论文里，我根据新的语料指出景颇语句尾词的人称标记功能具有多选择性。多选择性是指人称标记除了与句内的语法成分（除主语外，还有宾语、定语等）一致以外，还与句子成分形式以外的语义成分（包括省略的，说话者附加的）存在一致关系。例如：

1. $\int at^{31} \int a^{55} s\check{a}^{33} \eta ai^{33}$. 我吃饭了。

　　饭　吃　（句尾）

（人称与省略的主语一致，主语是第一人称。）

2. khjiŋ^{33} kǎ^{31} te^{31} thu^{31} sǎ^{33} tǎ^{51}. 几点了？

　　时间　多少　指　（句尾）

（人称与主语不一致。主语是第三人称，但用了第二人称单数。）

3. nan⁵⁵the³³ka⁵⁵ e³¹   khjen³³n⁵⁵khʒat³¹n³¹ni⁵¹？你们地方下霜吗？
   你们 地方（方位）霜   不 下（句尾）
（人称与主语不一致。主语是第三人称，用第二人称单数）
4. kum³¹kai³³tiŋ³¹la³³no⁵⁵khʒuŋ³³lit³¹ni⁵¹. 老人都还在吗？
   老人 们 还   活 （句尾）
（人称与主语不一致。主语是第三人称，用领属第二人称。）
再看下面的复句：
khum³¹kǎ³¹ʒu³¹mǎ⁵⁵sa⁵⁵！a⁵⁵tsom⁵¹ʃa³¹tuŋ³³ka⁵⁵！
不要 闹 （句尾） 好好地 坐（句尾）
（你们）不要闹了！好好地坐吧！

上面这个复句由两个分句组成，主语是一个，但前一分句的句尾词用第二人称多数 mǎ⁵⁵sa⁵⁵，与主语"你们"一致，而后一个成分改用第一人称多数 ka⁵⁵，与主语不一致。为什么前后不一致？因为后一成分说话者把自己也算在内，含有客气的意味，这是语用的作用。

再看下面这个例子：主语是第三人称多数，一般用第三人称多数 ma⁵⁵ai³³ 与主语一致，如果要强调说话者或听话者也在内，句尾词也可用第二人称多数 ka⁵⁵ai³³ 的形式。比如：

tʃoŋ³¹ma³¹ni³³sum³¹ʃi³³ʒai⁵⁵ma⁵⁵ai³³（ka⁵⁵ai³³）.
同学 们 三 十 是（句尾）（句尾）
学生们有三十人。

关于景颇语动词"人称一致性"的现象，是藏缅语语言学家感兴趣的一个语法问题。一些学者的研究成果只看到"一致性"的一面，勤以挖掘一致性的各种现象，而忽视"非一致性"的一面。我在研究景颇语动词"人称一致性"的时候，开始也是一样只停留在一致性上，后来随着语料的扩大，发现了非一致性的另一面，感到异常高兴。

当然，语言研究者还必须重视现代语言学理论的学习，从理论中汲取营养，提高认识，发现新的规律。我也有学习语言学理论后尝到的甜头。

举一个例子来说。景颇语的 ko³¹ 是个使用频率很高的助词，由于它大多出现在主语之后，所以我很长时间都把它看成是主语助词。后来，学习了话题理论后，才意识到应该是话题助词，因为它还可以放在非主语成分之后，比如可以放在宾语、状语之后。为此，2000 年我写了《景颇语的话题》（2001）一文，修改了过去的看法。我还根据景颇语的语料，对景颇语话题的特点形成了自己的一些认识。在一篇论文中谈道："景颇语是一种具有话题结构的语言。话题结构（由话题与述语组成）与句子成分结构（由主语、宾语等句子结构组成）虽然有部分交叉，但却是不同的语法结构，所表示的语法关系属于不同的语法范畴。"即我认为话题结构与句子成分结构是两个不同的"软件"，说话人能够根据需要分别调出使用，不是一套软件谁优先、谁不优先的问题。

语言理论的运用还包括两方面的内容，一是学习、借鉴既有的语言学理论，二是自己根据语言事实揭示语言的新规律，提出新的理论问题。我认为，理论有大小，有起宏观作用的，也有起微观作用的，有指导大的，也有指导小的，大理论的出现要靠小理论的支撑。每个语言学家如果能够在自己的研究领域里发现一些过去没有认识到的新规律、新的理论问题，都是好样的，对语言学理论的建设都是有价值的，都值得称赞。

我不大欣赏有的人做语言学研究不重视语言事实，只会用一些一知半解的理论条条去套语言事实，证明这条理论在我研究的语言也有，而不擅长根据语言事实去发现语言规律。我主张多做从语言事实中发现语言新规律的研究，当然这种研究需要借鉴已形成的现代语言学理论、方法。人各有志，各有所长，有的人在理论思维上有专长，可以多做点理论工作，这也是需要的。

经验之三是：要有微观深入、宏观把握的意志和功夫。

我主张要主攻一门自己不熟悉的语言，而且要有微观深入的意志和功夫。就是说，对语言特点的获取要尽量往细里走，获取每个小规则。当然，要达到"细"的要求很不容易，有的能达到，有的未能达到。但在战略上必须要有争取做得细一些的意志。细，才有可能出真知，才能揭示本质特征；而粗，只能看到表面现象，还容易搞错。我过去有过这方面的教训。

我通过一系列语言本体研究，如并列结构词序的先后、宾语助词的功能等专题研究，深深认识到科学认识语言本体特点的重要性，还认为社会语言学研究生如果没有较强的语言本体分析、研究的能力，就不容易说清楚语言与社会的关系，而且还容易搞错。因而，我在培养社会语言学研究生时，重视培养他们具有记录、分析语言结构的基本技能，要求他们要有正确记音、记句子的能力。

　　再举一个词源比较的例子。做汉藏语词源比较必须谨慎，要细磨，否则对不熟悉的语言容易张冠李戴。过去我们在有的研究成果中看到，有的学者拿景颇语的 lă^{31}ta^{51} "手" 的 lă^{31} 与亲属语言哈尼语的 la^{31} "手"、载瓦语的 lo^{51} "手" 对应，从形似上就判断二者有同源关系。其实，景颇语的 lă^{31}ta^{51} "手" 的 ta^{51} 才是词根，与藏缅语有些亲属语言的 l- 才有对应关系。类似 t- 和 l- 对应的同源词还能找到别的，如景颇语的 ʃă^{33}ta^{33} "星星" 的后一音节 ta^{33} 与哈尼语的 ba^{33}la^{33} "星星" 的后一音节 la^{33} 对应等。在藏缅语的词源比较中，由于对众多的语言不是都很了解，容易出现"拉郎配"。

　　我在做景颇语的研究时，还意识到除了微观分析外，还应该有宏观把握。宏观把握包括：景颇语在藏缅语乃至汉藏语中的地位如何，与亲属语言的关系是什么，某些特征的语言学价值怎样判断等等。美国著名语言学家白保罗（Paul K. Benidict）先生在《汉藏语概论》（2003）（Sino-Tibetan：A Conspectus）中曾经从宏观上认为景颇语是藏缅语的"中心语言"（linguistic center），认为"景颇语处在藏缅语的十字路口，它在语言中的地位也同它在地理上的位置（北缅）相当。景颇语在词汇上和形态上既同藏语、巴兴语以及北部其他诸语言有联系，也同缅语、博多语、芦舍依语以及其他南部语言相联系。从景颇语这个变化多端的语言中心出发，语言变迁的情况是，往东从怒语到缅-彝语，往西是从孔亚克语或纳克德那加语到博多-加罗语。"这一认识有其敏锐性，对我有帮助。我在研究景颇语一些语言专题时常想到景颇语在藏缅语中的地位。比如，我在研究景颇语的弱化音节（一个半音节）时，很快就理清了弱化音节在藏缅语语音发展中的居中地位。这就是：古代藏缅语的复辅音声母音节发生复辅音声母的松化，然后就变成"弱化音节+主要音节"，或一个半音节，弱化音节脱落后变为单辅音声母音节。以"三"为例，藏文的 gsum，保留了藏缅语古代复辅音声母的形式，景颇语是 mă^{31}sum^{33}，复辅音声母松化，音节由一个变为一个半，哈尼语是 sɔ^{55}，前一音节脱落，变为一个音节。三者构成一条演变链，一目了然。

　　对景颇语弱化音节演变规律的认识，我经过仔细的分析、排比，发现弱化音节在景颇语里使用频率很高，对藏缅语的历史研究乃至汉语史的研究都有一定的价值。但其来源是多层的，有的来自前置辅音，有的来自实语素的虚化，有的来自音节的类化。如：kǎ^{31}sat^{55} "打" 中的 kǎ^{31}，是由古代前置辅音的遗存；sǎ^{31}lun^{33} "心脏" 中的 sǎ^{31} 则不同，是由实词 sin^{31} "心" 虚化而来；wǎ^{55}loŋ^{51} "牛圈" 中的 wǎ^{55}，也是由实词 ŋa^{33} "牛" 虚化加类化而来，不能把它们都看成是来自前置辅音的。所以，笼统地说弱化音节是前置辅音，或者是前缀是不科学的。但是，我们看到过去有的论文不做细致分析，简单地都看成是前缀。

经验之四是：要重视语言现象的系统性。

语言是个系统，要准确认识这个系统中的某些子特征，必须要有系统知识的参照。我做景颇语研究，是一个一个题目往前做的，很长时间没有计划性，看到一个奇特的现象就做。现在回头一看，会觉得每个现象的产生和演变，都不是孤立的，都受整个语言系统的制约。认识到研究每个具体问题，都必须联系景颇语整个系统的特点。

比如：我在研究景颇语的量词时，发现景颇语存在许多双音节合成量词，如 si^{21}khap^{55} 表示 "一担棉花" 的 "担"，num^{33}po^{33} 表示 "一个妻子" 的 "个"，ʃan^{31}po^{33} 表示 "一头猎物" 的 "头"，等等，这是其他彝缅语所没有或少有的。为什么会产生这些合成量词呢，其生存的土壤是什么呢？从景颇语的系统特点上看，能够看到这大约与景颇语的双音节韵律有关。景颇语的量词贫乏，个体名词计量时大多不需要量词，由于名词以双音节为主，加上数词大多也是双音节的，因而二者结合构成四音节词，符合双音节韵律。如果要再加量词，量词是双音节的话也就更能符合双音节韵律的要求。双音节韵律，这就为产生双音节合成量词提供了要求和土壤。（参看《景颇语使动范畴的结构系统和历史演变》，1998）

随着景颇语专题研究的增多，我逐渐明确了语音、语法、语义三者是密不可分的关系，在生成、演变的过程中总是互相制约、互为条件的。所以，在研究某个专题时，必须从三者的关系中发现起因线索、因果关系、蕴含关系。而不能是做语音时不看语法、语义，做语法时不看语音、语义。

比如，我做景颇语的使动范畴的研究时，除了分析使动范畴的语法意义和语义特点外，还从语音的特点、语音的演变揭示景颇语使动范畴形态的衰变，以及从屈折式到分析式的转型变化，把语法、语音、语义、三者紧密结合一起来研究景颇语的使动范畴。这样研究后发现,景颇语使动范畴的音变,屈折式为什么会逐渐衰退,只留有少量的遗存?这与声母的简化、韵律的加强、双音节化等语音系统的特点及其变化有关。原始藏缅语使动范畴的语音形式主要是声母清浊的变化,但后来清浊对立消失,语音形式也发生了变化,屈折式衰退了,分析式上升了,原来靠语音清浊对立区分自动使动的单音节词,要不用别的语音形式来代替,要不就转为分析式,加别的实词表示使动。景颇语也走这条变化的途径。总之,做景颇语使动范畴的研究,若不从系统上思考语音、语法、词汇系统的变化,就难以解开它的谜底。

经验之五是:要深入研究景颇语必须扩大与亲属语言的比较。

随着景颇语研究的深入,我意识到要分点时间做些与亲属语言比较的研究。我先后做过比较研究的题目有:《我国藏缅语族松紧元音来源初探》(1979)、《藏缅语族某些语言弱化音节探源》(1984)、《藏缅语族辅音韵尾的发展》(1989)、《藏缅语族的声调研究》(1991)、《藏缅语族个体量词研究》(1994)、《藏缅语的是非疑问句》(2000)、《藏缅语族语言使动范畴的历史演变》(2001)、《藏缅语的形修名语序》(2002)、《论藏缅语的反响型名量词》(2005),等等。通过比较研究,我加深了对景颇语的认识,同时也加深了对汉藏语系语言乃至语言学的认识。

比如,通过亲属语言量词的比较研究,我加深了对景颇语的量词特点的认识。景颇语是个量词不发达的语言,特别是个体量词很少。但只看景颇语的特点还不能把握它在藏缅语中的地位,而必须通过与亲属语言的比较才得以深化。为此,通过 20 多种语言的比较,我归纳了藏缅语个体量词的不同类型,确定了景颇语个体量词是属于其中的哪一种类型。而且通过比较我还认识到量词在起源上相对晚于名词、动词、形容词等实词,它的演变经历了一个由少到多、不丰富到丰富的过程。看到在名量词的不同类别中,非标准的度量衡量词是最早出现的,因为是语义表达所不可缺少的。如:"一庹柴",如果缺乏了量词,就不能表达所要表达的意义;个体量词出现较晚,因为不是表义所必需的,如"一个人"省去"个",说成"一人",还保持要表达的意义。

为了深入认识景颇语的特点并反观汉语的特点,我在 2016 年下半年写了一篇《再论汉语的特点是什么——从景颇语反观汉语》的论文,通过景颇语和汉语的比较，反观汉语的特点。我认为：抓住分析性强弱特征是认识汉藏语系语言特征的一把钥匙。我认为汉语的主要特点或起主导作用的特点是超分析性，而景颇语的分析性不及汉语。景颇语的分析性不及汉语的特点主要有：景颇语词的单音节数量大大少于汉语；义项扩大能力、词的活用能力、韵律手段的运用，景颇语都不及汉语。而且，汉语由于分析性超强，歧义现象比景颇语多。汉语由于缺少形态，要表达丰富的内容就必须在分析性系统上找出路，寻求适合自己语言特点的表达手段。我在文中试图说明区分语言的分析性和非分析性的重要性和必要性。还认为分析性和非分析性是语言的核心特点，能影响、控制语言结构的方方面面，如同人的血型一样。抓住分析性强弱的特点是认识具体语言特征的一把钥匙。我认为景颇语的特点也好，汉语的特点也好，必须抓住分析性这一根本性的特点。这篇论文已经在《民族语文》2017年第2期上发表。

赵燕珍：老师，您和徐老师一起编了两部景颇语的大词典，这对景颇族的语言文化的保存和景颇语文教育有很大作用。您能不能给我们介绍一些编写的情况和经验呢？

戴庆厦：可以。这是我们从事民族语文工作的一项比较大的工程，费去了我们好多时间和精力。《汉景辞典》（1981），有80万字左右，《景汉词典》（1983），有80万字左右，是由我和悉艰，还有我们的景颇语老师岳相昆先生（中央民族大学教授），还有同班同学肖家成（中国社会科学院民族研究所研究员）一起合作，艰苦编成的。这两部辞典加在一起有160万字。我们四人都做景颇语的教学研究工作，多年来都积累了许多景颇语的语料。

这两部辞典的产生，是我们在粉碎"四人帮"后迸发出的为祖国多作贡献的精神的产物。当时遇到的困难很多。资料少，要靠我们一个一个词地去积累，扩大词汇量。那时的条件差，我们是用卡片收集、注解词义、编排顺序的。没有电脑打字，也没有复印机，两部辞典的草稿全是靠我们用手一个字一个字地抄出来的，修改几次就要重抄几次。编成稿后，到了印刷厂，还遇到没有想到的困难。由于经费少，只能去找价格低的印刷厂打字、排字、印刷。当时，云南民族出版社，我们的老同学徐桂珍编审担任我们这两部辞典的责任编辑。她几经联系，最终选择了她的老家无锡市的无锡日报印刷厂。这个厂的领导,听了徐桂珍介绍这两部辞典的重要性后,愿意承担这一任务,而且价格比较低。但因为我们的稿子除了各种字体的汉字外,还有大量的拉丁字母的景颇文和国际音标、汉语拼音方案注音,厂方担心工人认不准而弄错,要求我们能全程跟着校对、守着印刷。这样,我们四人加上云南民族出版社的责任编辑徐桂珍、金大青、岳坚共七人,分两批赴无锡校对、印刷辞典。打字员打出后我们就校对,都要经过五稿的校对才能定稿。到了上架印刷时困难就更多了。由于这个厂没有条件做纸板,都是使用铅字版印刷,铅字大小不一,机器一滚动有的字就跳出来,就得重印。正式开印的那天,我们非常紧张在机器边守着,生怕跳字,一有跳字就得重印。就这样,我们一直守到全部印完才松了一口气。印刷厂的领导和工人们对我们非常好。厂长说,这两部辞典将来要用到国外去,我们一定要完成得好,就是赔了钱也要印好。工人跟我们配合得很好。有几次,安上的铅盘都准备开印了,我们又发现了一两个字要改,师傅二话没说就立即卸下版修改。

无锡的冬天真冷。那时没有空调,也没有暖气。我们在有暖气的北京待惯了,实在受不了。白天戴了棉帽子和手套在校对稿子,晚上洗个热水澡后立即往冰冷的被子里钻。但我们的生活很愉快,因为大家都知道是在做一件非常有意义的事。那时,无锡市电台每晚的播音都以播放阿炳的《二泉映月》结束,我们都要听完这首动人的曲子后才睡觉,每天如此。

这两部辞典从出版到现在已近40年,经过广泛使用,证明质量不错。我们自己做教学科研也常常在用,至今只发现两处小错误。它已成为当今景颇语文工作者不可缺少的工具书,报社、电台的景颇文编辑、学校的景颇文教师,几乎人手一册。我们还看到,来华学习汉语的缅甸景颇学生,也用它学习汉语。我们很高兴,因为我们做了一件对景颇族有用的事。

这两部辞典,1987年获北京市哲学社会科学和政策研究优秀成果二等奖。我参加这两部辞典的编写,学到了许多新的知识,也大大提高了我的景颇语水平。编写一部有用的辞典,在选词、释义、体例等方面都要有真功夫。编辞典,能够锻炼人做事的毅力。要求一个字都不能马虎,不能敷衍了事,要有"十年磨一剑"的毅力。我希望做民族语言研究的青年学者,最好都能参加编一部辞典,这会得到意想不到的收获和实际锻炼。

赵燕珍：听说您让您带的博士研究生做景颇语的题目的时候，他们都不太愿意，说题目都被戴老师做完了。有这回事儿吗？

戴庆厦：好像有。博士生选博士学位论文题目都想选一个前人没有做过的，或做得比较少的。我很想让我的研究生来做景颇语，一是培养接班人，二是指导起来也比较方便。但他们都不太愿意，说找不到题目。

尽管我做了这么长时间的景颇语研究，写了许多论文。但我觉得对景颇语的特点和规律还认识得很不够，还有大块空白等待我们去挖掘，去填补，还有广阔的天地，有做不完的题目。

比如，对景颇语的系属总是认识不清，找不到与它接近的语言。其"独生子"地位应如何看待，学术界都感到茫然。所以，长期以来我一直在思考景颇语的系属地位应该怎样确定，寻找与它相近的语言有哪些。马提索夫教授2015年在国际汉藏语会议上提交了一篇《景颇语谱系地位再探：评论景颇语与鲁语支的亲缘关系》（2016）的学术论文，认为景颇语与鲁语支比较接近。这一认识，有待学术界进一步认可。又如，景颇语在汉藏语中具有特殊的地位究竟怎么确定，它对汉藏语历史语言学研究的价值应该如何估计。Benidict（白保罗）认为景颇语在汉藏语中处于"承上启下"的中间地位。我同意这一观点，2000年写了一篇《论景颇语在藏缅语族中的地位》，谈到"白保罗提出的藏缅语的分类表，是他根据当时掌握的材料以及他的语言观设计的。其中不乏新意，但也存在值得商榷之处。我对他提出的'中心语言'的思想以及景颇语在藏缅语中具有中心地位的观点是同意的。"但写这篇文章时由于时间比较紧，深度还不够。我意识到，这一谜题需要细细地、一步步去积累材料和观点才能接近真相。今后，我还将抽点精力继续做这一课题的研究。

在汉藏语学界，景颇语与汉语存在亲属关系虽然被认可，但并未得到科学的论证。目前仍然是个空白。景颇语与汉语存在亲缘关系的证据有哪些，用什么事实来确定；二者究竟是怎样一种亲缘关系；同源词的分布状况如何，老借词和同源词如何区分；有哪些语音对应规则可以确立；确定它的亲缘关系有哪些难点等等，仍然是朦胧的，缺乏说服力的。由于汉语和藏缅语的同源关系从未被怀疑过，所以并未引起人们强烈的研究兴趣。俞敏先生集数十年的精力汇成《汉藏同源字谱稿》（1989）是汉语和藏缅语词源比较的开创之作，经典之作，开了一个好头。我过去多次有过做汉语和景颇语词源比较的念头,也收集了一些语料,但每次都因为其他事的干扰而未能坚持做下去。今后,我会计划与研究生一起,共同完成这一课题。

景颇语语法的深入研究,仍然是我今后最感兴趣的问题。但是,怎样挖掘更多的、不易被人注意到的、反映语言特点的语料,怎样运用已有的或新的语言学理论来研究景颇语,都是我今后景颇语研究中必须把握的。

最近我在思考分析性语言的特点,研究分析型语言在语法结构上有哪些表现。景颇语属于分析性语言,但与其他分析性语言相比,则具有"承上启下"的特点。这当中有大量的题目可以做。

60多年语言研究的实践使我有了这样一个理念:人们天天都离不开语言,但对自己的语言的认识还很肤浅。人类虽然很早起就开始探索语言的秘密,但至今仍然对语言的特点认识不清。况且,人类社会永远在进步,语言也会随之不断地变化,新的语言现象、新的规律也会不断出现。所以,要科学地、深入地、与时俱进地认识一种语言的特点非常不容易。研究景颇语,应该有这样一个宏观把握。

总之,我认为景颇语还有无限的宝藏等待我们去挖掘,几代都做不完。

赵燕珍:那您觉得您在景颇语研究上的贡献是什么呢?

戴庆厦:我想主要是:我为景颇语的研究打下了一定的基础。

我参加编写了《景汉辞典》(1983)、《汉景辞典》(1981)两部大辞典,这是在过去很少现成资料的条件下编出来的,这两部辞典可以为后人学习、研究景颇语使用。《景汉辞典》收词丰富,有国际音标注音,还标了词性。《汉景辞典》有汉语拼音方案标音,可供景颇族学习汉语使用,也可供从汉语查阅景颇语使用。

我出版了《景颇语语法》(1992)、《景颇语参考语法》(2012)两部语法书,可供深入研究景颇语语法作参考。这两部语法书,我尽力运用现代语言学的理论,分析景颇语的语法。

我还和我的妻子徐悉艰一起出版了《景颇语词汇学》(1995)一书,这是第一部研究我国少数民族语言词汇的书,由于当时受到出版经费的限制,有的章节展开不够。这部书2019年已由中央民族大学出版社再版了修订本。

我还根据多年景颇语教学的经验，与岳相昆老师一起编写、出版了《景颇语基础教程》（2005）这样的一本书，可供景颇语学习、研究使用。这部教程包括景颇语语音结构的介绍，发音特点的介绍，基本语法特点的介绍，还有大量的会话、短文、诗歌等。不懂景颇语的人能够使用这本书自学景颇语。

我还发表了50多篇研究景颇族语言的论文，涉及语音、语法、词汇、社会语言学等内容。这些都可以供有兴趣的同行参考。

我在景颇语的研究上，除了系统地描写、分析景颇语的语音、语法、词汇特点外，还重视揭示景颇语的特点。我分析到的特点主要有：景颇语与载瓦语的关系（1981）、双音节词的音节聚合（1983）、声调研究（1985）、并列结构复合词的元音和谐（1986）、传统诗歌的语言特点（1989）、句尾词的类别（1990）、亲属称谓的语义分析（1991）、单纯词在构词中的变异（1995）、弱化音节（1995）、实词虚化（1996）、双音节化对语法的影响（1997）、支系语言（1987）、方位词虚实两重性（1998）、使动范畴的历史演变（1998）、助动词形成的途径及条件（1998）、结构助词"的"（1998）、宾动结构（1998）、连动式（1998）、名词的类称范畴（1999）、重叠式的特点及成因（2000）、景颇语在藏缅语中的地位（2000）、话题句（2001）、动词的重叠（2001）、"形修名"两种语序对比（2002）、"体"和"貌"（2002）、句尾词的性质来源（2003）、述补结构（2004）、四音格词产生的机制及类型学特征（2005）、汉语景颇语量词比较（2005）、否定范畴（2006）、"NP+e^{31}"式（2006）、词汇化分析（2006）、泛指动词（2007）、谓语人称标记的多选择性（2008）、"给"字句（2008）、宾谓同形短语的特点及成因（2009）、景颇语和独龙语的关系（2009）、萌芽期量词的类型学特征（2010）、重叠及其调量功能（2010）、疑问句（2001）、词汇化（2009）、语言活力（2010）、弱化音节语音性质的实验研究（2014）、韵律与语法结构的演变（2015）、弱化音节的历史来源（2015）、景颇语的基数词（2015）。

还有景颇族其他支系语言的研究课题。有：载瓦语使动范畴的形态变化（1981）、载瓦语声调（1989）、浪速语初探（1983）、波拉语概况（1985）、勒期语的长短元音（1988）、勒期语的研究（2007）、片马茶山人和谐的多语生活（2009）、片马茶山人及其语言（2010）、勒期语概况（2006）、浪速语研究（2015）等等。此外，在藏缅语研究的一些论文里，还包含有一些景颇语研究的成果。

总之，景颇语研究大有可为，前途宽广。

美国汉藏语言学家马提索夫教授在《景颇语谱系地位再探：详论景颇语与鲁语支的亲缘关系》（《汉藏语学报》2016年，孙天心、田阡子译）这篇文章里面指出："景颇语是研究水平最高的藏缅语族语种之一，在缅甸最北部与中国、印度相邻地区约有七十五万人使用。长期以来，学界公认景颇语具有厘清藏缅语族内部支属关系的关键地位。"

赵燕珍：那在您学习和研究景颇语的过程中，有没有对您影响比较大的老师呢？

戴庆厦：说到这里，我要特别感谢我的景颇语老师岳相昆（Seng Hkum）先生（1922.2.15—1987.7.7）。他的景颇语水平，在国内外都是一流的，而且他非常聪明，善于思考语言中的各种问题。他出生在云南省陇川县景罕镇曼软村，11岁就去缅甸谋生、读书，曾就读于缅甸八莫教会学校、密支那师范学校，1944年参加过中缅英美组织的抗日突击队，曾经在缅甸克钦民族《青年时代》担任过编辑。他不仅景颇语文好，而且缅甸语文也好。我们编的两部辞典都是他一个个积累起来的。我还与他合作编写出版了《景颇语基础教程》，发表了《景颇语的句尾词》等论文。他很开朗，很好合作，没有狭隘的思想。他还很会过生活，星期天常常会约几个景颇族学生一起到西郊稻田里去抓泥鳅、摸螺蛳，回来大家在一起煮着吃，喝点啤酒。他总约我一起去，说你不会抓，不要紧，就在田边看我们抓，也会高兴的。

他来中央民族学院是1954年。那时，我们的任课老师岳绍进因为某种原因在语言实习结束时出走缅甸，眼看景颇班学生回校后没有景颇语教师。学校知道了这一情况，指示张彦翼老师和我到云南省民委另找一位老师上来。我们那时已经知道云南省民委有位岳相昆先生，景颇语文都特别好，就想试着挖他去北京。我们找到了岳老师谈，他表示愿意去，民委领导无可奈何只能同意，说中央民族学院要老师更重要，地方服从中央。于是，我们很高兴地把他带到北京。那时，他还不会说汉语，一路由我给他翻译。到了北京以后，他与张老师一起担任了景颇语教学。我毕业后留校任教，就一直与他合作做景颇语的教学研究。应该说，我写的每一个论著都有他的影子。他爱喝酒，1989年因病去世，享年67岁。他的逝世，是景颇语事业的一大损失。我一直怀念这位长期无私帮助我、与我合作共事的景颇语老师。岳相昆先生应该是景颇族的文化先驱。

赵燕珍：老师，我们去德宏调查的时候，听过您跟景颇人在一起，都会说很流利的景颇语，而且感觉很亲近。不知道您是怎样学会景颇语的？

戴庆厦：要学会一种新语言很不容易，必须下苦功夫。大学学了几年，虽然是努力的，但没过关。1954年的语言实习，还是过不了口语关。记得1954年5月实习结束回北京路过昆明时，原德宏傣族景颇族自治州副州长司拉山（Sara Shan）先生，举行欢送会欢送我们。会上，他致欢送辞，让我当翻译。我很紧张，有的还听不懂。虽然完成了任务，但我心里明白这次翻译肯定质量不好。

毕业以后，因为要担任景颇语老师，我就下功夫学。编了两部词典，词汇量大幅度增加。我还参加了一年《毛主席语录》的景颇文翻译，老与景颇人相处，提高了听说水平。我记不清是哪一天，我突然发现自己的景颇语能力发生了质变，听什么都能听懂，能与景颇人比较顺利地交流了。1997年，我带博士后何俊芳（现在中央民族大学民族学人类学研究院任教授、博导）和博士生董艳（现在中央民族大学教育学院任教授、博导），去缅甸北部参加了一个多国景颇族语文的学术讨论会。会议期间，泰国的一个电台请我做一次景颇语访谈，要制作录音录像，我答应了。那天上午，强烈的灯光和几个摄像机对着我们三人。原先我还担心这几年一直在北京，没机会说景颇语，怕说不好。但不知是什么原因，那天我的景颇语能力发挥得比预计的好，什么都能听懂，也能顺利回答。说完一段后，我还用汉语翻译给两位研究生听。

我后来总结一条：学习一种新语言，只要过了一个从量变到质变的坎儿，就不易忘了。没过这个坎儿，就会后退，甚至会大幅度后退。

会说民族语的好处很多。首先是与这个民族有了亲近的感情。多年来，景颇族朋友见到我，他们虽然汉语说得很好，但一律都用景颇语与我交谈。这可能是表示他们对我的尊重。有的景颇朋友说："老师是我们景颇人了!"进到景颇村寨,陌生的乡亲看到我会说他们的语言,一下就拉近了距离。对于语言研究来说,因为我会说景颇语,研究起来有很多方便。因为有了语感,记录、发现新语料都比较方便,而且还有助于宏观审视和微观分析,便于判断,有利于核对语料等。

根据我自己的经验,我后来培养研究生,凡没有民族语母语的,我都要求他们最好能懂一门少数民族语言。当然。这是不容易的,有的好些,有的达不到。

八　"田野调查派"

赵燕珍：您常说自己是"田野调查派"。这几十年来，您的许多时间也都是在田野调查当中度过的。我也曾经多次跟您去做田野调查，对田野调查的苦和乐都深有体会。您能不能给我们讲讲您为什么这么喜欢做田野调查？

戴庆厦：我做语言学研究已有 60 多年了。回想起来，我的语言学研究生涯，很多时间是在田野调查第一线度过的，其中的乐趣是数不清的。所以，今天回答这个问题，我是怀着激动的心情来讲的。

近 10 年来，语言的田野调查在国内外有所升温，受到更多人的重视。我今天不想花时间去讲田野调查的大的理论、方法，而是想通过具体的事例来论述田野调查的重要性及其操作方法。

我从心里深深喜欢做语言调查。一到田野现场看到富有民族特色的村寨，以及热情好客的老乡，还有他们都说带有不同特点的语言，我就非常兴奋，觉得每天都过得很充实。所以，我总找机会去做田野调查。

我先谈一件我记忆深刻的事。1986 年 1 月，我参加了在美国加州圣巴巴拉举行的研究中国少数民族语言、文化的国际会议，我的讲演题目是《论景颇族的支系语言——兼论语言和社会的关系》，引起与会专家的兴趣。参加会议的语言学大师李方桂先生情不自禁地问我，你的材料是怎么得来的，我说是在村寨里住在老乡家里观察到的。他非常赞同地说："只有生活在村寨里才能发现有用的语言现象。"我们都知道，李方桂先生早年也是长期在广西、云南、贵州一带做壮侗语的田野调查的，所以他的提问饱含着他对田野调查的回忆和特殊感情。我的田野调查能得到李先生的认可，当时非常高兴。

我为什么会去做景颇族支系及支系语言的调查呢？在大学期间的语言实习中我了解到，景颇族有景颇、载瓦、浪速、勒期、波拉等支系，不同支系使用不同的语言。不同的支系语言，互相兼用，互相影响，构成一个严密的、有规律的支系语言系统。在不同支系组成的家庭、村寨里，什么时候使用这个支系语言，什么时候使用另一个支系语言，都不是任意的，有它的内在的规律，而探索这一现象，必须深入到家庭和村寨。

为了这个目的，我在1985年带了两名硕士研究生傅爱兰、刘菊黄到景颇村寨进行调查，研究这一专题。调查很顺利，也很愉快，写了《论景颇族的支系语言——兼论语言和社会的关系》（1987）。在调查中，我们与陪同者——波拉支系的孔志恩老师一起到一个多支系的村寨，记录不同支系的人使用支系语言的情况。包括不同支系间年轻的对老的用什么支系语言说，老的对老的怎么说，还有男女恋爱期间各用什么支系语言说，结婚后有无变化等等。经调查，言语活动都很有规律，还有它的理据。

此外，我最早发表的几篇论文是关于藏缅语松紧元音研究的，使用的语料大多也是我在田野调查第一线获得的。

赵燕珍：戴老师，那这几十年您都调查过哪些语言呢？

戴庆厦：我算了一下，从我上大学到现在，我大约做过上百次大大小小的田野调查。所调查的语言，主要是藏缅语族语言和它的方言，如哈尼语、彝语、傈僳语、纳西语、拉祜语、基诺语、景颇语、克伦语、缅语、载瓦语、浪速语、勒期语、波拉语、茶山语、仙岛语、独龙语、怒语、嘉戎语、藏语、白语、土家语、喀卓语，还调查了壮侗语族、苗瑶语族的语言，以及南亚语系的部分语言，如苗语、瑶语、德昂语、布朗语。哈尼语方言土语多，我跑遍了红河两岸、思茅、西双版纳等哈尼族的分布地区，调查了数十个哈尼语的方言、土语。

我还到境外调查了语言。比如：泰国的阿卡语、瑶语、拉祜语；老挝的克木语、傣仂语、普内语、西拉语；缅甸的克钦语；哈萨克斯坦的维吾尔语等。

有的语言，我还做了多次的追踪调查。如对基诺语，我1986年带了傅爱兰、刘菊黄两名研究生上基诺山做了首次的调查；2006年，我又带了一个9人的课题组再次登上基诺山调查，大家共同写成了《基诺族语言使用现状及其演变》（2007）一书。对云南使用喀卓语的蒙古族，我也两次带课题组去调查，写成了《云南蒙古族喀卓人的语言使用现状及其演变》（2008）一书。至于我主攻的景颇语，我就数不清去了多少次了。景颇族有多个支系语言，如载瓦语、浪速语、勒期语、波拉语等，我都调查过了。

赵燕珍：您认为语言田野调查对一个语言学家的成长有哪些意义呢？

戴庆厦：语言田野调查的关键词是：亲自，第一线，融入式。调查记录自然语言，而不是坐在屋子里查阅文献，听第二手信息，拿别人的产品进行新的加工合成。

语言研究有不同的角度、方法和途径：口语的、书面语的、直接的、间接的、演绎的、归纳的、口耳的、实验的。语言学家的条件和兴趣不一样，会有各种不同的类型，不能强求一致。但是，语言是活在人们口语之中、社会生活之中、社会交际之中的，所以研究语言、认识语言，必须到社会生活中去，通过与群众的接触来认识语言。

我们国家有大量特点不同的语言，这是我们研究语言的优越条件和福气，可以通过身边语言的调查研究，方便发现新的规律，增强自己的才干。许多国外语言学家，千里迢迢来到中国调查、研究中国的语言，他们见到自己想研究的活生生的语言，高兴得不得了。而我们自己不去做身边的语言，舍近求远，是不合情理的。

我重视语言田野调查与我个人的经历有关。我读大学的时候，大一上学期刚学了三个多月的景颇语，下学期学校为了让我们这批汉族学生对民族语有感性认识，就派我们去云南景颇族村寨学习语言、调查语言。那时我们在景颇族地区一待就是整整一年，每天跟景颇老乡搞"三同"（同吃、同住、同劳动），在"三同"中学习语言。在田野现场，我都要带上小笔记本，都会记录一些新语料回来。每晚，都要去老乡家访问。当时我们的语言能力提高得很快，对景颇语的特点以及老乡们为什么这样热爱他们的母语有了深切的体会。这一年，培养了我对民族语的兴趣，懂得要到群众中学习语言，让我下定决心一辈子从事民族语言的教学和研究。

这期间，我还接到学校系领导的通知，说苏联顾问要了解崩龙族（后改称"德昂族"）的语言状况，要助教张彦翼老师和我一起去调查这个语言。于是，我和张老师自己背着行李，走到了勐秀乡的崩龙寨子，调查崩龙语15天。那是我第一次去调查一个完全陌生的语言，虽然很辛苦地做了记录，但记录的材料肯定会有许多不合格。通过这半个月的调查，我从中体会到实地调查语言的好处，还体会到语言田野调查的重要性和乐趣。当然，那时只有懵懵懂懂的感性知识，还谈不上把田野调查当作语言学的研究方法来对待。至今，我记录的笔记本还完好保存着。

大学毕业以后，由于工作的需要，我一直在做语言田野调查。这是时代给我锻炼的机会。1956年6月，我参加了全国少数民族语言大调查，调查了哈尼语的十多个方言土语，并根据调查的材料为哈尼族设计了文字，编写了词典、语法书。我看到自己田野调查的成果变成了铅印的出版物，看到哈尼族群众在使用我们编的哈尼文扫盲课本时的喜悦之情，心里觉得很有成就感，更加坚定地认识到扎扎实实地进行语言田野调查，是一条正确的道路。

我带研究生的时候发现，参加过田野调查的研究生比没有参加过田野调查的成长得快。有了一段时间的田野调查，研究生的基础训练如听音、辨音的能力，归纳音系的能力，调查语言功能的能力，撰写语言调查报告的能力等，都有了明显的提高。

我对语言田野调查好处的认识可以归纳为以下几点：

一、通过田野调查，才能更深入地认识到什么是语言。认识语言很不容易。我开始研究语言时，对语言的复杂性估计不足，以为有一定语言学素养的人，就能把一种语言的框架搭起来，能够归纳出一种语言的特点，后来通过面对面地与研究的语言接触，才觉得自己对语言的认识很肤浅。

先举一个语言功能研究的例子。语言的功能也很复杂，如果不亲自到村寨里面看一看，到机关、学校、市场、家庭亲自去听一听，是不容易认识到那个语言生命力的强弱的。我曾两次带研究生到基诺山调查基诺族的语言使用情况，经过走村入户的田野调查，产生了这样一个结论——这个只有几万人使用的语言，虽然面对强势汉语的包围，但仍然保持着它旺盛的语言活力，但原因究竟是什么，没有说清楚。如果不经过田野调查，就可能根据某些理论，认为它是濒危语言，因为它的使用人口太少，使用环境又受汉语包围。在实地调查中，我意识到没有调查就没有发言权，结论不能靠理论类推产生，而要从实际调查的语料中产生认识。我们通过实地调查，找到了基诺族既保存母语又兼用汉语的内外成因。

现在，让人担忧的是，濒危语言满天飞，到处都是濒危语言。在网页上我看到这样一条报道:"中国 130 种语言大部分走向濒危。"不知这一判断从何而来。一些人没有到实地调查就凭理论推理把某些不是濒危语言的错判为濒危语言。我想,你不负责任地把健全的语言错判为濒危语言,就不怕人家的子孙后代将来追究你!

我再举一个例子,语言结构的例子。1961 年,北京师范大学历史系请我去做一个报告,让我讲讲语言学对历史学、民族学研究的意义。那时我初生牛犊不怕虎,讲了一个景颇语并列复合词内部语素语序的例子,说景颇语的"父母"说成"母父","男女"说成"女男",这是景颇族母系社会在语言上的残留。学生听了后,觉得很好,认同从语言研究历史是一条路子。后来,随着我田野调查的深入和积累语言材料的增多,我才发现上面的认识是错误的。在掌握了大量语料的基础上,我求出景颇语并列复合词的排列词序不是受社会因素或语义的制约,而是受语素语音特点的制约。大都是按元音的高低排列前后的,高元音的词素在前,低元音的词素在后。

我回忆自己写的论文中,同一个问题有的发表了"论……""再论……""三论……"等多篇论文,这与我田野调查的逐渐深入,研究认识随之深化有关。如:对景颇语句尾词,我曾经写过三篇论文论述它的特点和功能,一篇比一篇深入。近来去景颇族地区调查,发现青少年的句尾词使用,已出现泛化的倾向,我准备再写一篇景颇语句尾词衰变的论文。

二、到群众中调查语言,能够获得准确的材料。到了社区,说这一语言(或者方言)的人到处都是,老的、少的、男的、女的、文化程度高的、文化程度低的都有,可以任你观察同一语言在不同人中的不同变异,便于判断、解决所遇到的问题。如果在异地记录,调一个发音人来记,对不对就只能听他的。比如,整理音系有的音拿不准就没办法。好在现在有手机,可以用手机打个电话让村寨的人发音。如果在实地,可以听不同的人发音,然后进行判断。我在通海县城里找了个里山人调查里山彝语,发现声母清浊对立不严格,一会儿读浊,一会儿读清的,音系归纳不成。后来只好下到里山做调查,才发现清浊对立在不同年龄段有不同变体,有的对立严格,有的出现对立消失的趋势。掌握了不同的样本,处理起来就有把握了。真没想到,就这样一个小山村,不同人的清浊会有如此大的差异!不到现场,不可能获得真知。

三、语言是个系统，既有语音、语法、词汇的不同成分，又有语言背后的各种民族文化，还有周围不同语言的相互影响。如果不到现场，就看不到色彩缤纷的景象。多年的田野调查，我们已养成一个习惯：进入村寨后，先看村寨居民的分布，再到各家看看，到市场、学校、寺庙看看，了解一下群众的生活，这对科学了解一个民族的语言的活力是有帮助的。

四、要调查、记录、发现新语言、新方言，要到田野中去解决。我国的语言、方言的普查尚未完成，有大量新的语言事实等待语言学家去挖掘。比如濒危语言仙岛语（现在只有80个人左右使用），是属于彝缅语的一个语言，与阿昌语、载瓦语最接近，但由于它长期孤立地发展，出现了许多不同于彝缅语的新特点。应当怎样了解这个语言的使用状况，怎样认识它的归属，必须到仙岛人居住的地区调查，才能获取最新、最真实的材料。我曾经三次到仙岛人的地区调查，追踪仙岛语使用的变化，获得大量的新认识。我们中央民族大学"985工程"近十多年出版的一些新语言的著作，大多是靠田野调查获得的语料。

五、田野调查是培养、造就有实力的语言学人才的途径之一。一个有能耐的语言学家，必须做到语言学理论和语言实际的紧密结合。我先后带了几十批的研究生，回头比较，凡是做过田野调查的都成长得比较好，对后来的专业坚定性、好的学风的培养以及出成果的效率，都起到很大的促进作用。经过田野调查的青年学生、研究生，认识了什么是语言，知道做语言研究的甘苦，懂得了群众感情、民族感情，做学问、做人都会发生变化。举个例来说，我十多年前有个博士生叫蒋光友，原是四川一所高校的英语副教授，进校时对怎样做语言调查研究感到束手无策，很烦恼。正好那时有机会参加中央民族大学"985工程"的"基诺族语言使用情况及其演变"这个课题的调查。在基诺山的基诺寨生活了近20天，他体会到了少数民族语言的妙处，以及基诺人淳朴的品质，使他从心里热爱民族语言，热爱基诺人，决定以后要以少数民族语言研究作为自己的终生事业。调查还没结束，他就向我提出回京后马上就返回基诺山做博士学位论文——基诺语语法研究。回到北京不久，他就一个人回到了基诺山，住在村长的家里，一边学语言，一边调查基诺语的语法。毕业时写了30多万字的《基诺语参考语法》，这篇论文获学校优秀博士学位论文，后由中国社会科学出版社出版。这两年，他还拿到国家社科基金项目。

通过田野调查，才能与群众建立感情，才会贴近语言。我主张研究哪种语言，特别是主攻的语言，必须学会说这种语言，有一定的语感，这对深入研究这种语言会有很大的帮助。而要获得语言的感性知识，到田野实地学习是最好的办法。

赵燕珍：根据您的田野调查经验，您觉得做田野调查要处理好哪些关系呢？

戴庆厦：主要的关系有这几种：一个是要处理好语言事实和语言理论的关系。做语言研究既要有语言事实又要有语言理论，二者缺一不可。像鸟儿的双翼一样，缺了一边就飞不到高处。但二者之间，我认为语言事实更重要，语言是第一性的，是基础的，永恒的，而理论是暂时的，可以改变的。但我也重视理论，认为能够为创新提供一把钥匙。我年轻时还迷恋过一段（时间的）理论，想考理论研究生，后来参加语言大调查，认识改变了。认为自己有能力就多做点语料的工作，根据语料总结规律和观点，哪怕是小规律、小观点，也是对理论的贡献。在田野调查中，由于时间有限、难得，要把主要精力放在语料的收集和整理上，思考怎样从大量的语料中提炼观点。要多走走、多看看、多问问，多接触一些人，多记些自己所陌生的知识。二要处理好调查与观光的关系。到民族地区调查，到处有不同的风光，特别是到有特点的民族地区，到国外，调查队员都会有看风景、购物的需求。所以，调查和观光的关系要处理好。否则，队员想出去看看，而领队则多考虑课题能否按时完成，处理不好就会发生冲突。

我第一次带队到基诺山做基诺族的语言国情调查，因为那是第一次做语言国情调查，两眼一抹黑，如何做，心中没有一点底，所以那时定了一条：西双版纳再美，也不许出去观光，只能等完成任务后再说。这么一说，队员们都理解，表示接受，连最后一站到橄榄坝调查，那是最后一天，大家都还坚持到最后，没有人提出要到橄榄坝旅游区去看看。正是这种规定，使得基诺语的国情调查比较顺利地完成了，形成了语言国情调查的开山之作，成为后来系列语言国情调查的参考模板。

又如：2010年我带课题组到泰国北部地区做阿卡语的语言国情调查，调查组还吸收了另外两所高校的老师一起去。那时我知道很多队员都想趁这个机会到曼谷等黄金海岸去玩一玩。为了完成任务，我在开始调查的时候就明确交代:"我们是来做调查的,应该以工作为重,不能工作还没开始就想出去玩。"在后来的工作中,大多数成员都理解了这一规定。但也有几位老师偷偷地跑去玩了,这使我非常生气。我们在泰北地区完成书的初稿后,(我)安慰大家说:"如果现在大家想去一些旅游区看一看,完全可以。"但这时大多数人已精疲力尽,没有出去游玩的心情了。他们说:"那就以后再说吧。"

赵燕珍:现在您的许多学生也都说自己是"田野调查派",这是受您的影响吧?

戴庆厦:影响肯定是有的,但最主要的还是社会实践对他们的教育,使他们觉得做语言研究必须做田野调查,从心里认识到做"田野调查派"是最佳的路子。我带学生去做语言国情田野调查,刚开始时大家都不知道怎么做,心中无数。记得2006年我第一次带八个学生和老师到基诺山调查,连个调查大纲都没有,不知从何下手。但我们硬是凭着"摸着石头过河"这个理念,一点一滴地积累材料,摸索经验,提炼认识,终于大体了解了基诺族的语言使用情况,懂得了怎样对一种陌生的民族语言进行语言使用情况的调查,并写出了我国第一部语言国情调查专著——《基诺族的语言使用现状及其演变》(2007)。

每次田野调查期间,我们的团队几乎每天晚上都要总结白天的调查经验,及时解决发现的问题,常常分析、讨论到深夜。每晚的碰头会成了我们田野调查的一道风景线。博士生们通过实际调查,把自己这一领域的知识从无到有地建立起来。许多学生通过田野调查不仅加深了对民族语言的认识,而且建立了对民族同胞的感情,发自内心地热爱少数民族语言和少数民族,这对他们一辈子的科研和生活道路来说,都开了个好头。后来,一到暑假、寒假,许多同学都迫不及待地争取前往民族地区做田野调查。这不仅仅是学术观的改变,而且还是人生观的进步。许多毕业出去的学生,由于经过了田野调查的锻炼,他们都成长起来了,把少数民族语言研究当成了自己的终身事业。许多学生参加工作没多久,就获得了各级各类科研项目,这与他们在学习期间的实践调查是分不开的。

我比较熟悉的是景颇语和哈尼语,会说这两种语言。回想过程,主要是在村寨里学的。我对这两个民族有很深的感情,为这两个民族的语言编写了词典、语法书，还发表了不少研究论文。我还为哈尼族创制了哈尼文，哈尼人对此一直记忆在心，称我是"哈尼阿波"（"阿波"在哈尼语里是"爷爷"的意思）。2011年我重返哈尼地区调查时，一位哈尼朋友告诉我，有位老人临终时还对他的亲人提起当年有个北京的大学生为我们创制了文字，使我们的民族从无文字到有文字，不知他现在在哪里。他们这种淳朴的民族感情，让我深受感动，一直铭记在心。

通过田野调查，我对这两种语言都有了感性知识，特别是景颇语。我形成了这么一个认识：会说不会说自己研究的语言很不一样，会说了，就有语言研究的后劲儿，就能够深入下去，否则很容易停留在表面上。所以，这些年我要求我的没有少数民族语言母语背景的博士生们，必须下决心下到村寨一段时间，学习一门语言，做到有感性知识，至少能用那个民族的语言与他们做些基本的交流。我有一位学生重视田野调查，每年寒暑假都到民族地区去调查，已经有了所研究的语言的语感，出了一些专著。这种感性知识是很可贵的、不容易做到的。我个人的经验也是有了这种语感，有了这些感性知识，就有可能看得更高，走得更远。我希望年轻学子们必须立足语言事实，重视理论学习，在田野调查中发现问题，解决问题，在田野调查中成长。但要说明一点，每个人的学术路子不一样，不能强求一致。我之所以重视田野调查，是因为有这个机遇，有这个条件，我并不要求每个弟子都跟我走一模一样的路。希望大家根据时代的需要，个人的条件，摸索适合自己的成长之路。

赵燕珍：那能不能请您再谈谈怎样才能做好田野调查，这对我们来说太重要了。

戴庆厦：根据我几十年来田野调查的经历，我有两点体会，供大家参考。

一是要有做田野调查的素质。

田野调查必须到农村、城镇第一线，特别是做少数民族语言调查，必须到少数民族地区，这些地区跟城市比较起来相对艰苦。我们当年到少数民族地区调查，交通不方便，需要步行，而且当时许多地方没有旅馆，要自己带行李住在老乡家里，吃饭多是跟老乡一起吃，或自己煮着吃。1986年，我带两位最早的硕士生傅爱兰、刘菊黄上基诺山调查基诺语。到了乡上，乡长对我们说，这里没有食堂，也没有饭店，你们自己做饭吃吧，给了我们一个电炉和碗筷。但我们那时不觉得太苦，认为这是有意义的工作。现在不同了，各地都通了公路，就连一些偏僻的村寨、边境上的村寨都通了公路，都有宾馆可住，吃饭也都改善了。但现在年轻人不像我们当年，许多人吃不了苦，两个人住一间，有的还嫌另一个打扰他睡觉。有的还穿了高跟鞋下来。但他们去调查一两次也就习惯了，而且很愿意做田野调查。我们学校一到寒暑假，学生就来打听今年是不是要出去调查，都想跟着去，因为他们尝到了甜头。

还有一点，做田野调查要有群众感情。到了村寨，要把群众当成自己的亲人，使他们感到来的人是为我们民族发展的，跟发音合作人不能是一种雇佣关系。多年来，我们组织的调查组，不论是到国内民族地区，还是国外的农村，都受到群众的欢迎和支持，他们真心支持我们的调查，尽力掏出语料给我们，临走时都是依依不舍的。

除了生活外，出去做田野调查工作是很紧张的。每天除了吃饭、睡觉外，余下的时间就是下寨调查，晚上回来整理材料。长期以来，我带的田野调查组已形成这样一条规定，下去调查的材料必须在下面整理好，写成文章或论文的初稿，不许留尾巴。所以，到了调查后期，每个调查成员都要开夜车，甚至彻夜工作，努力写好自己承担的部分。尽管如此，每个人都很高兴，因为他们体会到满载而归的喜悦。

二是要有必备的业务知识和技能。做田野调查，要有过硬的业务知识和技能。业务知识除了语言学的知识以外，还要有社会学、民族学、统计学等方面的知识。我这里只谈5点：

1. 调查组成员要对语言功能、语言结构特点有敏锐性，进村后才能不断发现新问题，提出新认识。比如，我们最近去老挝调查普内语，这是一个奇特的语言，底层是藏缅语，但受到壮侗语群的深刻影响，出现了一些新特点。我们一接触这个语言，就会发现它除了大量借用老挝语、傣泐语的词汇外，还吸收了壮侗语群的一些新语序，语音上也受到一些影响。如果你没有藏缅语的基础知识，没有对语言现象的敏锐性，就不会去捕捉有价值的语言现象，就会"见怪不怪"。听到不同年龄段发音上的差异，要从语言演变趋势上发现它的差异。

做田野调查必须"眼中有物"，对各种现象要有敏锐性，特别是要发现它不同于一般语言的现象。要深入挖掘它的相异点,看到它的特殊性,而不要附和一般的规则。比如,对不同支系通婚的家庭,要看到父语、母语的状况。

2. 要有记录材料的技能,包括国际音标记音、入户访问、专题访问等。这里我特别要强调要掌握国际音标记音。学会国际音标记音非常重要,是必备的、可持续发展的基础能力。因为材料要上书,要有准确的记音材料,不能把错误的记音当成科学成果。这是一个不易过关的、容易不受重视的硬功夫。田野调查不会记音,等于不会下水游泳。可是,年轻一代很缺乏这一技能。

记录语料要做到:手勤、脑勤。必须本子带身,随见随记。参加田野调查的成员,第一次都不习惯带本子,都相信自己的记忆,空手去,空手回。到整理材料时,发现很多现象没有记录下来,才意识到随身带本的好处。在田野调查现场,要勤于思索。遇到各种新现象,要多问几个为什么。比如,遇到有的人不会母语,就要分析它的条件是什么,是什么原因造成的。

3. 要善于处理好语言事实和理论的关系。在田野调查第一线,每天都面临着大量的语料,怎样看待、梳理这些语料,需要有理论的指导,否则就会出现"见金子不会捡"。比如,我们在丽江九河乡调查白族、纳西族、普米族的语言活力时,发现有个地区普米族母语能力三代存在差异。50 岁以上的,母语掌握得比较好,中年的母语出现衰退,许多人不会说了,但到了青少年母语又复苏了,开始会说了。这种代际差异的原因是什么?课题组成员余金枝敏锐地认为,这个地方的普米语在中年这个阶段,由于强势语言的制约和经济发展的原因出现了衰退,但到了青少年阶段,国家对少数民族出台了优惠政策,使青少年学习使用母语有了新的要求,提出了"语言复苏"这一新概念。这是块金子。

做田野调查,要善于在实地感悟、收集、积累有用的语言现象,而不能麻木不仁,视金不见。要知道,田野处处是金子,就看你能不能聚神,有无悟性。明者见物,愚者灰灰,都是博士生,有的在田野调查中收获很大,想到许多问题,而有的下去后,看不到新见解,拿不到有用的材料。这就是差距。

4. 做语言调查,要换位思考,不能只用已有的认识去解释遇到的新现象。比如，我们到老挝调查时，发现老挝的民族不分主体民族和非主体民族，不像我们中国分主体民族和非主体民族。怎么看？又如，老挝国语的广播不要求十分标准，播音员可以带自己的口音。这有无它的合理性？

5. 要有好的文字能力，写出简明、准确的调查报告。这关系到田野调查的成果能否保质保量。文字上的毛病主要出在：不会对课题做科学的归纳；不会用简练的话写出有用的内容。我们每次调查的成果，都要出版。这是真刀真枪的实践。

中国的语言种类丰富，可开发的语言宝藏无限，需要语言学家多做田野调查，需要有大批的田野派。这是由中国的国情、中国的语情决定的。中国语言资源非常丰富，能造就一大批有实力、有能力的语言学家。希望我们立足本土、投入田野，做一个勤奋的田野派，为发展我国的语言学多作贡献！

九　濒危语言调查研究

赵燕珍：戴老师，您是国内比较早开展濒危语言研究的。我们很想知道您的濒危语言研究的理念是什么？

戴庆厦：我原来主要是研究藏缅语的。近二十多年来，国内外出现了"濒危语言热"，也引起了我的兴趣，做了一些调查，发表了一些论文。现在回头审视一下我国濒危语言研究的起因、过程和它的经验是有必要的。

濒危语言的理论和提法从国外传入中国后，被国内许多语言学家所接受。在现代化进程中，由于经济、文化一体化的发展趋势，加上人群的变动，势必使得弱小语言出现功能衰退甚至濒危。这是一种趋势。国外有的语言学家由此做出估计：世界上现有的6000多种语言，有2/3的语言将在21世纪消亡。这虽然只是一种可能的、不确切的估计，但却反映了国际上的确有不少语言面临着濒危的威胁。

语言生存的这个巨大变化，引起了联合国教科文组织和一些语言学家、人类学家、社会学家的极大关注。为此，联合国教科文组织把1993年定为"抢救濒危语言年"。国际上先后成立了上百个抢救濒危语言的机构和基金会，做了大量抢救濒危语言的工作。在日本（1995）、西班牙（1996）、法国（2003）这些国家，都举行了多次濒危语言会议。抢救濒危语言在国外很快就成为社会的一个热门话题。

但我又想，不同的国家，不同的地区，濒危语言的特点和趋势究竟有什么不同，特别是我国濒危语言的情况究竟如何，有什么自己的特点和规律。于是，我开始对少数民族地区的濒危情况进行了摸底。

2001年，我申报的国家"十五"社会科学基金重点项目《中国濒危语言个案研究》获得批准，使我有条件去开展规模较大的濒危语言调查研究，去获得更多的濒危语言相关的知识。我先后到实地做过满、赫哲、达斡尔、土家、仙岛等濒危语言的田野调查，还做过毛南、阿昌、基诺、浪速、勒期、波拉等衰变语言或使用人口较少的少数民族语言的田野调查。这些调查，使我打开了眼界，知道了濒危语言在我们国家存在不同的类型，有不同的起因，有不同的演变规律。我认识到，濒危语言研究应是我国社会语言学研究的一项内容，有它独特的方法论，并且有它重要的理论意义和应用价值。于是，我组织一些老师，使用各自调查的语料，编成《中国濒危语言个案研究》（2004 年）一书。这本书 2006 年获第四届中国高校人文社会科学研究优秀成果三等奖。这是我国最早出版的一本濒危语言研究专著。同年，我和蒋颖合著的濒危语言专著《仙岛语研究》也获得北京市第九届哲学社会科学优秀成果一等奖。所以，学术界认为濒危语言研究我开始得比较早，大约是从这两部著作来说的。

到目前，濒危语言问题已广泛受到我国语言学家的重视，成为当代语言学界共同关注的热点。主要表现在：我国语言学界对语言濒危的严重性有了共识；对濒危语言与传统文化、语言多样性保护的关系认识日益深入；以记录保存濒危语言资料为主旨的课题在不同层面和范围先后开展。这表明，我国濒危语言研究的实际工作正在逐步展开，它已成为语言研究的一个新的重要领域，越来越多的语言学家，包括研究民族语言和汉语方言的学者加入到这一问题的讨论和实际的工作之中。

与此同时，不同级别、不同类型的濒危语言会议和研究项目陆续出现。比如：中国民族语言学会和《民族语文》杂志社在 2001 年联合召开了"中国濒危语言问题研讨会"。云南玉溪师范学院召开了三次濒危语言研讨会（2005、2006、2010）。李锦芳 1998 年获得教育部项目"西南地区濒危语言调查"，这是首个部委级以上立项的濒危语言研究项目。国家民委民族语文工作室获得北方少数民族濒危语言保护研究试点项目。孙宏开获得中国社科基金重大项目"中国新发现语言调查研究"。韦茂繁获得国家社科基金重点项目"广西濒危语言个案研究"等等。此外，徐世璇、阿措、李锦芳、黄成龙、许鲜明等先后获得英国伦敦大学亚非学院组织管理的研究资助项目。

这期间，一批濒危语言的描写记录的成果陆续出版。如：季永海的《濒危的三家子满语》（2003）；由我主编的《中国濒危语言个案研究》（2004）；我和田静合著的《仙仁土家语研究》（2005）；由我和丛铁华、蒋颖、李洁合著的《仙岛语研究》（2005）；李锦芳主编的 2011 年首部进行语法标注、中英释译对照的濒危语言语料集《仡佬语布央语语法标注话语材料集》（2011）。还有数量甚多的濒危语言的研究论文。

近十多年，中国语言学家在濒危语言的研究中，努力根据本国的实际，力求在理论方法上有所创新，对如下的一些理论问题进行了探讨。比如：什么是濒危语言，关于濒危语言的界定标准；濒危语言是如何产生的；制约濒危语言发生的因素有哪些；语言发生濒危出现哪些类型、哪些规律、哪些过程；语言濒危在本体结构上有什么特点；中国濒危语言有哪些不同于别国的特点等等这样一些问题。

中国语言学家为什么会很快、很容易地就接受外来的"濒危语言热"呢？这是因为，中国是个多民族、多语言的国家，不同语言中有强势语言和弱势语言之分。在长期的历史发展过程中，一些语言由于竞争不过强势语言而消亡，转用了强势语言。如西夏、鲜卑、契丹、女真等这些语言都已消失。历史的事实仍记忆犹新。到了近代，由于经济的发展、民族关系的改善、加上初等教育的普及、人口的流动等因素，一些民族青少年的母语能力出现不同程度的下降。面对历史的前车之鉴，人们出于保护多元文化的愿望，自然很快、很容易地就接受了抢救濒危语言的理念。

应当怎样评估 20 年来的"濒危语言热"呢？我认为，抢救濒危语言的提出，是必要的，也是适时的，因为它的理念是正确的，是与时俱进的。抢救濒危语言的理念核心，是主张语言多样性，提倡保护语言生态，反对语言一元化和语言生态的流失；而且确认任何一个民族的语言、文化都是人类珍贵的财富。这种多样性的理念，符合社会的发展趋势，它不仅有助于人类人文生态和传统语言文化的保护、传承，而且有利于人类不同民族群体的和谐与团结。濒危语言的研究，其成果对于语言学、民族学、社会学的理论建设，对于解决使用濒危语言的民族的语言教育，都有着重要的参考价值。总之，濒危语言问题是在当今由于经济、科技的快速发展而出现不利于多样性存在的形势下提出的，有它的积极的意义。

但是，随着我国语言国情调查的广泛展开，我对我国语言的濒危程度有了一些新的认识。

我通过 20 多个点的第一线调查，及查阅有关资料，对我国少数民族语言使用情况形成以下几点认识：第一，在现代化的进程中很多语言还会延续使用。虽然有些使用人口较少的语言，或分布在杂居区的语言，在青少年中会出现不同程度的功能下降，但大部分地区的人仍会继续使用自己的母语。第二，我国使用人口较少的少数民族语言和方言的生命力并不脆弱。调查数据显示，即便是使用人口较少的民族语言和方言，其使用功能在近半个世纪以来也基本稳定，而且预计至少在今后几代人中还会继续存在下去。第三，我国的濒危语言是长期形成的，并非随着近期经济的快速发展才出现的。如满语的衰亡经历了三百多年的时间。土家族转用汉语，在隋唐就已开始。第四，必须区分濒危语言和衰变语言。我国少数民族语言近期出现的使用功能变化，大多不是语言濒危，而是程度不同的语言衰变。濒危语言不可挽救，而衰变语言可以通过各种措施，包括政策辅助等，改变它的衰变途径。

赵燕珍：戴老师，您曾提出要构建中国濒危语言研究的理论体系，具体内容有哪些呢？

戴庆厦：通过田野调查，我逐渐形成了这样一个理念：就是必须构建有中国特色的濒危语言研究理论体系，不能一味按照国外理论来界定中国的濒危语言。我国的濒危语言研究，必须从中国的实际出发，不能完全照搬国外的理论和实践。我认为，忽视有些语言出现濒危、衰变固然不对；夸大语言濒危也是有害的，不仅会造成人心惶惶，导致难以对症下药，还会带来政策上的偏差。

构建有中国特色的濒危语言研究理论体系，我认为可以从以下两个方面来考虑。

一、要对我国的语言濒危现状有个大体符合实际的估计

中国的濒危语言究竟有多少，说法不一。有人认为有20多种，有人认为有10多种，甚至还有更多的说法。说法不一的原因，主要是所用的标准不一样，此外还与研究者对濒危语言的情况未能掌握好有关。近来传媒上有"中国130多种少数民族语言大部分走向濒危"的报道，让我实在吃惊，显然是扩大化的说法。

我国一些人口较多并有传统文字的民族，如蒙古、藏、维吾尔、哈萨克、朝鲜等民族，绝大部分人目前都还稳定使用自己的语言，至少在今后相当长的一段时间里不会出现濒危，这是容易认识的，也容易取得共识。

有争论的是人口较少的少数民族语言,生命力会不会有所变化。

再看使用人口较少的少数民族语言的情况。2007年以来,我们中央民族大学"985创新基地"开展了语言国情调查研究,特别是进行使用人口较少的少数民族语言的语言活力研究,由商务印书馆先后出版了21部语言国情个案调查报告。这些调查,我大部分都参加了。下面谈几个在语言生活第一线获得的数据。

基诺语:基诺族分布在云南省景洪市基诺乡,人口有20899人。据6个调查点的1763人的母语能力统计:能熟练使用母语的占98.1%,没有一个不会自己母语的。基诺语是基诺族日常生活中最重要的交际工具,具有较强的活力。(《基诺族语言使用现状及其演变》,2007)

阿昌语:阿昌族分布在云南省的陇川、梁河等县市,人口31800人(2000年)。分为三个方言,方言之间差异较大。现以人口较多的户撒方言为例说明其语言活力。调查组统计了户早村等9个村寨的996位阿昌人,熟练掌握母语的除拉启村是98.4%以外,(其他)都是100%。阿昌语是他们日常生活中不可缺少的语言工具。(《阿昌族语言使用现状及其演变》,2008)

景颇语:景颇族分布在云南省潞西、盈江、梁河等县市,人口13.54万人。调查组调查了11个有代表性的景颇族村寨的1732人,结论是熟练掌握母语的有1726人,占99.7%。这也可以说明景颇族全民稳定使用自己的母语。(《云南德宏州景颇族语言使用现状及其演变》,2011)

拉祜语:拉祜族分布在澜沧、普洱等县市,人口45.37万人(2000年)。课题组调查了澜沧县唐胜拉祜新村、松山林等4个村寨的一共1392位拉祜人,其中熟练掌握拉祜语的有1391人,占99.9%。在日常生活中,拉祜族都使用拉祜语。(《澜沧拉祜族语言使用现状及其演变》,2011)

喀卓语:喀卓语是云南蒙古族使用的语言,分布在通海县兴蒙乡,人口5424人。课题组调查了4985人,其中熟练使用喀卓语的有4981人,占99.9%。喀卓人在日常生活中都使用喀卓语。(《云南蒙古族喀卓人语言使用现状及其演变》,2007)

四川盐源县彝语:调查组调查了两个村寨——公母山村、塘泥村的226位彝族人,他们百分之百的人都熟练使用彝语。

四川盐源县摩梭语:说这个语言的人自称蒙古族,但他们的语言属汉藏语系藏缅语族。调查组从博树村五组和六组随机抽取了219人进行了调查，调查结果是百分之百的人都能使用摩梭语。(《四川盐源县各民族的语言和谐》，2011)

云南元江县羊街乡哈尼语：调查组对9个聚居的村寨进行了穷尽式的调查，调查总人数2429人，达到熟练的有2412人，占99.3%。(《元江县羊街乡语言使用现状及其演变》，2009)

云南元江县羊街乡苦聪话：调查组对两个村寨（烧灰箐寨、坡头寨）的苦聪人的母语进行了穷尽式的调查。调查总人数有195人，其中母语能力达到熟练的有195人，占100%。

云南墨江县西摩洛语：西摩洛语是哈尼族西摩洛支系说的一种语言，大多居住在墨江县雅邑乡。调查组考察了6个村47个村民小组4024位西摩洛人使用母语的情况，结论是达到熟练的有4007人，占99.5%。(《西摩洛语语言使用现状及其演变》，2009)

以上调查数据显示，即使是使用人口较少的民族语言和方言，其使用功能在近半个多世纪以来也还会具有基本稳定的特点，并未出现濒危，而且还能预计至少在今后几代人中还会继续存在下去。

这就涉及怎样确定濒危语言的标准。在濒危语言研究中，有的把人口少作为判断濒危语言的主要条件，甚至有的还把使用人数在5万人以下的都列入濒危语言中。这显然是不对的。分布在云南独龙江一带的独龙族，人口只有7426人（2000年），也都稳定地使用自己的母语；景颇族中的波拉人只有500余人，但都稳定地使用自己的母语波拉语，而且对自己的母语有很深的感情。

我和邓佑玲教授提出以核心指标和参考指标共同核定的综合指标体系。我们提出的这个核心指标包括以下三个方面：一是丧失母语的人口数量比例，如果80%以上的人都已转用第二语言，并呈增长趋势，其母语可能是濒危语言。二是母语使用者年龄段分布比例，如果只有老年人懂得，青少年已失传，表明已有濒危先兆。三是母语能力高低，如果对母语只能听懂，没有说的能力或者说的能力很低，说明这个语言的功能已严重衰退，正走向濒危。参考指标起补充印证作用，包括母语的使用范围、对母语的语言态度以及与母语使用有关的社会、经济、文化等这些情况。

可见，中国使用人口较少的少数民族语言和方言的生命力并不脆弱。

在 21 世纪的中国，不会出现 80% 的语言濒危。虽然有的人口少的语言或分布在杂居区的语言，在青少年中出现不同程度的功能下降，但大部分地区仍然会使用自己的母语。当然还要看到另一方面：有些语言会不同程度地出现使用功能衰退，还有些在历史上已出现濒危的语言还会继续向前发展。我国少数民族出现语言衰退的，主要是青少年一代，特别是杂居和城镇的青少年和外出打工的子弟容易丢失自己的母语。

中国的濒危语言是长期形成的，并非近期经济快速发展才出现的。如：历史上满语的衰亡前后经历了三百多年的时间。顺治元年（1646）清军入关，大批满族官兵进入内地，那时大部分满人还不懂汉语，后来清廷皇帝为了统治的需要，积极提倡学习汉语文。从康熙初年至雍正初年的半个多世纪中，汉语在满族中已经普及，满语随之逐渐走向衰亡，到 19 世纪初，吉林满人已经不识满语文。又如：土家语是一种濒危语言，目前只有 9 万人还会说，约占总人口 802.8 万（2000 年）的 1.1%。土家族转用汉语，在隋唐就已开始，到清朝绝大部分地区就已完成，同样经历了相当长的时间。

二、必须区分濒危语言和衰变语言

这是两个不同的概念，具有不同的"质"。在我国，由于一体化规律的作用，少数民族语言，特别是人口较少的、杂居的语言会出现不同形式、不同程度的衰变，表现为使用范围变小了，年轻人兼用通用语的多了。这种"衰变"现象，是多语言国家语言之间互补、竞争的自然规律，但不是濒危。濒危语言，其路径大多是不能改变的，即使打了"强心针"也只是暂时维持。而衰变语言是可以救的，可以通过各种措施包括政策辅助等，改变它的衰变的途径，使其得以更好地向前发展。我认为，我国少数民族语言近期出现的使用功能的变化，大多不是语言濒危，而是程度不同的语言衰变。研究语言功能变化，必须区分"濒危语言"和"衰变语言"这两个不同的概念。（《濒危语言与衰变语言——毛南语语言活力的类型分析》，2006）

历史的经验告诉我们：一股新思潮、新认识、新现象的来临，往往一下子会掀起轩然大波，成为众人所关心的热门话题。但它究竟如何，还要看后来的定位，就像钟摆一样会在来回摆动中寻找、确定最后的"平衡点"。如果只按开头摆动的极点定位，就不符合实际，所决定的政策肯定会出现偏误。

我在2012年写了一篇《濒危语言热二十年》。我的观点能得到一些专家的共鸣，非常高兴。

赵燕珍：那您认为，当前有哪些工作是迫在眉睫的，还存在哪些问题呢？

戴庆厦：当前大家都在做两件事，一是语言本体的记录描写，二是语言使用情况的调查。记录和保存仍是最基本的工作。一门语言，如果还没有来得及记录就已经灭亡了，就得让后人去做大量艰难的考证工作，像考证西夏文字、契丹文字那样。

我强调在濒危语言抢救的工作中，不要盲目追随国外理论，缺乏对中国自己的理论体系的探索。

目前，国内没有专门从事濒危语言研究的学者和研究机构，大多是兼职研究者，包括我在内，想多做一点。

我认为，应该将濒危语言研究作为一个学科来建设，加强培养有濒危语言调查能力和理论研究能力的人才。提升对濒危语言情况的研究、理论的研究、对策的研究等水平，这样才有可能更有效果。

十　语言国情调查研究

赵燕珍：老师，您做过大量的语言国情研究，主编过 20 多部语言国情个案研究的书。您能不能介绍一下语言国情调查研究的价值和意义。

戴庆厦：好，语言国情它是指一个国家的语言情况。

语言国情调查是我国当前语言调查研究的重要内容之一。我在语文工作中深深感悟到语言国情调查的重要性。从国家层面上来说，要制定正确的语文方针政策，没有语言国情做依据是不行的。正确的语言方针政策，要靠对语文状况（包括语文特点、语文使用状况、语文关系、语文演变趋势等）有个比较清楚的、贴近实际的了解，否则就不可能制定切合实际的、有针对性的、能解决问题的方针政策。

比如，新中国成立初期提出的"各民族都有使用和发展自己语言文字的自由"，就是根据我国多民族、多语言、多文种的语言国情，以及存在民族问题、语言问题的实际提出的。2001 年提出的"科学保护各民族语言文字"方针，是根据现代化进程中语言功能、语言关系出现了新的变化、弱势语言出现功能衰退的新情况而提出的。这两条规定都切合我国语言国情的实际，所以对做好我国民族语文工作指明了科学的方向。语言国情是国情的重要组成部分。人类使用的语言、文字，是一种珍贵的、不可替代的、非物质文化遗产，在功能属性上如同山川、土地、矿产一样，是一个国家拥有资源的一部分。这些元素的状况，构成一个国家的国情。语言国情是认识国情所不可缺少的。语言国情的调查研究有以下一些作用：1. 对制定正确的语言方针政策有重大作用。一个国家的成败，关键之一是有无正确的方针政策。正确的方针政策，才能使国家的各项事业沿着正确的轨道前进。能否处理好国内的语言文字问题，关键之一是有无正确的语文方针政策。2. 能为解决语言文字应用问题提供依据。语言文字的应用，在不同的历史时期、不同的国度、不同地区都会有不同的特点和不同的变化。因而，语言文字的应用存在什么问题，问题的性质是什么，要怎样解决等，都需要对语言的实际情况进行调查、了解，否则就不能"对症下药"。比如，人口多的民族，其语言文字如何使用，有哪些不同于人口少的民族（语言）？跨境民族的语言使用，有哪些不同于非跨境民族的语言？这些问题都要通过弄清这些不同类型语言的情况才能解决得好。3. 语言国情调查有助于语言学科及相关学科的建设。语言研究的内容包括语言本体研究和语言功能研究两部分。语言学科的发展必须从语言调查中汲取养料。民族学、社会学、历史学、宗教学等人文学科与语言学密切相关，这些学科的建设，同样需要认识语言国情。所以，语言国情调查能为这些学科的发展提供有用的认识和资料。

赵燕珍：那么您认为怎样才能够做好语言国情的调查研究？

戴庆厦：我认为科学地认识一个国家的国情不是一两次调查就能解决的，必须有多次调查、研究的积累。这里，主要谈谈我在多次语言国情调查实践中的一些体会，供有志于从事语言国情调查的人做参考。

一是要有明确的目的。语言国情是动态的，处在不断变化之中。所以语言国情调查必须是不断的，持续的，不是"一时一地"的权宜之计。但调查是为了解决问题，所以每次的语言国情调查，都必须根据国情的需要，提出具体的目的和要求。只有这样，才能获取有成效的成果。

比如，20 世纪 50 年代，国家动用了大量的人力、财力开展全国性的少数民族语言调查，至今仍认为是取得巨大成绩的一次大调查。当时的目的很明确，主要是通过调查大致弄清中国少数民族语言文字的使用情况，为少数民族创制、改革、改进文字提供根据。所以，由 700 多人组成的七个调查队，分赴全国各少数民族地区认真调查语言文字的情况，通过艰苦的调查，了解到中国有多少种语言，不同语言的方言差异情况如何，哪些民族有文字，哪些没有，应为哪些民族创制、改革、改进文字。这一举措，得到了各民族的广泛赞同。

又如，2005 年以来开展的语言国情调查，目的瞄准在认识现代化进程中少数民族语言使用情况的变化。20 多个调查组分头到不同地区调查该地区的母语使用情况，掌握通用语的情况，并调查了形成语言使用情况的原因，还调查了各地的社会、经济、文化情况，语言文字使用中存在的问题。调查的结果使得我们对新时期少数民族使用语言的状况有了新的了解，对如何解决新时期少数民族的语言文字使用问题做到"心中有数"。

二是要"摸着石头过河"。语言国情调查是项新工程，前人没有留下多少经验，加上各次的调查，目的、对象不同，在调查中不能照搬既有的做法，同用一个模式，而应当从实践中摸索具体的调查方法。

比如，2006年我带了一个由9人组成的"基诺族语言使用现状及其演变"的调查组赴云南省基诺族山寨做语言国情调查研究。这是我们开展语言国情调查研究的第一个点。6月底，我们抱着好奇的、但心中无底的心情从北京出发直奔基诺山。当时，我们虽然对语言国情调查研究的重要性有一些认识，但要怎样做，怎样获取语言国情的具体材料，以及要形成哪些认识都是朦胧的。到了基诺山安营扎寨后，我们一点一滴地摸索经验，不断补充、修改已有的方案。只要是实践过的，符合语言实际的，并证明有效的、有用的，都成为我们的经验。

一个月的田野调查，我们认识到要做好语言国情调查研究，必须要有科学的宏观把握。科学的宏观把握是指要在微观的、定量的调查分析的基础上，对一个民族、一个地区的语言使用情况能有实实在在的把握和认识，而不能仅仅依靠"开座谈会""道听途说"获取一知半解的认识，强调应当深入村寨、社区的语言生活第一线做入户调查和访问，取得真实的、第一手材料。

通过实践，我们对语言国情调查应当怎样定位、怎样获取材料等都有了一些认识。包括：除了调查母语和兼用语的语言能力外，还要调查研究形成某一能力的原因（包括人口数量、分布特点、经济形态、历史来源、婚姻状况、民族关系、国家政策等），母语和兼用语之间的和谐和竞争的关系，语言功能的演变趋势（方向、速度、特点）等一些问题。

在调查中，我们认识到要重视调查现代化进程中语言国情的新特点、新变化。因为，在现代化进程中，语言状况的变化相对会快些，一些弱势的语言或方言会在语言或方言的竞争中出现不同程度的衰变。要调查现代化进程中各种语言和方言变化的新特点和新规律。

选点是语言国情调查开始实施的一个重要的环节。点选得好不好，有无代表性，直接关系到所调查的材料能否科学地反映语言生活的实际。我们根据基诺族的语言状况和人口分布，一共选取了7个村委会的9个自然村和一个乡政府的单位。这10个点的选择比例考虑到以下几个因素：聚居和杂居、人口多和人口少、先进和落后、村寨和城镇、交通地理（国道沿线、乡道沿线、茶马古道沿线）。

如何划分调查对象的年龄，开始时也是朦胧的，不知怎样获取不同年龄段的语言能力，也不知道怎样划分年龄段。做了几天的调查以后，感到不同年龄段的人，在母语能力及兼用语的能力上都存在有规律的差异，于是，我们根据基诺族的情况，把语言能力分为四段：一是6—12岁的儿童段；二是13—18岁的少年段；三是19—59岁的青壮年段；四是60岁以上的老年段。6岁以下的儿童由于语言尚不稳定，所以不在调查之列。

我们在调查中体会到，要做些代表性人物的访谈录。因为访谈录记载的访谈材料，具体、真实，容易很快地给我们解答所要了解的问题。但要做好一个有质量的访谈录是不容易的。必须事先做好准备，要提出明确的又能回答的问题，要让被访谈者感到你的诚恳、求知的态度。实践证明，语言国情调查报告中列一些访谈记录，是读者很愿意读的。

我们还指定专人写每天的工作日志，记录工作的进程。工作日志包括每天调查的内容，遇到的问题、主要体会等。这是调查成果的一部分，对于了解调查成果会有帮助。

我们的调查大致分为四个阶段：一是准备阶段，这个包括收集、熟悉与课题有关的文献资料，制定初步的调查大纲和调查计划，提出经费预算，选择课题组的成员。二是田野调查阶段，按调查计划到实地调查，要求成员把每天得到的材料及时整理完毕。在这一阶段，要经常碰头，交流信息和讨论遇到的问题，不断明确对调查点的认识。三是分头整理、撰写所负责的章节，及时交主编审改。四是完成初稿，撤离调查点。

我们依靠"摸着石头过河"的工作方针，摸索了一套如何根据我国民族地区的实际，开展语言国情调查研究的方法。尽管是初步的，有待进一步补充、修正、完善，但却是从我们的具体实践中获得的。2007年6月，我们的成果《基诺族语言使用现状及其演变》一书由商务印书馆出版了。这本新著，实实在在地成为第一本系统反映我国少数民族语言使用状况的专著，它为后来的语言国情调查提供了一个可资借鉴、参考的模板。我们看到，后来各地做语言国情调查，多以这本著作作为样本或主要参考书。

三是要学会换位思考。每个人都有自己的语言，都会形成自己的语言观或语言态度，在对待另一语言时，我们不可避免地会主观地使用自己的语言观去看待，得出不符合语言实际的认识。我国地域辽阔，南北语言差别大，聚居的语言不同于杂居的语言，两代人的语言态度也不同。所以要换位思考，即要符合调查对象的特点及要求提出对策，而不能用自己已有的认识模式去代替。

比如，云南通海喀卓人，只有三万余人，经济、文化都发展得很好，而且全民兼用汉语，但他们的母语保持得很好，对自己的母语怀有深厚的感情。为什么？这要从他们的实际去寻找答案，而不能凭人口少就一定濒危的理念将它定为濒危语言。

又如，独龙语只有七千多人口使用，也未出现濒危的现象。有的研究者主要依据人口数将其定为濒危语言，本族人很不高兴。要深入独龙族地区，寻找独龙族能够健全使用母语的理据，听听本族人是如何想的，如何认识的。

在现代化进程中，大小语言的走向究竟如何？科学技术的变化，如手机的广泛使用，对语言的保存有什么影响？各民族对待自己语言的感情究竟如何？这些带方向性的问题有待通过换位思考去提出靠近实际的解决方案。

四是要重视使用现代仪器做调查。现代语言学的新发展，为开展语言调查提供了新方法、新仪器，提高了语言调查的速度和准确性。所以，语言国情调查应当尽力采用现代语言学的新技术、新手段，改善调查手段和方法。

新技术的出现，存在如何科学地处理好新技术、新手段与手工操作的关系。语言是说给人听的，是人与人之间凭口耳相传实现语言交际的，语言学是"口耳之学"，大量的语言事实的记录和规律的整理要靠高度的脑力劳动，也就是靠耳朵细细地去听、去分辨去归纳，再通过新仪器帮助验证听力的准确度。我主张二者有效地结合在一起，互相补足，提高记录水平，不要夸大现代仪器的作用。

赵燕珍：这 20 年我国的语言国情调查取得了哪些重要的成绩？

戴庆厦：由我主持的中央民族大学"985 工程""语言国情调查研

究"项目，一共完成了 21 部个案研究系列的丛书，这些项目的成果都由商务印书馆出版了。由我主编的以下语言国情调查研究丛书：《基诺族语言使用现状及其演变》（2007）；《云南蒙古族喀卓人语言使用现状及其演变》（2007）；《阿昌族语言使用现状及其演变》（2008）；《西摩洛语语言使用现状及其演变》（2009）；《元江县羊街乡语言使用现状及其演变》（2009）；《云南里山乡彝族语言使用现状及其演变》（2009）；《片马茶山人及其语言》（2010）；《耿马县景颇族语言使用现状及其演变》（2010）；《云南德宏州景颇族语言使用现状及其演变》（2011）；《勐腊县克木语及其使用现状》（2012）；《澜沧拉祜族语言使用现状及其演变》（2011）；《四川盐源县各民族的语言和谐》（2011）；《绿春县哈尼族语言使用情况及其演变》（2012）；《云南玉龙县九河白族乡少数民族的语言生活》（2014）。还有周国炎主编的《布依族语言使用现状及其演变》（2009）；丁石庆主编的《莫旗达斡尔族语言使用现状与发展演变》（2009）；赵凤珠主编的《景洪市嘎洒镇傣族语言文字使用现状及其演变》（2010）；白碧波主编的《元江县因远镇语言使用现状及其演变》（2010）；木乃热哈主编的《甘洛民族语言使用现状及其演变》（2015）；张景霓主编的《罗城仫佬族语言使用现状及其演变》（2016）；《环江毛南族语言使用现状及其演变》（2017）。

我还和余成林教授一起组织当年做语言国情调查的战友编出了《语言国情调查概论》一书，对 20 年来的语言国情调查经验初步进行了总结。全书共有十一章：一、为什么要做语言国情调查；二、语言国情调查的主要内容；三、语言国情调查的方法；四、语言功能调查法（上）；五、语言功能调查法（下）；六、语言结构调查法；七、怎样做跨境语言的国情调查；八、怎样做语言保护调查；九、怎样做双语问题的调查；十、语言国情调查中现代化手段的运用；十一、语言国情调查者应具备的素质。对这本新书，我还是满意的。（这本书）2018 年被中国社会科学出版社评为"2018 年好书"。

从 20 世纪 50 年代全国第一次少数民族语言大调查开展到现在，已过了半个多世纪了，其间少数民族地区的社会、经济、文化以及人们的精神面貌都发生了重大的变化，语言文字的特点和使用也随之发生了没有预料到的大变化。半个多世纪以来，语言文字特点的变化随处可见，语言工作者的研究工作面临着新的挑战。

比如,在语言的使用上,不论哪个民族,除了使用母语外,还不同程度地兼用通用语汉语,其速度之快,范围之广,是谁也没有想象到的。有许多民族如白族、纳西族、基诺族等已全民兼用汉语。有许多民族如哈尼族、傣族、景颇族等已大部兼用汉语。举例来说,1957年我参加中国科学院少数民族语言调查工作队到云南省红河两岸调查哈尼语时,哈尼村寨的哈尼人普遍不会说汉语,开展调查十分困难。时隔半个多世纪,2011年我重返红河两岸调查哈尼语,惊奇地发现哈尼人已普遍会说汉语,许多人还能流畅地用汉语与我们交谈。这些年,我还到过基诺族、彝族、阿昌族等地区,也同样看到有这样的变化。从单语到双语,只经过一代多时间就实现了这个转变。这个变化何等之大啊!

但对于上述语言生活状况的变化,我们并不完全了解,也没有掌握必要的科学数据,还处于"或明或暗"的状态。民族语文的信息化、标准化、规范化,以及少数民族的双语习得、语言翻译等工作,应当如何依据社会发展的需要实现转变,在具体策略上进行必要的充实和调整,都需要语言国情调查的成果来支撑。

总之,我国进入现代化建设新时期的几十年,如何认清不同民族、不同地区的语言特点及其变化,并提出科学的、切合实际的对策,已成为民族语文工作中亟待解决的任务,是对民族语文工作者提出的新挑战。能否不失时机地做好少数民族语言使用现状的调查工作,直接关系到民族的发展、社会的稳定、边疆的巩固。这些因素决定了开展全国第二次少数民族语言大调查的必要性。

语言国情调查研究的重要性,使我对它有了特殊的感情。我呼唤新的一次"语言国情大调查"在我国尽快到来!

十一　跨境语言调查研究

赵燕珍：老师，您做跨境语言也是比较早的，当时是为什么想要开辟这个新领域的？

戴庆厦：因为我学的景颇语、哈尼语都是跨境语言。早年到景颇族地区去实习，常见到缅甸来的景颇族（在缅甸称"克钦"Kachin），引起我的兴趣。我很注意他们的语言、服饰、文化，想了解（他们）与我国的景颇族有什么不同。中国的景颇族人口只有10多万，而缅甸、印度的景颇族约有150万人。两国景颇族共同使用相同的文字——景颇文。缅甸的克钦因为人口多，加上聚居，成立了一个"克钦邦"，在缅甸是个大省。在20世纪，他们从小学到大学都建立了景颇语文教学的体系，出版了教科书、报纸、出版物等读物。美国学者Bev. O. Hanson（汉森）先生，曾在1954年出版了〈Dictianary of the Kachin Language〉（《克钦语辞典》）。我20世纪60年代调查哈尼语时，还到过中越边界的绿春四乡扫盲，接触到越南的哈尼人和苦聪人，我很有兴趣地听了他们的发音。

这些早期的经历使我有了进行跨境语言比较研究的想法。可是当时要研究跨境语言是个敏感的问题，成不了气候。到了20世纪90年代，我国实行改革开放的方针、政策，有了研究国外语言文化的气候和条件。于是，我组织了一些老师做跨境语言研究，要求每位提供一篇自己熟悉的跨境语言的稿子，我把它编成了《跨境语言研究》，在经费困难的条件下，1993年12月由中央民族大学出版社出版。没想到，这部小书竟成了我国第一部跨境语言研究的专著。

在这本书里，我与傅爱兰教授合作写了《论"跨境语言"》一章，表明了我们对跨境语言研究的基本观点。关于跨境语言的概念，我们认为跨境语言（Languages Across Borders）是指"分布在不同国境中的同一语言（主要是指相接壤的不同国家）。""此外跨境语言还包括非接壤国家的同一语言。"还指出，55 个少数民族中有 30 个民族属于跨境民族，跨境情况存在不同的类型。该文还论述了研究跨境语言的理论意义和语用价值。认为"因跨境引起的语言变异不同于因地理分布而引起的方言差异，也不同于社会阶层、行业不同而引起的社会方言变异。这是研究语言变异的一个全新的角度，必将为语言变异理论提供新的内容"。我们可以说"研究跨境语言的形成、迁徙及发展，从中得出切合实际的结论，有助于加强民族团结、稳定边疆，还能为正确地解决边疆纠纷提供理论、政策的依据。"这些是我们早期做跨境语言研究的认识。

这一专著出版后，我们就不断增强了研究跨境语言的力度，研究的规模和深度有了较大的进展。2006 年，中央民族大学"985 创新基地"启动，创新基地把跨境语言研究列入重点研究项目。2011 年，我们又获得了国家语委"十二五"重大项目"中国跨境语言研究"，经过几年的努力已于 2015 年 10 月 21 日结项。课题组共完成了 6 部跨境语言研究专著，大都由中国社会科学出版社出版。其中有《泰国万尾乡阿卡族及其语言使用现状》（2009）、《泰国阿卡语研究》（2009）、《泰国清莱拉祜族及其语言使用现状》（2010）、《老挝琅南塔省克木族及其语言》（2012）、《泰国优勉（瑶）族及其语言》（2013）、《哈萨克斯坦维吾尔族及语言》（2016）等。通过这些个案的调查研究，我们对跨境语言有了进一步的认识，摸索了如何开展跨境语言研究的方法。

赵燕珍：后来，您又对跨境语言的理论做了研究，我们想听听您的一些认识。

戴庆厦：好。我从 2013 年以来连续发表了《开展我国跨境语言研究的构想》（2013）、《跨境语言研究的历史和现状》（2014）、《跨境语言调查研究的几个方法问题——以老挝克木语调查个案为例》（在锦州大学文学院的演讲稿）、《论跨境语言的和谐与冲突》（2016）。在这一段时间里，我思考了以下几个问题。

第一个问题是，怎样划分跨境语言类型。

跨境语言类型可以从不同的角度做不同的划分。主要有：1. 从跨境两国地理特点可分为"相连型"和"非相连型"两种类型。相连型和非相连型的跨境民族，在语言特点、语言关系等方面都会有差异。相连型的跨境，由于两地居民来往方便、密切接触，因而在语言影响、语言兼用的力度、广度、深度上,以及相互的民族认同、语言认同上,都会比非相连型的跨境突出。2. 从人口分布特点可分为"内多外少""内少外多"两种类型。跨境两侧语言的相互影响,往往是人口多的一侧有较强的影响力。3. 从民族源头的角度可分为"源头国型"和"非源头国型"两种类型。源头的不同,在跨境语言的关系上往往会形成不同的特点。此外,跨境语言的类型还可以从跨境国的制度、文化传承、国家关系等角度进行划分。不同时期跨境语言的类型特点会随着国家制度、国家关系而发生变化。

第二个问题是怎样分析跨境语言的语言关系。

分布于跨境国两侧的跨境语言,由于地理上、来源上的密切关系必然存在某种语言关系。从理论上弄清跨境语言的语言关系,有助于认识跨境语言的演变规律,有利于制定解决跨境语言应用的对策。跨境语言的语言关系是复杂的,多层次的,但在诸多的语言关系中,有一对关系是主要矛盾,它对其他矛盾起着制约的作用。这对矛盾是:和谐与冲突。既有和谐又有冲突,是跨境语言客观存在的普遍规律。这是因为,跨境国家的两侧居民世代邻国而居,在社会生活、生产生活、物质生活上有着千丝万缕的联系。特别是同属一个民族、使用同一语言的两侧居民,必然有着和谐的自然情感;但两侧的语言由于存在差异,加上两国政治制度、体制的差异,必然也会存在矛盾和竞争。两侧居民使用的语言就是在语言和谐和语言竞争的矛盾统一中共存发展的。当然,由于跨境国家的特点不同,因而和谐与冲突的特点、比例也不会相同。我以自己熟悉的景颇族为例,具体分析中缅景颇语的和谐与冲突的语言关系。我认为,跨境语言的关系始终是在调整同和异的关系中发展的,所以,是"求同"还是"求同存异",还是顺其自然,往往成为如何对待跨境语言的一个重要理论问题。"求同存异",存在一个"度","度"调整合适了,就符合客观规律;超过客观的"度",就会出现反弹。研究跨境语言,既要看到和谐的一面,又要看到冲突的一面。发扬和谐、避免冲突,是处理好跨境语言的基本准则。

第三个问题是,怎样认识跨境语言研究的应用价值。

跨境语言研究有理论和应用两方面的价值。主要有:1. 它能为制定本国的语言规划提供借鉴。2. 它能为提高跨境两侧民族的语言能力提供帮助。3. 它能为解决跨境两侧民族的语言文字的规范化、信息化提供借鉴。4. 它能为构建跨境民族、跨境语言的和谐提供咨询。5. 它能为跨境语言研究方法论提供借鉴。跨境语言调查的方法与方言调查、语言国情调查一样，都涉及语言的结构特点和功能特点。跨境语言研究的核心是寻找两地的共性和个性。具体是，必须回答共性如何，表现在哪些方面，其成因是什么；之间又有何不同，是什么因素造成的。6. 跨境语言的研究能为语言"综合性"的研究提供新的思路。跨境语言的形成是由社会的变迁引起的，所以跨境语言的调查研究必须重视语言背后的社会因素，包括与语言相关的历史、民族、人文、地理等状况，联系这些社会因素来认识语言的现状及其历史演变。7. 跨境语言研究能为语言关系的研究增添新内容。非跨境语言的语言关系，主要是在国内与其他语言的关系，但跨境语言不同，除了与所在国其他语言的关系外，还与另一侧的同一语言存在关系，甚至还与另一侧国家的通用语存在语言关系。

如今，我对跨境语言调查研究有着浓厚的兴趣。一到现场，就非常兴奋。我的学生们也是这样。因为那里有取之不尽的知识。我先后去过泰国、缅甸、老挝、哈萨克斯坦等国做过田野调查，其中有的国家还去过多次。

赵燕珍：戴老师，做跨境语言调查跟做国内的语言调查应该有些不同吧，需要注意什么？

戴庆厦：做某一民族的语言研究，必须要对那个民族有感情。有了感情以后，就会对这个语言的每种现象都有兴趣，就会深入挖掘这个语言的特点，就会全盘考虑这个语言的研究和民族的发展。有了感情后，学习语言就有了更大的动力，也就容易学好语言。如果没有这种民族感情，光是为了研究而研究，不能与这个民族的人打成一片，人家就不把你当成自己人，那是没法学好的。不管什么民族，都有其优秀的文化传统，都有其美好的道德规范。所以我认为不管是到哪个国家调查，都要特别尊重你所接触的民族。我多年养成这么一个习惯，对条件特别差的民族就特别有感情，特别尊重。阿卡人是泰国的一个比较后进的民族，我与几位发音合作人都处得特别好，他们从内心也感觉到我是真心尊重他们的。

我们调查老挝的普内语、西拉语，也与发音人合作得很好。请两位普内人来昆明调查时，为表达我们的心意，我们每位队员都给她们送些小礼物，与她们合影，临走的前一天还带她们去昆明城逛。她们高高兴兴地回去了。过了半年，我们去老挝调查，她们同样也是非常热情地照顾我们，也给我们送了小礼物，真是"礼轻情意重"。

对发音合作人，要真心关心。我们调查西拉语时，发音人扎浩（老挝琅南塔师范大学老师）突然接到爷爷去世的消息，非常悲痛，因为他是爷爷带大的。我们都很同情他，有个队员还拿出200元给他为爷爷办后事。

不但要尊重发音人，还要听取他们的意见。举个例子。在泰国调查时，由于赶时间，我们工作的时间比较长，有时三四个小时都不休息。与我们合作的小伙子阿伊耐不住了，直率地向我们提出意见，他说："我们这里警察局审讯，一次也不能超过两小时，你们一次就是四五个小时不休息，实在受不了。"我们都笑了，立刻修改时间，一个多小时就休息一次。

我们做跨境语言研究，由于相处久了，有时突然不知道现在是在国内，还是在国外。对跨国的发音人，都看作本国人，情如一家。

我们初到万尾乡乡政府，乡里的领导为我们举行了欢迎会。万尾乡领导 Banjong Mana 向我们全面介绍了乡里的情况，全盘端出。他还念自己的家谱——父子联名制。我们课题组哈尼族成员玉溪师范学院白碧波教授也念家谱，当双方念到十几代之前就汇合了，证明十几代前是一家人，双方高兴拥抱，感情顿时接近了。

但是，由于跨境民族的关系存在复杂性、长期性、敏感性的特点，两国在民族情感、政治关系、文化感情、国家认同上有时会出现差异和猜疑，所以，调查队员到达跨境国家，必须先通过适当方式说明来意，在取得政府领导、头人、群众领袖的同意后再开始调查，而不要一见到新现象就动手记录。

2009年1月9日，我们泰国阿卡语调查组到泰国调查。我们的调查项目是与清莱皇家大学合作的，在泰国教育部已经作了备案，每人都有泰国政府签字的工作卡，而且是在泰国教师陪同下来实地调查的。但到了万尾乡后，当地的警察局不知道我们要来做什么，抱着怀疑的眼光看我们。我们的合作者清莱皇家大学松巴教授敏锐地感觉到必须与当地政府沟通。第二天，我们请了万尾乡委员长 Banjong Mana、特派员 Supachai

Potisuwan、警察局长 Manop Sirkamanui 和警察 Chuchat Chingsean 等一起座谈。我向他们介绍了调查的来意，说是响应联合国的号召，来扶持弱小语言的使用，主要是调查语言和文化。他们听了很高兴，认为这是一项有意义的工作，愿意支持、帮助我们，希望调查成果以后译成泰文，帮助他们传承、保护阿卡人的文化遗产。还希望我们（的成果）出版后，给他们一本，以便他们更好地做当地少数民族的工作。会议气氛很融洽，会后还合影留念。后来，我们总结了一条：出国调查说明来意特别重要。

我们 2016 年初到老挝做跨境语言调查，在交谈中发现中泰铁路（途经老挝）的工程建设人员有个别不了解老挝人忠诚、老实的一面，过多地看到对方群众的弱点，并发表一些不尊重老挝少数民族的言论。这种状况，对两国的友好、对做好两国"一带一路"的工程建设是很不利的。他们之所以有这种片面的认识，与他们不懂对方的语言有关，所以只能看到表面现象，说明"一带一路"的建设必须民心通，而民心通又需要语言通。总的看来，加强对相邻国家的了解是十分必要的。不了解，就不能把工作做到实处，花了钱对方也不会领情。

赵燕珍：您这几年多次去老挝调查，出版了几部有关跨境语言的专著。能不能给我们说说老挝跨境语言的调查经验？

戴庆厦：好的。做跨境语言调查研究，要能获得真知，必须到跨国现场做第一线的田野调查。我曾经到老挝去了四次，与老挝各方面人士有了广泛的接触，也亲眼见到老挝社会、政治、经济、文化各方面的情况，还目睹了老挝各民族的人事民情等，这让我对老挝这个国家、人民有了感情，对我开展老挝跨境语言研究提供了一定的基础。

我在老挝跨境语言调查中有八个字的体会：宏观把握，微观入手。所谓"宏观把握"，是指对跨境国家的社会中大的特点要有所了解，要把握好，使之成为各项具体研究的准绳或参考。所谓"微观入手"是指要从一个个具体的问题进行深入的研究，获得真知。

首先必须掌握好老挝社会文化的主要特点。做跨境语言调查研究，必须掌握好该国的社会文化特点，只有这样，才有可能合理地理解、判断出现的各种现象。如果对该国的特点不甚了解，或认识不对，就不可能对其语言的特点或演变有深入的认识。社会文化特点包括人文、地理、源流等。

老挝的社会文化特点主要有：一是人口较少、面积不大。据 2015 年人口普查数字，有 6911326 人。老挝的行政区划分省、县、村三级，共 17 个省。二是老挝是一个全内陆国家，没有海岸线。北面与中国接壤，东面与越南相邻，西南面与泰国毗邻，西北面与缅甸相接，南面与柬埔寨相连。三是老挝是与我国唇齿相依的邻邦，边界线长达 710 公里。老挝一些民族是历史上由中国迁移过去的。长期以来，两国边民来往密切，互惠互利。中老两国都是正在迅速兴起的第三世界国家。对老挝的研究，是我国"一带一路"周边国家研究的重要组成部分。四是老挝历史上遭受过殖民统治。1776 年以后，暹罗控制老挝，越南控制川圹地区。19 世纪 60 年代，法国开始向老挝渗透，以武力迫使暹罗签订《法暹曼谷条约》，同时将老挝并入法属印度支那联邦。五是老挝是个多民族的国家，它有 49 个民族。人口最多的是老族，共有 300 多万；其次是克木族，有 60 多万；再次是苗族，有 40 多万。人口最少的是巴拿族，仅有 380 人。2000 年 8 月，老挝中央建国战线召开了老挝民族群称研究的专门会议，会议认为老挝民族的数量共有 49 个，分属老泰族群、孟高棉族群、汉藏族群和苗瑶族群 4 个族群。四个族群，以老泰族群和孟高棉族群为多。老挝 49 个民族分别使用 49 种语言。目前，这些语言都保存得很好。不同语言之间在共同的政治、经济、文化生活中互相影响、互相借用。与邻国的中国、越南、泰国、柬埔寨等国属于同一来源的语言，也会冲破国界的障碍，吸收有用的成分来丰富自己。语言接触和语言影响，成为老挝语言发展的一个重要途径，它能够为语言学的语言接触理论研究提供新的语料和新的思路。

可见，老挝民族及语言具有复杂性的特点。社会、地理、人文的独特性、语言资源保护的重要性，以及两国唇齿相依的密切性，这些因素决定了两国共同合作开展跨境语言调查研究的必要性。

从我国的角度说，更多地了解老挝的民族和语言，对加强两国的交流合作、互利互惠都是必要的。随着中国现代化进程的不断深入，"一带一路"倡议的施行，与国外的接触、交流的不断加强，周边国家研究逐渐成为人们所关注的问题。这样，属于"周边范畴"的周边语言问题，也随之被提上研究领域。从 2008 年起，我们中央民族大学中国少数民族语言文学学院就与老挝琅南塔师范学院合作，开展了老挝的克木语研究，出版了《老挝琅南塔省克木族及其语言》（2012）这本书。2013年10月8日，北京语言大学适应世界潮流的大势，与全国一些高校和研究机构一起，牵头建立了"中国周边语言文化协同创新中心"，《老挝语言状况》一书（即将出版）正是在这样的形势下，为适应"一带一路"倡议的需要应运而生。云南师范大学汉藏语研究院曾经与老挝琅南塔师范学院合作，开展了老挝的普内语、西拉语的研究，已出版了《老挝普内语研究》（2018）一书，还有《老挝西拉语研究》一书即将出版。

我们还选择老挝的部分语言进行比较深入的调查研究。因为跨境语言研究，除了把握好该国社会文化的主要特点外，还要选择部分语言进行比较深入的研究。只有这样，才能对跨国语言有实实在在的、可靠的认识。老挝的语言有49种，蕴藏着大量丰富、复杂的语言现象，但过去未做过全方位的普查。虽然有少量语言，一些学者做过零星的调查研究，但是还不深入，有相当数量的语言人们尚未研究或研究得很少。总的看来，老挝语言研究基础比较弱，还不能适应老挝社会发展的需要。这与他们苦难的历史有关，致使语言调查研究还提不上日程。在当前的现代化进程中，老挝的语言调查研究必将不断发展，大有可为。

在老挝开展一次大规模的语言普查是非常必要的，这有助于他们对全国国情的了解。但目前因为人力、财力所限，还没有条件去做这件有价值、有意义的事。所以对老挝语言的调查要排列先后，逐步扩大，没有条件大规模开展。

在排序上，排在前面的应当是与我国语言有渊源关系的语言，所知甚少的语言，有濒危征兆的语言。为此，从2008年开始，我们中央民族大学、北京语言大学等高校就与老挝开始合作，对老挝的克木语、普内语、西拉语等进行了研究。

2010年，我们先做克木语研究。克木族是跨中国、老挝、泰国、越南、柬埔寨、缅甸6国的跨境民族。在中国，人口较少，只有3000多人，归入布朗族。但在老挝较多，有60多万人，居第二位。在泰国有65000人，在越南有6万多人，在柬埔寨有2000多人，缅甸的克木人目前的人数我们还不知道。这样一个跨多国的小民族、小语种，在强势语言的包围下，其语言生态有什么特点和规律，有什么变化；在老挝现代化的进程中，随着对外开放的不断发展，其语言生活有什么变化；老挝克木语与中国克木语的共性和个性究竟如何等等，这些有理论价值、实用价值的问题都值得尽快调查研究。

"老挝克木语调查组"由"三国四校"（中央民族大学、云南民族大学、泰国清莱皇家大学、老挝琅南塔师范学院）的 21 位队员组成。2011 年 1 月到达琅南塔，兵分几路开展了克木语的调查。经调查，我们得到了许多过去不知道的信息。比如：克木族基本保持使用自己母语的数据及其成因。成因主要是：分布聚居、强烈的民族认同感、族内婚姻、自给自足的自然经济、媒体使用克木语等。但城镇的克木族出现母语衰退。克木族还全民普遍兼用国家通用语——老语，熟练程度因年龄而异。在语言结构上，琅南塔的克木语存在支系的差异，克木语受到老语强烈的影响，词汇中老语借词达 20% 以上。克木语的系统调查，使我们对老挝的民族语言的生存状况和条件有了一些新的认识。

2016 年，我们开始了第二个语言——普内语的调查。缘由是这样的：2015 年 12 月底，我们课题组去老挝调查的过程中，了解到老挝北部有个人口较少的普内族，当地人都说他们有独立的语言，但不知是什么语言。有的说跟阿卡语接近，有的根据族称都有一个"普"字说与中国的普米语接近。国内外都没有这个语言的记载。这些信息使我们对这个语言产生兴趣，决心要揭开是什么语言的"谜"，把它列入跨境语言研究项目。

2016 年 6 月，我们请了两位普内人来昆明记录，在半个多月的时间里记录了 1000 多个词，初步整理了音系，还记录了一些主要语法现象。根据这些材料，我们确定它是一种接近彝缅语支的新语言，并认为它由于长期受到当地老挝语的影响，出现了许多因语言接触而引起的新特点。于是，我们课题组决心对它进一步做细致的记录。2018 年 2 月到 3 月，我们课题组专程到老挝琅南塔县普内族的居住区进行普内语的实地调查，大体完成了普内语概况所要求的语料。回国后我们很快写出了《老挝普内语研究》（2018）一书。

普内语的调查研究是有一定难度的，因为发音人都不会汉语，调查中一刻也离不开翻译。加上普内族普遍是兼用老挝语的双语人，普内语受到老挝语的强烈影响，因而发音人提供的语料有时会徘徊于固有成分或者借用成分之间。这个语言的基础研究虽然完成了，但我们还想今后不断继续深入研究。

这期间,我们又发现了一个空白语言——西拉语。2015 年 12 月,我们课题组去老挝琅勃拉邦做语言调查的时候,正好与琅南塔师范学院的一部分领导和教师同行。途中,我的老挝博士生桐柏告诉我,其中有一位老师叫扎浩的,是西拉人,会说西拉语。我听了很高兴,就找他测试了一部分词汇,果然发现这是一个接近阿卡语的藏缅语族语言。当即就与他约好,要调查这种新语言,他很高兴地接受了。2018 年 1 月,我们把他请到北京来记录,记了基本词汇和部分语法现象。确认西拉语是属于藏缅语族彝语支的一种新语言,在老挝使用人口只有 2800 人,主要分布在风沙岭省北部的三个村寨,后来有 300 多人迁至琅南塔省的南塔县,其祖先相传来自中国。这个语言已有濒危的迹象。

经调查,我们发现西拉语具有彝语支的一些主要特点:如塞音、塞擦音、擦音声母分清浊,在双唇音、舌根音上有颚化现象,元音有松紧对立,没有辅音尾韵母,声调少等。基本语法构造也同彝语支,但由于受到老挝语的影响,出现了一些新的语法现象。词汇与彝语支有部分同源词,但吸收了不少老挝语的借词。值得重视的是:西拉语里还保存了一些汉语借词,这对语言接触的研究、跨国汉语的变异研究都有珍贵价值。汉语借词如:"洋芋""蒜""草果""米干""面条""磨子""手表""钉子""盆""电筒""烟筒""本钱""管(动词)""(把)脉""痧""办(事)""疲沓""毛毛草草""差欠""转"。但这些属于基本词汇的汉语借词,发音人竟然不知道是来自汉语。这说明,他们过去与中国的汉族有过较多的接触,但后来隔绝了,今后随着"一带一路"的兴起,情况必将会有新的变化。

2018 年 6 月,我们又把西拉人扎浩请到昆明记音,还多请了一位年龄较大的叫 $tsa^{31}tɕi^{55}lau^{55}tsa^{33}$ 的西拉人一起来。通过半个多月的紧张记音,我们又获得了许多新材料。这是我们第二次对西拉语的调查。

2019 年 6 月,我们又把西拉人扎浩请到昆明,将未记录完的词汇材料和语法材料记完。我们还对基本词汇、语法例句、音系、故事等进行了录音。这是我们第三次的西拉语调查,至此,我们已经基本完成了西拉语的基础记录及描写工作。

此外,我们还根据北京语言大学周边语言研究的要求,对老语进行了调查，已完成了基本词汇及基本语法的记录和录音。

我们近期通过对四种语言的个案调查，深深体会到做跨境语言调查研究，只有深入、细致地进行一个个的语言调查，才能获得真正接近语言事实的认识。我们准备再发现几个语言继续做下去，求得更多的认识。

赵燕珍：做跨境语言调查研究，在研究视角上是不是有不同？我们需要注意什么？

戴庆厦：我觉得做跨境语言研究要换位思考。到跨境国家做第一线的田野调查，异国语言文化和风情习俗一件件扑面而来，让你来不及思考。怎样辩证地、符合客体本质特征地认识面临的异国新事物、新现象，这是做跨境语言始终要遇到的方法论问题。

每个人都多少会有不同的定式思维。所谓"定式思维"，就是以往多年形成的思考问题、判断问题的方法，在研究新的问题时一下子摆脱不了，就会套在新遇到的客体上，而且还会固执地坚持自己是对的。

世界上的事物千差万别，既有共性又有个性，有共性的可用相同的方法去看待，个性不同的就只能区别对待，换位思考。跨境语言的特点，是受本国社会、文化、历史等特点的制约而形成的，所以要从该国的具体情况去思考问题，不能用自己已有的思考问题的方法去对待。这就是说，要换位思考。

举例来说，2010年我去老挝做克木语使用情况调查时，有位老挝公务员问我："中国的民族分主体民族和少数民族，语言有主体民族语言和少数民族语言之分，而我们老挝不分，都是一样的民族和民族语言。您怎么看，哪种好？"我一下愣住了，回答不上。我经反复思索，认为两国各有自己的国情，可以分别处理，不存在对错和好坏的问题。

中老两国都是多民族国家，但中国的汉族人口占全国人口的95%以上，55个少数民族的人口不到5%。分出主体民族和少数民族，有助于对少数民族的扶持和帮助。由于少数民族人数少，社会、经济、文化相对后进，所以国家对少数民族在政策上有所倾斜，有特殊照顾，近年来还实施了对特小民族的特殊照顾。在语言上，少数民族语言使用范围小，在现代化进程中由于经济一体化、信息一体化的加速，有的语言出现功能衰退，甚至濒危。国家对少数民族语言实施语言保护政策，对濒危语言实行抢救。所以，中国从宏观概念上区分出主体民族和少数民族、通用语和少数民族语言是必要的，符合各民族的利益，半个多世纪的实践证明这一区分受到少数民族的首肯和拥护。

但老挝的民族分布情况不同于中国。老挝有49个民族，全国人口有6911326人（2015年），其中人口最多的是老族，共有3067005人，仅占老挝总人口的35%，其他民族占65%。可见，老族在人口数量上无绝对的优势。再说，在社会、经济、文化的发展水平上，除了边远地区外，老族与其他民族接近。所以，在老挝49个民族中，老族尚未具有绝对的"老大哥"的地位。由此，老挝不分主体民族和少数民族，是符合自己国家国情的，长期以来得到各民族的拥护。

所以，我们考虑这个问题时，不能用我们中国的做法来论老挝的是非，而应看所出现的认识是否符合老挝的国情。

再举一个例子。2015年，我们调查组在调查老挝的媒体时，了解到他们虽然规定老族语言是官方语言，但并无标准音的规定。电台、电视台的播音是广播员各带自己的地方口音播的。琅南塔省的电台带琅南塔省的口音，琅勃拉邦省的电台用琅勃拉邦省的口音，万象用万象的口音等。访谈者无一例外地都说这样做好。但我们调查组依据我国长期有标准音的规定就觉得很奇怪，多次向老挝人问道："你们怎么没有标准音呢？"

我们就此问题反复做了调查，不仅采访了与传媒机构有关的公务员，而且还访问了高校的师生。大家都认为这不是个问题。不同地区的播音者带不同的口音播出来的语音，大家都能听懂，没有什么关系。万象是首都，万象话有它的特点，但其他地方的人不一定都能学得好，不如用自己地方的口音来得自然。

老挝的语言情况是：老挝有49种语言，人口最多的老族属于壮侗语族，内部方言差异很小，相互都能听懂。与它同属一个语族的语言还有泰语、傣泐语、媛语、傣诺语、些克语5种语言。这些语言跟老语接近，据本族人说，听两个星期就能听懂。老语有文字，拼写及用词、组词造句有传统的规范，在老挝已经世代沿袭，成为习惯。所以，国家对官方语言老语的使用只要求拼写及用词、组词造句规范，在教学、媒体的读音上没有统一的要求。在调查中我们得到的回答都是这样。老挝官方语言使用的这种规范，是由老挝的国情、语情决定的。当然，随着老挝现代化进程以及教育、科学的深入发展，在官方语言的规范上会不会采取新的举措，如在教学、媒体的读音上是否要规定以万象话为标准音，这还难以做出预料。但在目前，我们不能用我国对标准音的规定，来评判老挝的通用语规范，而应从它的本国实际来认识他的语言规范。

总之，对待跨国的各种现象，要求必须有科学的认识，在思考时除了用普遍真理去衡量、评判外，还要结合本国的实际分析它产生的原因和必然性，不能用自己长期在国内形成的观点、标准去判断是非。要知道，一个人长期形成的观点、标准，往往是固执的，不易改变的。

赵燕珍：老师，出国调查会有语言沟通问题，您是怎样解决的？

戴庆厦：是的，语言沟通是个大问题，要寻找好的翻译。做跨境语言，遇到一个难点是找不到好的翻译。因为跨境国家的发音合作人一般都不懂汉语，所以记录中需要翻译，一刻也离不开翻译。翻译水平的好坏，是否积极工作，决定了调查工作的质量。

比如，在记录老挝的西拉语词汇时，有许多词翻译理解错了，导致记录的错误。特别是一些方言词、不常用的词，抽象的词，容易出错。如"解手"一词，翻译从字面上解释为"把手解开"，让西拉人按此意义翻译造成了错误。其他又如"人中"错译为"人的中间"；"落脚"错译为"露出的脚"；"尿床"错译为"尿在阳台上"；"急急忙忙"错译为"毛毛糙糙"等。

翻译人员有两种：一种是母语是老挝语的，又兼用汉语；另一种是母语是汉语的，又兼用老挝语。这两种人优势不同，出错的地方也不同。一般说来，前者多错在对汉语的理解上；后者多错在翻译对方语言上。

做跨境语言，要找好的翻译很不容易。所谓好的翻译，必须是两种语言都好，还要有一些语言学知识，还要能陪伴调查过程，积极工作。我最喜欢使用我自己带的老挝研究生。他们都有语言学知识，知道记录质量的要求，而且汉语都过了六级，一般表达没有问题。尽管如此，遇到一些生僻的词语也会出错。所以，跨境语言调查的材料要比国内调查的材料多校对几遍。

搞好跨境语言调查，除了上面说的几点外，还有一些事项必须注意。如：必须向被调查者说明来意，让他们懂得调查他们语言的价值和意义。

当他们懂得价值和意义后，就会尽力与我们一起合作。又如，如何支付报酬，如何与发音人建立感情，如何安排好工作时间，都是必须仔细考虑的。我们课题组成员在老挝通过时间不长的调查，都与发音人建立了真挚的感情，离开时都赠送小礼物，以泪告别。再如，跨境语言调查时间紧，必须在签证的时间内完成，加上修改、补充材料不像在国内那样方便，因而如何在较短的时间内完成任务，是要有不同于在国内调查的工作安排和工作方法的。至于劳务费的发放、生活的安排，都会有不同于国内调查的特点。

总之，跨境语言调查应该有它一套特殊的理论、方法，这是语言调查研究的内容。我们应该逐步摸索、积累经验，建立一套有用的跨境语言调查研究方法。

十二　语言和谐调查研究

赵燕珍：您是最早提出语言和谐理论的，并做了许多个案研究。您为什么想要做语言和谐研究？

戴庆厦：中国是一个多民族、多语种、多文种、多跨境语言的国家，语言类型复杂。在漫长的历史进程中，早已形成各种复杂的语言关系，呈现出各种不同的特点。语言关系中，既有和谐，又有矛盾，甚至还会出现语言冲突，但主流是和谐的，值得认真挖掘和总结。特别是在我国步入现代化建设的新时期，搞好社会和谐、语言和谐是十分重要的，必要的。

从理论上分析，语言和谐研究，是民族和谐、社会和谐的重要组成部分，是语言国情研究的一个重要方面。实现语言和谐，有利于民族团结、社会进步；而语言不和谐，则会引起民族矛盾、阻碍社会进步。语言和谐研究，不仅具有社会科学的理论价值，而且能为国家制定语言文字政策提供咨询和依据。

对于我国历史上和现实中的语言和谐现象，应当进行科学的理论研究，以期有个符合客观实际的理性认识；局部的不和谐现象，也有必要加以重视，认识它的历史根源，提出解决的办法。语言和谐的研究对于制定我国民族语文方针、政策都会提供有价值的参考。

基于以上原因，我认为要开展语言和谐的研究，自己也抽出部分精力去做这项研究。

赵燕珍：那么，做语言和谐的要点是什么呢？

戴庆厦：那就是，首先要弄明白语言和谐的概念。语言和谐是指：各民族尊重对方语言的使用，不歧视，不排斥；不同语言在功能上互补（互相兼用对方的语言），在结构上互相吸收有用的成分来丰富自己，存在尊重对方语言使用的民间道德。

其次要揭示一个民族、一个地区的语言和谐类型及其特点和成因。弄清历史上语言和谐的脉经，与现实的语言生活相接轨。

再次要指出语言和谐形成的必然性和存在的问题；提出科学解决语言关系、做好民族语文工作的建议。包括：通用语与语言和谐的关系；跨境两侧的语言和谐问题；有哪些类型、特点、面临哪些难以解决的问题。

在做法上，我主张多做田野调查的个案研究。"语言和谐"是近期提出并被强调的一个新概念、新问题。回顾过去，虽然人们每天都在使用语言，但对语言和谐的认识是朦胧的、不到位的，理性认识缺少大量的事实做依据，说不出语言和谐的具体特点及其形成的条件和原因。不管是现在还是过去，我国的语言生活中存在无数生动、具体的语言和谐实例，但是并未引起人们（包括语言工作者在内）的重视，也未引起人们的思考。举例来说，云南地区的语言和谐种类多，有汉语和少数民族语言的和谐、少数民族语言之间的和谐、汉语不同方言的和谐、通用语和方言的和谐、少数民族语言内部不同支系语言的和谐、跨境语言的和谐、本国语和外语的和谐等，但（我们）对如此复杂的语言和谐问题缺乏研究。云南德宏傣族景颇族自治州是一个由傣、景颇、阿昌、德昂、傈僳等民族组成的多民族地区。这里的不同民族友好相处，各自使用自己的母语，还互相学习对方的语言，大家都以多掌握一种语言为荣。这里的少数民族都积极学习通用语——汉语，认为是发展自己民族所不可缺少的。长期居住在这里的汉族，有许多人也会说一口漂亮的民族语言。1991年，我们中央民族大学曾经组织团队调查了这一地区的语言关系，调查中得到了大量生动的事实，认识到这一地区的语言和谐是由社会、经济、文化发展的需要决定的，并有其深远的历史传统。各民族的语言和谐使大家深受感动。

中国境内不同语言、不同方言的关系，虽然学界尚未完全认识清楚，还不能科学地认识它的规律和成因，但能大致看到贯穿古今的一条语言和谐的主线。所以我们的语言工作者今后必须重视调查研究语言和谐的现状和历史，从实践上和理论上弄清我国语言和谐的概念、范围、表现、特点、类型、成因以及演变的规律和趋势，还要调查研究局部存在的不和谐的因素和成因，并以获取的新的认识和事实有理有据地向各族人民进行宣传，还可以用来作为制定语文方针、政策的依据或参考。要让大家都知道，我们历史上的语言生活就是这么走过来的，是不以人们的意志为转移的，其基本走向是坚持语言和谐、克服语言不和谐，语言和谐是各民族繁荣、发展的保障。

由于前人在这一研究（领域）未留下什么成果，所以要把主要精力放在田野调查上，力求掌握第一手资料，从语言事实中一点一滴地逐步归纳规律，总结理论。为此，调查组成员必须深入群众的语言生活中，对语言使用者进行面对面的调查。

必须坚持从现实到历史。从现实的语言关系入手，在详细分析语言使用现状的基础上进一步追索历史。

除了使用语言学的方法外，还兼用民族学、历史学、人类学、文化学、统计学、实验语言学的相关知识和方法，力图在科学分析的基础上，得出科学的结论。

既有语言功能研究，也有语言本体研究，分析二者的关系。

赵燕珍：您在这个课题上也出了很多成果吧？

戴庆厦：由我主编的中央民族大学"985工程"重点项目"新时期中国少数民族语言使用情况研究丛书"（已由商务印书馆出版了22部个案研究专著）如《阿昌族语言使用现状及其演变》（2008）、《云南德宏州景颇族语言使用现状及其演变》（2011）、《勐腊县克木语及其使用》（2012），等等，都有语言和谐的内容。

我还撰写过一些相关论文，比如《构建我国多民族语言和谐的几个理论问题》（2008）、《耿马景颇语的语言活力》（2010）、《语言关系与国家安全》（2010），以及主编过论文集《构建多语和谐的语言生活》（2009），等等。

十三　反观论

赵燕珍：戴老师，您在我国的语言研究中，曾经提出"反观论"的思想，对我国语言学的发展起了重要的作用。那么这个"反观论"包含的内容有哪些，当时是怎么提出的？

戴庆厦：这正是我想讲的问题。这是我国语言研究中的一个方法论问题，也是我治学中有些体会的问题。

我主要做非汉语研究。我深深知道，要做好非汉语研究必须广泛吸收汉语研究的成果，要从汉语中寻找"反观"的养料。而汉语的研究，也要得到非汉语，特别是有亲属关系的非汉语的"反观"，从非汉语吸取养料。逐渐地，我形成了汉语和非汉语的研究必须相互结合的观点，也就是相互"反观"的理念。

所谓"反观"，是指从另一语言的特点中得到启示和借鉴。因为世界的语言都有共性和个性，有亲属关系的语言共性会更多些。所以，研究一种语言的特点，特别是深层的特点，从一种语言的内部往往看不清楚，要通过与别的语言对比才能看得清楚。有可能从语言比较中发现所研究语言的新特点、新规律，在研究中能从相互反观中得到新的启示。要知道，语言特点和语言规律有显性和隐性之分，显性的特点容易被发现，被认识，而隐性的特点不容易被发现、被认识。如果有别的语言做参照，就有助于隐性语言特点的揭示。

比如，汉语有大量的被字句、把字句，而非汉语许多语言没有，这是什么原因，是什么因素引起的，为什么非汉语的汉藏语系语言有的有，有的没有，即使有，也没有汉语那么发达？通过语言比较，能够解释被动句、把字句生成、发达、不发达的原因。又如，汉语的量词特别发达，而汉藏语系藏缅语族一些语言如藏语、景颇语等，不太发达，为什么？从比较中能够发现量词生成、演变的因素，能够解释发达、不发达的制约因素，能够为量词的产生和演变拟出一条演变链。

我国的语言蕴藏着大量的对语言研究有价值的现象。如：复辅音声母、鼻冠音声母、萌芽型的声调、一个半音节（弱化音节）等。汉语和汉藏语系语言、南亚语系语言都是分析性语言，但分析性程度不等，从不同语言的反观中，能够获取大量有助于认识分析性语言的认识，比如单音节性的特点，单音节和双音节如何互变，包括它是如何形成的？再有，分析性、单音节性的特点对语法结构及演变有哪些制约作用，会使句法结构出现什么特点等，这些都是有学术价值的问题。我国汉藏语的不同语言，分析性特点存在不同的层次，有些语言（如嘉戎语、普米语等）有不同程度的黏着特点，而且多音节词相对较多，而有的语言（如景颇语）还保留大量"一个半音节"的词，通过这些差异的比较有可能深化对汉藏语分析性、单音节性特点的认识。"一个半音节"蕴藏着不可忽视的历史演变特点。梅祖麟先生通过汉藏语诸语言的比较，认为"使动化 s- 的清化作用产生汉语的清浊别义，如'败'*b-'自破'／'败'*p-<*s-b'破他'，……"使动化*s-前缀在原始汉藏语中已经存在。"（参看《上古汉语动词浊清别义的来源——再论原始汉藏语*s-前缀的使动化构词功用》，2008）

汉藏语中有大量语法问题必须通过语言比较、相互反观来解释其特点。如：使动范畴、名词的类称范畴、量词层次、格范畴、被动范畴、述补结构、判断句、差比句、否定句、疑问句、双宾语句、话题句、互动范畴、连动范畴等。

再如，汉藏语语序的研究同样需要跨语言比较的帮助。汉藏语中，有的语言是 VO 语序，有的语言是 OV 语序，甚至有的语言（如白语），这两种语序共存于一个语言中。在历史演变上，究竟是 VO 语序在前还是 OV 语序在前？这两种不同的语序对整个语法系统甚至语义构造有何制约作用？这些理论问题要通过语言对比才能弄清楚。

汉语自主范畴的发现就是一个例子。汉语动词存在自主范畴，区分自主和非自主的对立，这一特点最先是由马庆株教授揭示的，是汉语语法研究的一大进步。从方法论上讲，这一发现是从藏语的自主非自主现象得到的启发。

藏语的动词有一套自主非自主的对立。这一语法范畴是通过显性的语音屈折变化表示的。如：自主的"看"（现在时）是 lta，非自主的"看见"（现在时）是 mthong。自主的有命令式，非自主的没有。马庆株教授在学习、研究藏语的语法时，对照、分析了汉语的动词，发现汉语"能单说'看'、'我看'、'看报'，不能单说'塌'、'房子塌'、'塌房子'，而非要说'塌了'、'房子塌了'、'塌了一间房'不可。"他在分析大量语料的基础上，提出划分现代汉语自主动词和非自主动词的语法标准和分类系统。马庆株教授说："自主动词和非自主动词这一对术语是从藏语语法论著中吸取来的"，"找寻汉语自主动词和非自主动词的分类标准，缺乏可供参考的前人论著，只是可以从藏语语法中得到一些启发。"（《自主动词和非自主动词》，1988）他的这一发现，已得到学术界的认可，是汉语研究结合非汉语研究的一个范例。

如何认识汉语的述宾结构，也需要跨语言的反观。与藏缅语相比，我们清楚地看到汉语述宾结构的一些特点，如类别多、特点复杂，既有受事宾语，又有工具、处所、时间、施事等宾语。如"吃大碗、去北京、等半天、坐着孩子"等。但藏缅语则不同，藏缅语的宾语，类别比较简单，主要是受事宾语，没有工具、处所、时间、施事等宾语。汉语的工具、处所等类的宾语，翻译为藏缅语时大多改为状语，也有改为主语的。说成："用大碗吃、北京方向去、半天等、孩子坐着"等。汉语与藏缅语的这种差异，与语法类型，包括分析性程度、语序是 VO 还是 OV 等特点有关。

我们不妨回顾一下汉藏语比较研究的历史。如果从 1939 年李方桂先生在为北京大学文科研究所所作的《藏汉系语言研究法》中提出"博而能精"的治学原则算起，近 80 年来语言学家在汉语和非汉语结合研究上做了不懈的探索，取得了许多令人耳目一新的成果。这一时期的对比研究证明，汉语研究与非汉语结合是必要的，也是可能的。

汉语和非汉语相互反观的好处主要有：1. 有助于语言共时特征的发现和解释。发现和解释有价值的语言问题，是语言研究者必须具备的素质。要走好这一步，有效的手段之一是通过跨语言的比较。2. 有助于语言历史演变的研究，包括发现、印证、解释语言的历史演变规律。语言历史上的一些特点，往往会遗留在现存的一些语言中。所以，通过跨语言比较，能够发现、印证、解释语言的历史演变。3. 有助于语言学理论的建设。跨语言比较除了有助于认识语言的亲属关系外，还能够深化类型学、语言的共性和个性、语言认知、语言接触等理论的研究。4. 有助于单一语言研究的深化。单一语言或单一专题的研究，如果能参照别的语言，对其特征的判定就会更贴近事实。语言研究有了跨语言视野就会加深深度。

这里举几个例子来说明：

潘悟云先生"通过'夜'、'死'等例子，论证藏文的部分 ç- 与 z- 对应于上古汉语带 *l- 的声母辅音，从而说明汉藏两语中发生过音变：l->lj->j->ʑ->z-与l>lj>ç->s-"（《藏文的 ç- 与 z-》，2008）。石德富先生通过帮组三等汉借词在黔东苗语中出现的不同表现形式的分析，认为"上古汉语重纽三等韵有 *-r-介音。"（《黔东苗语帮系三等汉借词的形式》，2008）

吴福祥先生通过东南亚语言"居住"义语素的比较，指出东南亚语言的"居住"义语素具有高度平行的多功能模式，并认为"这种共时多功能模式的平行性源自历史演化过程的相似性，实则是语言接触导致的语法化模式区域扩散的产物，而其扩散源和模式语很有可能是汉语。"（《东南亚语言"居住"义语素的多功能模式及语法化路径》，2010）

类型学的规则显示，汉语的语序有一些不符合一般语言的共性，出现异常。这从非汉语的反观中看得更清楚。如 Greenberg 归纳的 45 条人类语言的共性，其中第 2 条和第 24 条就不符合汉语事实。共性 2 是：使用前置词的语言中，领属语几乎总是后置于中心名词，而使用后置词的语言，领属语几乎总是前置于中心名词。但汉语的情况则相反，它属于前置词型语言，但领属语则前置于中心名词。这是为什么？有的学者依此就认为汉语是受各民族语言影响后形成的混合语，对吗？又如，分布在四川一带的"倒话"，词汇是汉语的，语法是藏语的，因此有的学者认为倒话是汉语和藏语混合而成的混合语。问题是，人类语言究竟有没有混合语？划分混合语的标准又是什么？这些问题语言学界都没有形成共识的答案。底层理论能否成立，也有待于研究。

汉语闽方言的"有字句"表示的是什么语法意义？我觉得与景颇语的存在式很相似。景颇语的谓语不仅有人称、数的变化，还有存在式和变化式的对立。存在式是告诉别人存在一件什么事，谓语说明主语有什么动作行为，有什么性质状态。这类句子相当于闽方言的"有字句"。另一类是变化式，表示变化的语气，谓语说明动作行为和性质状态的变化，或发生了一件什么事，做了一件什么事，相当于汉语的句型"……了"。景颇语通过谓语后的句尾词的形态变化表示存在式和变化式的关系。如：第一人称的 n^{31}ŋai^{33} 和 să^{33}ŋai^{33}，第三人称的 ai^{33} 和 sai^{33}，前一个是存在式，后一个是变化式。

①ʃi^{33}kă^{31}lo^{33}ai^{33}. 他做的；伊有做。

  他 做 （尾）

②ʃi^{33}kă^{31}lo^{33}sai^{33}. 他做了；伊做了。

  他 做 （尾）

例①的 ai^{33} 是存在式；例②的 sai^{33} 是变化式，二者通过变换声母表示，而闽方言的"有"是个虚化的动词，表示存在式。

总之，我认为汉语与非汉语的相互反观是一个可以充分使用的方法。2012 年我写了一篇《汉语和非汉语结合研究是深化我国语言研究的必由之路》，系统地阐述了我的"反观"观点。文中"提要"上写道："本文认为我国蕴藏有用之不竭的、不可替代的语言资源；过去 80 年来的历史进程已经显示出汉语研究结合非汉语的必要性。"最后在文中还对未来路子的发展提出了一些建议。

赵燕珍：您对汉语研究与非汉语研究相结合有哪些建议？

戴庆厦：主要有以下两条建议。

一是要根据我国语言研究取得的新语料、新认识，加强汉语和非汉语结合研究的理论方法建设，逐渐摸索出一套适合我国本土语言特点的语言对比理论和方法。

二是建议在我国语言研究的规划中，加强汉语研究与非汉语研究相结合的研究，在语言工作者中提倡多做汉语研究与非汉语研究相结合的研究。建议今后能在大学语言学专业的研究生中开设汉语与非汉语的比较课，使学习汉语言专业的学生也能多少懂得一些非汉语知识，为汉语和非汉语结合研究提供必要的基础。

在我国的语言研究中，存在"一头热"的现象。即做非汉语研究的普遍关心、重视汉语的研究，而做汉语研究的关心、重视非汉语研究的则极少。朱德熙先生慧眼过人，1980 年就与时任中央民族学院语文系主任的马学良先生商议在北京大学中文系开设汉藏语概论课。朱德熙先生说：

"这门课 1982 年开出，以后又于 1983 年、1984 年重开两次，每次都收到很好的效果，很受听课师生的欢迎。"（《汉藏语概论》，2003）

随着汉语和非汉语结合研究的逐步深入，如何建立方法论的问题提上了日程。多年来，从事汉语研究的一些专家和研究生也想做汉语和非汉语结合的研究，不时地问我："我们都知道汉语研究要结合非汉语，但不知如何去做？""汉语与非汉语结合研究，应如何下手，怎样选题？""我们不懂少数民族语言，汉语研究结合少数民族语言能行吗？""汉语和非汉语结合研究要注意哪些方法？"诸如此类的问题，说明目前许多人对汉语与非汉语结合研究的意义与方法还不很了解，也说明汉语与非汉语结合研究这一新领域的理论方法有待进一步加强。

十四　治学

赵燕珍：您60多年来一直埋头做学问，有大量宝贵的治学经验。能不能请您介绍一下您的治学经验和方法？

戴庆厦：多年的教学科研生活，使我有这样一条体会：一个大学生或一个研究生一定要有做学问的本领，会不会做学问大不一样。但怎样做好学问，是个很难回答好的问题。学问有各种各样，对象不同，要求不同，方法也不同；做学问的人也是各种各样，条件不同，基础不同，方法也不同。

进入高校，不管将来做什么，都要思考如何做学问，如何成才。不能抱着"镀一下金"或"得过且过、学习好坏都一样"的思想。各种能力都有共性，触类旁通。高等学校是个科学、教育的殿堂。大家有幸进入高等学校学习和工作，都面临着如何做学问的问题，而做学问就必然有个如何治学的问题。怎么治学，涉及人生观、学习态度、学习方法这些问题，每个大学生，特别是研究生，都要思考这个问题。我自己也是这样走过来的。

先讲宏观认识。每个年轻人都要树立为祖国、为人类多做贡献的志向。这是核心，不是套话。我常对学生说："人生的价值在于贡献"，就是说，活在世界上要为祖国、为人类多做点贡献。有了这个宏观认识后，具体的治学经验、方法就有依托了。

我做语言学研究已经有60多年了，是艰苦跋涉过来的。其间，有过挫折，也走过弯路，还有拿不定主意的烦恼。但回头总结一下，则有自己的经验和体会。

体会之一是：立足"本土资源"，利用本土优势。

什么是立足"本土"？立足"本土"是指重视利用、开发本国、本地区、本民族的资源，建立自己的优势。做学问，最好从本土资源做起。

我国有丰富的、取之不尽的语言资源，对语言学的建设有着不可替代的价值。我国是一个多民族、多语言、多文种的国家，少数民族语言有 130 多种。这是我国的国情。我国的语言中既有分析语，又有黏着语、屈折语。语种多、类型复杂，特别是在世界上使用人口居第二位的汉藏语系主要分布在中国。中国是汉藏语的故乡，有着发展汉藏语（研究）的得天独厚的条件。中国的少数民族文字有 28 种，类型丰富，特点复杂，像东巴文、哥巴文这样的古文字，其形成特点的复杂性、多元文化的交融性、表义的奇特性，在世界的文字中都是少有的。汉语方言极为复杂，汉字有悠久的历史，也是一大资源。

至今，我国少数民族语言中有许多语言研究者很少，未能形成团队。如：木雅语、尔龚语、尔苏语、独龙语、阿昌语、载瓦语、浪速语、勒期语、基诺语、怒语、德昂语、布朗语等。虽然为了完成语言保护工程，临时分配一些人去录音，但不可能做得深入。应该有一批水平高的学者在这块肥沃的土地上耕耘，精耕细作，这样才能从根本上大幅度提高民族语文研究的水平。

我国的语言长期以来处于相互交融、相互影响的状态，这能够为接触语言学、底层语言学等理论研究提供大量新鲜的语言事实。特别是要科学地认识现代化进程中中国语言的变化（包括变化规律、变化新特点等），是语言研究的一大任务，其成果能为国家制定语文方针政策提供事实依据。

在世界经济一体化、人口流动增多的今天，在中华民族共同体不断牢铸的今天，我国的语言影响、语言转用、语言兼用、语言濒危、语言衰变的现象不断增多，语言关系出现了许多前所未有的新现象、新规律、新问题，等待我们去研究、去认识。其中包括双语关系要如何处理才好；怎样摆好强势语言和弱势语言的关系；双语在我国应当如何定位、定性，这些都是大有研究价值的课题。研究好了，必将丰富语言学、民族学、社会学的理论，也有利于新时代的建设。

这方面有大量的事情要做。2012 年 4 月，我带了几位研究生去丽江古城区七河镇共和村调查，看到这一地区民族和谐、语言和谐的景象，及语言关系演变的规律，收获很大。

丽江古城区七河镇共和村是一个纳西、汉、白等民族杂居的地区，这里不同的民族和谐共存，协调发展，构成了一幅民族团结、语言和谐的画面。拿白族来说，它与纳西、汉长期杂居，形成了水乳交融的民族关系。白族在很多方面受到纳西、汉民族的影响，如服饰、饮食、节日等文化，族际婚姻不断增多。但白族还保留自己的民族个性，特别是他们有自己的民族心理特征和语言特征。白族普遍兼用汉语，有不少人还兼用纳西语。白文创制于南诏中晚期，是白族文化与汉族文化交融的结晶。经过调查，我们总结出"包容性、开放性、多元文化性"是白族精神世界的内核，推动着白族不断向前发展。这种进步的、符合历史潮流的素质，不是偶然出现的，而有其长期的历史积淀。共和村是一个典型的民族团结、语言和谐的个案。

以上是就国家、地区的资源来说的。就每个人来说，也有资源的优势。比如：每个人都有自己的语言或方言优势，可以大有可为。郑张尚芳先生研究温州方言起家；林向荣教授研究嘉绒语，写了《嘉绒语研究》而成名。我在大学时就研究自己的母语闽语仙游话，写了音系、变调、同化等论文，使我对语言学有了浓厚的兴趣，立下了终身从事语言学研究的志向。

体会之二是：要有国际视野，了解国际行情。

科学是人类共有的，是无国界的。所以，做科学研究，除了立足"本土"外，还要有"国际视野"。

什么是国际视野？国际视野是指做学问，要了解国际行情，知道国外有哪些新理论、新方法，有哪些可以参考借鉴。时时思考人家是怎样做的，自己应该怎样做。也就是说，要汲取国外创造的成果来为我所用。讲究"国际视野"，才会有高度。

做语言文学教学研究的，在他的学术生涯中，国际上同学科的进展情况一定要有所了解，要学会引进自己所需要的。

如何处理立足本土和重视国际视野的关系？我认为必须处理好以下几个关系：其一，要重视学习国外语言学理论，但必须坚持语言事实是第一性、语言理论是第二性的理念。语言学史告诉我们：语言事实是永恒的，而语言理论往往是暂时的。

其二，要学会从语言事实中发现理论问题。所以在行动上，应当把自己的主要精力放在语言事实的发掘归纳和解释上，而不是迷恋于泛泛的理论，或热衷于赶理论时髦，或用不中用的"理论"来装潢门面。

举例来说，汉语的特点至今还说不清是什么。许多大语言学家都在思考这个问题，提出了一些观点，如分析性、语义性等，但总是难有结论。我们都能说出汉语的一些特点。如语序的灵活性比许多语言强："十个人吃了一锅饭"，"一锅饭吃了十个人"；"十个人坐一条板凳"，"一条板凳坐十个人"；"一天写了五十个字"，"五十个字写了一天"；"鲜花开遍原野"，"原野开遍鲜花"，这都可以倒着说，但是有的不行，"人吃饭"，"*饭吃人"；"他看见玫瑰花"，"*玫瑰花看见他"；"西红柿炒鸡蛋"，"*鸡蛋炒西红柿"。

又如汉语的词类的活用强，而且越来越强。为什么？比如："文明北京"，"幸福昆明"，"娱乐自己"，"给他一个爱"，"很明星"，"非常父母"。我的母语闽语仙游话，许多名词都能重叠当形容词用。如：猴猴（"猴子"的"猴"，两个重叠变"猴猴"，这是表示这个人很瘦，像猴子一样）、"猪猪"（这是表示这个人像猪一样的肥）、"纸纸"（"纸"的重叠，表示像纸一样的那么脆、薄）。

汉语的韵律特点丰富，作用大。比如："打牢基础"，就不能说成"打牢固基础"；"植树"，不能说"种植树"；"种花"，可以说。"种植花"，又不能说。但，"种植花草"，又可以说，这都是韵律的作用。

汉语的语义有超强控制语法的能力。如："站在话筒前"外国人说"站在话筒后"。"中国队胜美国队"等于"中国队败美国队"。

体会之三是：在学习国外先进理论时，要兼收互补。必须认识到现代语言学出现的各种流派各有长短，相互间不是完全对立的，而是有一定的补充性。

纵观语言学史可以看到，现代语言学理论在国外不断翻新，一浪高过一浪。语言学研究主要经历了传统语法、历史语言学、结构语言学、转换生成等几个阶段。历史语言学重在研究语言演变的规律，并通过语言比较构拟原始母语；结构语言学则注重语言内部结构的分析原则，使用一整套方法揭示语言的结构特点；而后来出现的转换生成学派一反过去，从生物学的角度研究语言，不重视外在的言语行为，而主要研究人的大脑的语言能力。这些不同的学派尽管角度不同、方法不同，侧重点不同，但目标是相同的，都在探索语言内部的构造及其演变的规律，即探讨语言究竟是一个什么现象，包括它是怎么起源的，怎么分化的，怎么融合的。它们之间除对立的一面以外，还有互补性。

所以，不能只按一种理论来处理自己所研究的语言。只要有解释力，哪种理论都可以拿来用。

体会之四是：学习新理论，必须重视依靠语言事实的理论创新。人类虽然天天都在使用语言，但对自己语言的"庐山真面目"所知甚少。有大量的语言事实还无法解释。要有这样的一个基本估计。

比如，苗瑶语、壮侗语和汉语有无同源关系，白语的归属等问题，已经研究了半个多世纪，但至今还是众说纷纭。对亚洲这块的语言来说，由于融合和分化比较复杂，同源关系和借用关系往往交织在一起难以区分，因此照搬历史比较法的理论与方法并不完全适用，需要根据亚洲语言的实际特点，在探讨语言历史关系上有所创新。在现实的语言中，不知又有多少"语言之谜"未被认清。许多小问题，都含有大道理，所以要善于"小题大做"。比如，"清洁北京"的说法，为什么逐渐被接受，是否与"败兵、破釜沉舟"等底层有关。"沙石收购站、煤矿采集场、拖拉机修配厂、汉语研究所"等结构，定语要切在哪个词的前面？数词"十进位"中为什么"一"的特点多种多样？怎样认识数词的不同层次？并列复合词或短语的词序受什么规则制约？如"酸甜苦辣、山清水秀、青红皂白、牛马、猪狗、耳鼻喉、黑白、心肺"等，为什么不同语言并列复合词有不同的制约规则？一个有作为的语言学家要有强烈的创新意识。重蹈别人的一百句话，还不如说一句别人没说过的、有新意的话。要学京剧治学和培养人才的路子：强调基本功；唱好折子戏；把握好一招一式；发展不同的学派等。

体会之五是：要有跨学科、跨语言的视野，提高研究深度。跨学科研究是指不同学科的交叉研究。这是当今科学发展的重要趋势之一。比如说，语言学的研究已经不再停留在传统的语言分析方法上，而是与一些自然科学、人文科学相结合。比如与计算机结合产生了计算语言学，与数理结合产生数理语言学，人们通过计算方法、数学物理方法来研究语言，对语言具有了数字化、物理化的认识。与社会学、民族学、文化学结合后，产生了社会语言学、人类语言学和文化语言学等新学科，使得人们能够从社会、民族、文化等广阔的天地来认识语言。

但是，重视学科结合，必须坚持以本学科为主。就是说，语言学与别的学科结合，最后必须落实到揭示语言规律的目的上，而不能成为一个混合的、无主次的学科。跨语言视野，是指研究某一语言，要参照别的语言，即用别的语言来反观。这是深入发掘语言特点、深化语言认识的必由之路。

不同的语言，有可能通过语言的相互比较，反观认识不同语言的特点。少数民族语言与汉语有亲缘关系，相互间既有共性，又各有个性。少数民族语言都程度不同地保留着汉语过去的特点，以及与汉语相同、相近、虽然不同但有关系的特点。因而，汉语研究有可能通过与亲属语言的比较得到启示。即便是没有亲属关系的语言，如阿尔泰语系的维吾尔语、蒙古语，南亚语系的佤语、布朗语等，汉语研究也可以通过与这些语言的比较得到启示。

赵燕珍：那您认为跨语言视野要把握哪些环节呢？

戴庆厦：我认为主要有以下几个方面：

其一，从跨语言比较的视角中发现问题。

发现和提出有价值的问题，是语言研究者必须具备的素质。要走好这一步，有效的手段是通过跨语言比较。如上面所说，现代汉语自主动词与非自主动词对立的发现，马庆株是受到藏语存在的自主动词与非自主动词的启发的。（马庆株《自主动词和非自主动词》，1988）

又如，汉语究竟有没有被动范畴，意见不一。有的称"被动表述"，有的称"被字句"，有的称"被动句"等。但从跨语言的视角看，汉语的被动表述则有其不同于其他语言的显著特点。藏缅语中的一些语言如彝缅语支、景颇语支等，就没有被动态，也没有像汉语那样的被动句或"被"字句。但这些语言有一种强调施事的施动句，即"强调式施动句"。显然，汉语的被动句也不同于藏缅语的强调式主动句。认识汉语的被动句，要摆脱印欧语的眼光，还要参照亲属语言，寻找自己的特点。

其二，对发现的问题要能解释。

发现问题，是揭示语言内部规律的第一步。但只发现问题是不够的，还要对问题进行解释。因为解释是认识从感性到理性的升华，是认识事物由表层向深层的推进。现代语言学发展的趋势之一，是从单纯的语言描写转为描写与解释相结合。

语言问题，包括语言现象和语言规律的解释，内容是多方面的。其中主要有：它的性质如何，它是如何形成的，形成的机制是什么，受哪些因素制约等等。固然，语言问题的解释，要从语言自身结构中去发掘，但跨语言的比较能为语言问题的解释提供有价值的证据。

比如，为什么汉藏语普遍有四音格词，而非汉藏语的阿尔泰语、印欧语等则没有，或者很少？我们还可以进一步追问，汉藏语诸多语言的四音格现象究竟是亲缘关系，也就是从原始共同语继承下来的，还是后来各自产生的，属于类型学关系？从非汉语的四音格特征反观汉语，能否有助于认识汉语四音格词演变的轨迹，能否有助于揭示汉语四音格形成的机制？我们通过汉藏语诸多语言的比较，发现四音格词找不到相互间的同源关系。总的看来，缺乏形态手段的分析性语言，一般比形态手段丰富的语言更易于产生四字格词。由此可以推测，汉藏语普遍存在的四音格现象，并非来源于原始汉藏语，而是各种语言后来各自形成和发展的，是语言类型作用的结果。我们还能看到，韵律、双音节化、对称、重叠、类推以及词汇化这些因素，是汉藏语四字格词形成和发展的动因。

其三，善于从显性特征和隐性特征的相互映照中发现语言特点。

语言现象有隐性和显性之分。显性特征容易被认识，而隐性特征往往要通过分析对比才能被揭示。

汉语和非汉语之间，隐性特征和显性特征的分布不平衡，在汉语里是隐性特征的在其它语言里有可能是显性特征，反之亦然。如景颇语在语法形态上有个体名词和类别名词的对立，但汉语没有。如：

nam^{31}si^{31}水果（个称）nam^{31}si^{31}nam^{31}so^{33}水果；果类

ʃă^{55}kum^{51}墙（个称）ʃă^{55}kum^{51}ʃă^{33}kap^{55}墙（总称）

"水果"一词，在"我吃的一个水果"和"水果是有营养的"这两个不同句子里，汉语"水果"是同一个形式，但句法结构不同。

其四，要增强对语言现象的敏锐性。

做科学研究，对客体要有敏锐性。要看到一般人看不到的现象和问题。这就是通常所说的悟性或创新性。在事业上能做出成就的人，都会有不同程度的悟性。做语言研究，对各种（语言）现象要有敏锐性，即能够发现问题，发现隐性的规律。吕叔湘先生从"胜"（中国女篮大胜南朝鲜队）和"败"（中国女篮大败南朝鲜队）中，看到语义对立统一的辩证关系对语法结构的制约，写了著名的论文《说"胜"和"败"》。

中国语言中有大量的现象未被认识、未被解释，可以做的课题多得不得了。下面的一些汉语例子是日常口语常说的，为什么能这样不能那样？解释清楚了，对汉语语法的特点会有新的认识。比如：为什么"回学校去"可以说，"回去学校"不能说，"吃食堂"可以说，而"吃饭店"又不能说？"分"和"合"的使用规律是什么？"分家、分钱"可以说，"合家、合钱"不能说。一位汉语说得非常好的美国朋友，为什么会出现这样的病句："我们合打一把伞吧！"

"上"和"下"的使用为什么有不同？"眼下、心上"可以说，而"眼上、心下"不能说。

为什么有的可以省略，有的不行？可省略的："他的房子比我大，他的房子比我多"，不可以省略的："张三的老婆比李四的老婆漂亮，但是不能说"张三的老婆比李四漂亮"。

体会之六是：必须辩证地处理好三个关系。

深化少数民族语言研究，在方法论上要处理好许多关系。我这里主要讲如何辩证地处理好以下三个关系：

1. "近"和"远"的关系

语言是线性的、历时的，所以语言研究既有共时研究，又有历时研究，二者不可缺少。这当中存在如何处理好"近"和"远"的关系。中国少数民族语言的研究起步比较晚、底子薄，所以我认为应当重点先做身边语言现状的研究，弄清中国少数民族语言的现状，并逐渐再延伸到历史深处。近处入手是基础工程，（基础）打得越厚越有后劲。

历史的经验已经证明，有的语言学家过早地，或超前地做了一些远程项目，如"××语原始声调构拟"，后来证明都站不住脚。

我主张多做近处的基础工程，并不反对有少数学者去做远程的研究。远程的研究，能开阔人们的眼界，也有利于近程的基础研究。

2. "小"和"大"关系

语言研究的选题有大有小，怎么处理二者的关系要从方法论上说，中国少数民族语言的研究，最佳的途径是从小到大，即先做小题目，后做大题目。具体说，先要把一个个语言研究做得好些，再做大的语言比较；先要有一个个小专题的研究，大的专题研究才有基础。

小的研究容易深入，更能贴近语言实际，由此引申的理性认识会更牢靠，更有说服力。比如：研究藏缅语族彝语支语言，我是先做了彝语支语言的声母清浊、松紧元音、声调等这些专题的研究，然后才做较大规模的彝语支语音比较和构拟，认为这样的顺序比较合乎认识规律，比较顺手。但现在有些年青人做研究，次序搞倒了，小文章没写几篇就写书。这样的书让读者看了心里不踏实。

3. "宏观"和"微观"的关系

做学问既要有微观的描写、分析能力，又要有宏观的观察、综合、提升能力。二者缺一不可。但在具体操作中，最好是先微观后宏观，即先做一个个微观的描写、分析，有了一定的感性积累后再进入宏观的综合研究。比如研究语言的声调，先要研究一个个语言的声调，然后再做声调的综合性理论研究。当然，在做微观研究时也可做些宏观的思考。

总之，做学问就是要实干。语言是实实在在的，不能摆花架子。要一点一滴地积累材料，一步一步地往深里走。"眼中有问题，手中有语料，脑中常思索"，这是一个语言学家必备的条件，是成才的必要条件。当然，路要一步一步地走。

赵燕珍：老师，您过去给我们上课时，多次讲到做语言研究要处理好模仿与创新的关系。请您再多讲一讲我们要怎样正确认识处理好这一关系。

戴庆厦：我的认识是，语言研究既要模仿又要创新，这是语言研究取得新成果的必要保证之一。所谓"模仿"，是指在研究一种新语言或一种新的语言现象时，语言研究者往往会自觉或不自觉地模仿别人或先辈已有的理论、方法与框架体系，去形成自己的认识。所谓"创新"，是根据自己对语言现象的进一步研究，取得切合语言实际的新认识。前者是认识语言的开始，处于语言研究的初级阶段；而后者是再认识的过程，是语言研究开始深入的高级阶段。语言研究的继承和发展，总是在不断解决模仿与创新的关系中发展的。模仿与创新，既有矛盾的一面，又有统一的一面。

每个人在做语言研究时，不可避免地都会模仿别人或前人的做法，特别是对初学者来说，初做语言研究时更是需要模仿。因为任何人对语言的观察、分析，不可能是凭空就有的，而是要吸取别人的或前人的经验。不同的语言有共性，可以借鉴别人，提取经验来帮助自己研究。模仿，对于语言研究，包括描写新的语言现象、归纳语言规律等都是必要的。

比如，20世纪50年代，我在研究藏缅语的松紧元音时，就是学习、参考前人怎样对一种语音现象进行分析而取得了一些认识，其中不乏模仿的因素。我模仿已有的语音分析法，分析松紧元音的各种音值，分析松紧元音韵母与声母、声调在结构上、演变上的相互制约关系。没有模仿，就不可能取得对藏缅语松紧元音的系统认识。再如，我学习整理音系、学会写语言概况、学会记音等，都是模仿别人的实践成果后才会的。

我们的师辈，也有许多成功模仿的范例值得我们借鉴。比如，李方桂、张琨两位大师借鉴了汉语调类的理论和"四声八类"的分类法，但又针对壮侗语、苗瑶语的特点，创造性地理出这两个语族声调的"四声八类"的调类系统，至今仍为学术界所认可。这是一个成功的模仿与创新的例子。之所以成功，很重要一点是壮侗语、苗瑶语声调的形成与分化与汉语虽有不同的特点，但也存在共性。两位大师，既看到共性，又发掘了个性。

又以《马氏文通》（1898）为例，它被誉为是中国第一部系统而科学地研究汉语语法的大作，创立了汉语语法的体系，在汉语语法史上具有开创之功。该书虽处处模仿印欧语分析的模式，但也有不少创新，但连作者自己也认为"此书系仿葛郎玛而作"，也可以认为，《马氏文通》是模仿与创新的产物。

由此可见，语言学家，包括有作为的语言学家，当他们研究一种新的语言现象、新的语言，或着手进行一个新的课题时，不可能是"凭空想象""平地而起"，而是要对别人的经验和成果有不同程度的模仿。从这个角度来说，模仿是符合科学规律的，有其必要性和进步性。当然，不同的人由于学术背景不同、研究的语言对象不同，模仿的程度、模仿的方式以及模仿的手段也不会相同。

单纯的模仿是有的，那就是不看自己研究对象的特点，硬模仿别人的做法。比如在研究藏缅语族的一些语言时，有的把汉语划分的词类整套都搬了进来，该语言没有介词也按汉语立了介词一类，该语言有大量的状态词，也按汉语放在副词中。所以，单纯的模仿缺少创新性，难以深入揭示客体的真相。

但模仿常常不会是单纯的模仿,总会带有不同程度的创新。上面举的李方桂、张琨两位先生模仿汉语研究壮侗语、苗瑶语声调的例子,都是根据壮侗语、苗瑶语的特点具有创新的模仿,应当视为创新。从这个角度说,模仿是手段,创新是目的。

要看到,在语言研究中,既有成功的模仿,又有不成功的。如:我曾经也模仿用"四声八类"的分析方法,花了很多时间去寻求藏缅语的调类,但未能获得成功,当时感到很懊丧。后来才发现,原因是藏缅语声调的特点,与壮侗语、苗瑶语差别很大,不是一个层次的演变系统。在汉藏语中,相对于汉语,藏缅语的声调产生得较晚,在原始藏缅语共同语阶段还未产生声调。现代藏缅语的声调,是语族分化为不同的语支后才产生的,以至藏缅语中有些语言或方言,如珞巴语、安多藏语等至今还未产生声调。所以,研究藏缅语就不可能像壮侗语、苗瑶语一样,能求出语族"四声八类"的调类,只能另辟蹊径寻找别的方法。这是模仿未能成功并促进人们另求新路的例子。

至于在语言研究中存在的"生搬硬套""削足适履",甚至"张冠李戴"的模仿,那是不能学的。因为这种学风不能揭示语言的真正面目,有的还会造成以讹传讹的后果。我曾经见过,有的年轻人不在研究的语言上下功夫,仅凭学到的一知半解的所谓"理论",硬套出"规律"来。有的写景颇语研究的论文,一句话都念不下来,硬靠模仿写出论文,我看了后心里很不踏实。

如何处理好模仿与创新的关系?我提出以下几条供大家参考:

一、既要模仿,更要创新。

20 世纪的 50 年代到 60 年代初,我国通过几年持续艰苦的调查研究,陆续出版了 57 种描写少数民族语言的简志。这是一个了不起的业绩,是中国少数民族语言研究史上的一件大事。但现在回头看看已经出版的简志,特别是属于汉藏语系语言的简志,都会发现其中有不少机械地模仿汉语研究的痕迹,比如词类的划分、句子类型的分类、构词的分析以及对形态的处理等,甚至有些语言还明显地带有汉语结构框架的痕迹。尽管如此,在当时对少数民族(语言)还了解不多的情况下,模仿则为少数民族语言普查提供了方便条件,使得语言研究者能在较短的时间里大体抓住所研究语言的主要特点，基本完成了系列的少数民族语言简志，成为后来深入研究少数民族语言的基础，为少数民族语言的教学和研究服务了几十年。有了以前的经验和教训，才有今天"既有模仿，更有创新"的理念。

二、正确处理共性和个性的关系。

我认为，处理好模仿与创新的关系，必须正确认识共性和个性的关系。这虽是近年来老生常谈的问题，但要真正摆对二者的关系并处理得恰当则并不容易。不同语言之间，既有共性又有个性，汉语与非汉语之间也是这样。正是由于语言之间有共性，所以模仿的运作才有获得成效的可能。语言的个性决定了某一语言的性质，因而语言研究除了寻求不同语言的共性外，还应着力研究各个语言的个性。语言研究总得以我为主，寻找与模仿对象不同的特点，捕捉研究对象的个性，从中揭示属于这一语言的规律。只有这样，才能摆脱原有模仿的束缚，从本质上认识所研究语言的特点。如果不从具体语言的语料出发，不花大力气积累语料，从具体语料中分析语言规律，就只能是机械的套用，难以认识这个语言的本质特点，也就不可能为语言学研究提供新的信息、新的成果。

拿我国汉藏语系语言的系属研究来说，半个多世纪以来，对印欧语分类的原则、经验，经历了从模仿到摆脱束缚的艰苦过程。研究者试图建立适合汉藏语特点的理论框架和分类原则。印欧语系的建立，使历史比较语言学成为语言学的一个重要分支，从而极大地提高了语言学在科学中的地位。但必须看到，历史比较法所建立的一整套理论、方法，主要是在印欧语比较的基础上产生的，其理论、方法带有印欧语的特点，至于对其他语系语言的普遍性如何，至今并未得到科学的结论。

从 20 世纪初以来，国内外一些研究汉藏语的语言学家试图使用历史比较法的经验和方法，研究汉藏语的同源关系和系属划分，做了不少新的探索。如李方桂在 1937 年就提出了汉藏语系假说，认为汉藏语系包括藏缅语和汉台语两大支，汉台语又分汉语、台语和苗瑶语。事过 30 多年的 1973 年，方桂先生仍然坚持这个观点，只是在分类上做了一些修改，把汉藏语系分为汉语、侗台语、藏缅语和苗瑶语四大块，即"一语三族"。国内大部分研究汉藏语的学者，都沿用这一观点。但在国外，有不少学者不同意侗台语、苗瑶语与汉语有同源关系。如美国的白保罗（P. K. Benedict）在 1942 年就提出了这一观点，认为侗台语、苗瑶语与汉藏语没有亲缘关系，把侗台语、苗瑶语从汉藏语系中分离出来，后来他又认为这两个语族应与南岛语一起构成一个"澳台语系"（Austro-Tai）。上述两种观点针锋相对，相持不下，争论持续了半个多世纪。争论的焦点主要是：汉语和侗台语、苗瑶语之间有关系的词究竟是同源词还是借词？持同源论者，认为这些关系词中有一部分是同源词，可以根据这部分同源词确定这些语言的同源关系；而持异源论者，则认为这些关系词是借词，不能作为同源关系的依据。

这场同源与非同源的争论触及一个重要的理论问题：在印欧语基础上建立起来的历史比较法，对解决汉藏语系属问题究竟是否适用？如果适用的话究竟适用到什么程度？多年的交锋使许多人看到，汉藏语系语言分化的时间久远，不同语言的接触、融合极为频繁、复杂，具有许多不同于印欧语的特点，因而要照搬已有的历史比较法的理论与方法来解决汉藏语系属问题是有困难的，应当在充分借鉴历史比较法的基础上另辟蹊径，勇于突破。我认为，我们不否定历史比较法，问题在于怎样理解历史比较法，怎样根据新的语言事实、新的研究成果赋予它更充实、更实用的内容。历史比较法是在印欧语的基础上产生的，若要用它来解决汉藏语的问题，应该有所充实、有所改进。

再举一个例子：彝语词类的划分从立介词到不立介词，同样经历了一个"模仿—创新"的过程。凉山彝语的词类中有无介词，立不立介词类？过去的研究中，有的列了介词类，把彝语中位于名词后表示相当于汉语介词结构意义的体助词视为介词。这显然是模仿汉语语法而得到的认识。其实，彝语名词后面的体助词与汉语的介词是不同的。我与胡素华合写的《凉山彝语的体词状语助词：兼论彝语词类中有无介词类问题》（1998）这篇文章，认为彝语没有介词，而有体助词。彝语的体助词与汉语的介词的区别，既表现在来源上，又有功能、语义方面（的差别）。在来源上，汉语的介词几乎都是来自动词的，而彝语的体助词只有几个来自动词，大多来源不明。在功能上，汉语的介词起引介作用，把体词结构介绍给谓语，而彝语的体助词则起连接修饰语与中心语的作用。在语义上，汉语的介词大多还保留动词的语义特点，而彝语的体助词大多与动词的语义无关，即使是来源于动词的，也与原来动词的语义有了较大的差别。再说，与彝语有亲缘关系的其他藏缅语族语言，大多也无介词，也是以体助词表示与汉语介词结构相当的语义。创新的认识往往来源于对语言结构的综合分析。景颇语词类中新立状态词一类就是一个例子。汉语的副词类，是做谓语的修饰成分的，范围较小，语义较抽象。景颇语词类的划分，过去模仿汉语，把能做谓语修饰成分的都列为副词。这样做的结果，副词类大量膨胀，把大量意义比较实在的、表示性质状态的词，都列入了副词。但这部分表示性质状态的词在语义、语法（包括句法、构词）的特点上与那些意义较抽象的副词很不同，放在一起格格不入，难以从整体上概括副词类的特点。

　　我在这里着重强调个性的研究，不是要忽视共性。20 世纪 60 年代兴起的语言类型学，使得人们对语言共性研究的重要性有了新的认识。强调认识语言个性，不等于"标新立异"，不能把本来是共性的成分处理成不同，这样做不仅不能正确反映语言的客观实际，而且对语言理论的研究、对语言比较也是有害的。

　　最近看到覃凤余教授的文章《壮语语法研究框架的优化与重构》（2018）一文，很受启发。她认为："壮语语法学的框架长期照搬汉语"，建议不沿用汉语的"量词"而改叫"分类词"。这种创新思路值得赞赏。

　　三、从发掘本土语料中创新。

　　我总认为，人类虽然天天在使用语言，与语言须臾不能相离，但对语言的认识还是很肤浅的，甚至连许多常用的规则也未被发现，即使发现了，有许多也解释不了。至于对语言的历史演变，至今还认识得很少，不知还有多少的"谜"等待人们去揭示。

　　比如不同语言之间的同源词与借词的区分，50 年前并不认为是个难题，以为是比较容易解决的，但后来随着研究的深入，发现有些语言（如汉语和壮侗语）区分同源词与借词难度极大，困扰了研究者几十年，至今尚未得到解决。我们应当以自己立足的领域为据点，研究语言学的理论与方法，也就是要在各自的领域分别做出自己有特色的贡献。

　　我国是一个多语种的国家，语言资源十分丰富，是发展语言学的宝地。研究中国语言的语言学家，有可能在自己这块肥沃的土地上取得丰硕的、别人难以达到的成果。现在必须更加重视少数民族语言的特点，更好地做到既借鉴汉语的研究，又能揭示自己的个性，达到二者完满结合的要求。我过去与蒋颖一起做藏缅语反响型量词研究，很自然地就去查阅汉语量词研究的成果，很想从中得到启发，借鉴有益的方法。

我们看到，汉语量词研究在分类、演变上取得了一些成果，但语义与语法相结合的研究尚未深入。都说古代汉语有反响型量词，但都仅仅停留在"玉十玉、田十田"等少数例子的列举上，对其性质、特点、来源等问题都未能涉及。藏缅语许多语言有反响型量词，而且其中有些语言还很发达，如哈尼语、载瓦语、阿昌语等。以哈尼语为例，哈尼语的反响型量词是开放的、能产的，绝大多数名词都能充当反响型量词。如：mo^{31}（马）tɕhi^{31}（一）mo^{31}（匹）"一匹马"，mja̠^{33}（眼睛）tɕhi^{31}（一）mja̠^{33}（只）"一只眼睛"。反响型量词的语法功能超过语义功能，在发展中从语音语法模式向语义语法模式演化。由于反响型量词数量大，并具有独立的语义语法特点，所以它在个体量词中独立成类。反响型量词具有原始量词的特性，研究它可以更好地发掘量词产生的动因、制约的机制，以及量词的语音、语义、语法相互间的关系等。古代汉语存在的少量反响型量词，提示我们注意到反响型量词的类型学意义。藏缅语目前仍在使用的大量反响型量词又能为揭示古代汉语反响型量词的性质、起源提供有参考价值的语料。

我们看到，过去有不少用我国本土的语料去证明、论述新理论、新方法的论文，应当说这类论文对现代语言学理论的传播、引进是有积极作用的，但这只停留在模仿、引进的阶段，还不是真正意义上的创新。我想，我们的目标应当是发掘本土语料去丰富、发展语言学理论和方法，去做添砖加瓦的贡献，哪怕只是微小的进步。事实上，我国有如此丰富的语料，有着做不完的课题，有着施展才能的广阔空间。

比如，形名关系（形容词修饰名词的结构关系），一般被看成类型学意义不大的参项，看不出优势语序的存在，而与指示词定语、数量定语共同修饰名词时则存在优势语序。Greenberg（1966）的共性 20 指出："当任何一个或者所有下列成分（指别词、数词、描写性形容词）居于名词之前时，它们总是以这种语序出现。如果它们后置，语序或者依旧，或者相反。"我与傅爱兰在《藏缅语的形修名语序》（2002）一文中，用类型学跨语言比较的方法，对 10 种藏缅语的形修名语序进行了研究。探讨了复合词与短语的一致性和差异性；形容词定语和指示词定语、数量定语共同修饰名词时可能出现的语序及其等级序列，以及影响等级序列的条件。

求出有量词的藏缅语由于量词的介入，数词都必须居后，没有数词强制性居中的语序，突破了上述两种语序的限制，认为，"藏缅语中三类定语和核心名词的语序基本不符合 Greenberg 指出的第 20 条共性。"

又如话题的研究，自 1968 年赵元任提出汉语主语和谓语的关系是话题和述题的关系的新观点后，一些语言学家开始重视汉语话题的研究。李讷、Thompson 认为汉语是"话题优先"的语言，不同于英语"主语优先"的语言。后来，研究少数民族语言的学者也引进话题理论，研究少数民族语言的话题，在认识上有了一定的进展。我在《景颇语的话题》（2001）一文中，从景颇语的语料出发，认为景颇语的话题不同于主语，话题结构也不同于句子成分结构。二者各自成系统，各有标志，各有作用，在句中结为一体使用。景颇语话题特点的形成，是由其分析型为主但又有屈折型特点的条件决定的。我国少数民族语言的话题研究，虽已出现了一些论文，但这一研究还只处于开始阶段。在当今信息化的时代，由于信息传播得快，语言研究有可能迅速掌握世界最新成果，这为模仿、借鉴带来十分方便的条件。正因为如此，就更要强调处理好模仿与创新的关系。如果能够做到既模仿又创新，我国少数民族语言的研究必将有更大的作为。

赵燕珍：老师，您一直以来都强调要重视语言事实。为什么？

戴庆厦：我做语言研究已有 60 多年了。在这漫长的时间里，我主要做语言事实的调查和整理，也做些语言规律和语言理论的提升研究，这使我与语言结下了不解之缘，也不知这条路是怎么走到今天的。现在回忆起来，既有甜蜜的成就感，又有烦恼的挫折感。做学问，需要对自己走过的路做些反思，才有利于进步。

几十年来，我在语言教学研究的实践中逐渐懂得了这样一个道理：做语言研究最重要的是要认识到语言事实是第一性的，要学会调查、掌握丰富有用的语言事实，摆正语言事实与语言理论的关系。这虽然是一个浅而易懂的道理，但不是一下子就能认识到位的，也不是都能做到的。回想过去，在如何认识语言事实的问题上，我有过一些挫折和反复，往往是在碰了钉子之后才有实在的认识。下面谈几个我自己经历过的例子，论述语言研究中必须善于对待语言事实。

一个例子是，我是怎样才对景颇语并列复合词的构造规律有了贴近事实的认识。我在研究景颇语时，被景颇语中亲属关系的并列复合词所深深吸引，因为它有不同于汉语的词序特点。如汉语的"父母、男女、夫妻"，是阳性词在阴性词之前，而景颇语的语序大多是阴性词在阳性词之前，说成"母父、女男、妻夫"。例如：$nu̲^{51}$（母）$wa̲^{51}$（父）"父母"，num^{33}（女）la^{33}（男）"男女"。

我曾经试图去解释这一现象。由于当时我掌握的语言事实不够，只看到景颇语亲属称谓词中多是阴性词在阳性词之前的例子，而没有看到也有少数是阳性词在阴性词之前，加上在方法论上没有从并列语素的结构关系上去寻找理据，而是简单地用社会语言学方法去解释词的构造，于是就错误地认定"景颇语女性词在男性词之前"与景颇族长期经历母系社会有关，是母系社会的观念在语言中的反映。这就是我最初形成的观点。

1980年，我被邀去北京师范大学为历史系师生做语言和历史的关系的报告，在讲到如何通过语言事实来解释历史社会的现象时，就用了景颇语这个阴性词在阳性词之前的例子，来说明景颇族在历史上曾长期经历过母系社会，所以在景颇语的构词中有这一特点的反映。听众觉得蛮有道理。

过了几年，当我大量收集了景颇语并列复合词和并列短语的语料，并从语音结构上进行了全面、系统的分析后，才发现原来的认识错了。因为通过大量语料的排比和分析，我发现两个重要的事实：一是在景颇语的亲属称谓词中除了大部分是阴性词在阳性词之前外，也还有少量是阳性词在阴性词前的例子，如 ku^{33}（公）moi^{33}（婆）"公婆"。二是通过各类并列复合词的分析，发现景颇语并列复合词的语素次序孰先孰后，与语素的语义关系不大，而是受前后音节元音舌位"前高后低"和谐规律的制约，即后一音节的元音必须低于前一音节。若是四个音节，则是二、四音节和谐；若是三个音节，则是一、三音节和谐。这不同于汉语并列复合词的语素搭配受声调规律的制约。在景颇语中，使用这种语音规则搭配的词占绝大多数，只有极少数例外，即后一语素的元音高于前一语素。例外的条件主要是与语义有关，即前一语素的意义比后一语素更重要，所以元音舌位低的也放在前一音节上。例如：$tʃa^{31}$（金）$kum^{31}phʒo^{31}$（银）"财产"（财产中金子比银子更为重要）。

语料多了后，对语言现象的认识就加深了。我还看到，景颇语并列复合词中，有的词语音原则和语义原则存在"竞争"现象，表现为语音原则规定以元音和谐规律来构词，要求语义服从语音；而语义原则则强调语义领先，不顾"前高后低"的语音和谐，于是出现语音原则与语义原则的竞争，竞争的过程出现了"两读"。例如：

nam^{31}lap^{31} nam^{31}lo^{33} 叶子的总称，也可读为 nam^{31}lo^{33} nam^{31}lap^{31}

叶子　　　（配音）　　　　　　　（配音）　　叶子

总的来看，景颇语复合词的并列结构是由语音和谐条件决定的，与社会因素关系不大。但要有这个认识，必须依靠大量的语料，不能只凭少量的语料就按常规的思路类推。

第二个例子是，我是怎样才认识到话题句在景颇语中的地位的。我最初在辨别景颇语中使用频率特高的结构助词 ko^{31} 时，只看到它大多位于主语后面的事实，就把它看成是突出主语的语法标志，称之为"主语助词"。在我和徐悉艰的《景颇语语法》（1995）一书中，就是这么看的。过了多年，了解到现代语言学中有关"话题"的新理论，于是我就再审视有关的句法语料，发现 ko^{31} 在句中除了主要位于主语后外，还能放在状语、宾语后。新的语料使我改变了对 ko^{31} 的认识，把它看成是"话题助词"，并确定景颇语的句式中有"话题句"。例如：

ʃi^{33}ko^{31}　ŋai^{33}nau^{33}ʒe^{51}. 他是我弟弟。（在主语后）

他（话）我　弟　是

n^{33}tai^{33}lam^{33}phe^{755}ko^{31}　ŋai^{33}tʃe̠^{33}să^{33}ŋai^{33}. 这事我知道了。（在宾语后）

这　　事（宾）（话）我　知道（尾）

phot^{55}ni^{55}ko^{31}　si^{33}teŋ^{31}teŋ^{31}n^{33}sa^{33}ai^{33}. 明天他真的不去。（在状语后）

　明天（话）他　真　不　去（尾）

这些活生生的语言事实，改变了我俩对 ko^{31} 是主语助词的看法。于是在我新出版的《景颇语参考语法》（2012）一书中，就毫不犹豫地把 ko^{31} 改为话题助词。这个变化说明，借鉴语言学的新理论，促使我去扩大语言事实的积累，而语言事实的积累，改变了对原有事实的认识。随着语料的增加，我对话题的性质、功能有了更多的认识。

还有一件至今难以忘怀的事。我在写《我国藏缅语族松紧元音来源初探》(1979) 这个稿子时，曾错误地使用了一份缅语也有"松紧"的语料，而且还把它看成是藏缅语族松紧元音来源的一种新类型。缅语的这一份语料，是一位会熟练使用缅语的景颇人热心地提供给我的。他从小在缅甸长大，生活了几十年，会说流利的缅语，对缅文也很熟练。当时对他提供的缅语语料的真实性，我是相信的。但在论文即将发稿前再一次做语料核对时，我突然担心缅语的材料有问题，立即找了在北京工作的几位土生土长的缅甸仰光人核对了语料，果然发现缅语仰光话只有清浊声母的对立而没有松紧元音的对立。于是我马上就把缅语松紧来源这一段抽掉，再一次对稿子做了修改，然后交给了《民族语文》编辑部，这时离编辑部发稿的时间只剩下两三天。想起这件事，我至今还有点"后怕"。想想如果当时没有再做语言事实的核对，就这样发表出去，白纸黑字，后果会很严重，况且这篇论文是《民族语文》创刊号的约稿。后来，我仔细琢磨所用的缅语材料为什么有问题，才知道是语料提供者虽然熟悉缅语，但从小会自己的母语，在掌握第二语言时容易受到母语的干扰，把音节中清浊声母的对立，都读成松紧的对立。这是一种"中介语偏离目的语"的现象。虽然语料提供者十分坚信自己的发音是对的，但实际上与作为第一语言的母语者是有差别的。

　　语言研究，是以探索语言规律为目的的。对新的语言现象的科学认识，往往先是从发现少数语言现象开始的。从少数语言现象中得到最初的"灵感"，然后进一步扩大事实，从中提取带有规律性的认识。但语言事实究竟要扩大到什么范围才够得上总结规律，要掌握这个分寸很不容易。做研究的惯例往往是，当发现了少量新的语言事实时就想总结语言规律，就想发表新的成果，但这样做，其结果可能立得住，也可能很快就会因语言事实的扩大而被推翻。当然，不是说任何创新的研究都非要等到相关的语言现象都摸清后才能发表新的见解。所以，语言事实的多数和少数，主线和例外的关系如何辩证地处理好，常常是语言学家面临的困境。

　　做语言研究所依靠的事实，不可能都是自己收集的，摸过的。所用的第二手材料怎样检验它的可靠性？在我国语言的比较研究中，我们不时见到有的作品就是因为用了错误的第二手材料而引出了错误的结论。

　　我根据自己的这些体会，写了一篇《语言事实的反思》，发表在《文化学刊》2014 年第 3 期上。

赵燕珍：老师，我看到您最近几年在思考怎样用分析型眼光来研究汉藏语，发表了一些有影响的论文。我想请您谈谈是怎样做的，其重要性是什么？

戴庆厦：我在做一些汉藏语比较专题研究，比如名量词、被动句、述补结构、宾谓结构、结构助词、语气词、声调、四音格词、双音节化等，每当深入到揭示这些范畴的历史演变、成因和类型学特征时，都会自然地涉及汉藏语的类型学特征。所以我逐渐形成了分析汉藏语要有分析性眼光的理念，用分析性眼光能够发现、解释用一般眼光所不能觉察到的问题。2017年我与闻静一起写了一篇《论"分析性语言"研究眼光》的论文，发表在《云南师范大学学报》（哲学社会科学版）2017年第5期上，很快就被《中国人民大学复印报刊资料》2016年第1期和《中国社会科学文摘》2018年第2期转载。2020年，我又发表了《论分析型语言研究法的构建》一文，发表在《中央民族大学学报》2020年第6期上，进一步阐述了分析性眼光与汉藏语研究的关系。

我的观点主要是：研究语言必须解决使用什么眼光的方法论问题，研究汉藏语必须要有"分析性"眼光，分析性眼光对汉藏语研究是有效的，不仅有助于发现、描写共时的特点和规律，还有助于发现、解释汉藏语的语言演变规律。研究汉藏语，必须增强对分析性语言的敏锐性，充分利用我国丰富的分析性语言资源发展我国的语言学。

我国的语言事实是，有130多种语言，其中属于分析性的语言数量最多。据《中国的语言》一书统计，在所收录的128种语言中，分析性语言有89种，占语言总数的69.5%，非分析性语言有39种，占语言总数的30.5%。在分析性语言内部，还存在各种不同的层次。我国蕴藏着无比丰富的研究分析性语言的资源，是分析性语言占优势的国家。在泰国、缅甸、老挝、越南、尼泊尔等国，使用的语言大多也是分析性语言。分析性语言具有单音节性、缺少形态变化、语序固定、虚词发达、韵律丰富等特点，它不同于形态丰富的印欧语系，也不同于词缀丰富的阿尔泰语系。比如，属于形态丰富的印欧语，具有多音节性、形态变化丰富、语序不甚固定、虚词不甚发达等特点。语言类型的特点，规定其结构特点和演变特点。

总之，我认为做语言研究的，在研究中必须"有的放矢"，使用适合语言特点的方法研究该语言。这应该是语言研究必须坚持和倡导的一个原则。

赵燕珍：老师，您长期双肩挑，既做教学科研，又做行政管理，还出那么多的科研成果，想了解您是怎样提高工作效率的？

戴庆厦：主要是上面说的"勤"。我想，既然自己是双肩挑，那就要把休息日的时间都用进来，多挤些时间来做业务。我也会下棋、打扑克、打麻将，但我从来不打。刚毕业后的一段时间，我住在教师集体宿舍，一个房间五六个年轻老师住在一起。他们都是单身汉，在晚上或休息日常常打扑克，我都不参加。唐山地震期间，有段时间大家都住在室外临时搭的地震棚，无所事事，但我利用那段时间学缅语、缅文，觉得必须要有点收获。小时，我痴迷乐器，后来再也不碰了。就这样，逐渐养成了一心做学问的习惯，觉得这样过生活挺幸福、挺满足。我要求自己每天都做一些业务的事，否则会觉得这一天少了什么似的。

勤，还表现在该做的事抓紧做掉，不要拖拉，或今日复明日。我已养成一个习惯，只要是要我做的事，我一定抓紧时间做掉，绝不拖拉留在以后做。比如，要我审稿、写计划，我尽快处理掉，否则一搁，要不找不到稿子，或对要做的事淡薄了，这样要花比原来多一两倍的时间才能完成，岂不浪费时间。这些年会议比较多，参加会议还要写稿。会议只要是我答应参加的，我就争取早把发言稿写好。我不把参加会议当成负担，把它看成是积累自己成果的好机会。该做的事，抓紧做掉，就省了一个思想包袱，可以去做别的事。

勤记，是提高效率的一个有效方法。我从年轻起就养成一个"勤记"的习惯。每当想到一个问题，听到一个新信息，或见到一个有用的概念，甚至脑海里突然冒出一个好题目，我就往本子上记。出去开会，听到有用的知识、方法、数据、经验等，赶快记下来。我每天早上，思路活跃，不时会冒出一些新想法。我会在床边、饭桌边放上本子或者纸张及时记上。出访中，大量新事物出现在你眼前，也要你及时记下。以上提到的这些新知识，一会儿就忘了，如果不及时记下，要花些力气才能想起来，有些根本想不起来，太可惜了。我从年轻时到现在，记下了六、七十个本子，这比什么都值得珍惜，我的一些论文的题目，就是从这些本子里翻出来的。

勤写，也是提高效率的一个好办法。我有个习惯，有的问题如果自己已形成了一定的认识，就赶紧把它写成文字放在本子里或电脑里，以后肯定会有用处。比如，我今年在帮助一些老师对音时发现记音的错误受每个人的母语状况的干扰非常严重，有一些很生动的实例。我把这些现象粗粗整理了一下，加上点分析，取名为"记音的艰难性"。今年我写《论"记音"》一文时，这一段正好用上。又如，我去老挝调查时，一位老挝的教师问我："你们中国的民族分主体民族和少数民族，我们不分，哪个好？"我一时回答不了，回去想了一下，初步认为可能两国国情不同要有不同的认识。我把这些认识也写在本子上，后来果然在论文里用上了。

人的认识都是由一个个片段的认识积累起来的，由量变到质变。所以，要善于留心积累平时见到的一个个片段，并及时用文字保留下来，以备后用。

十五　教学

赵燕珍：老师，您培养了很多学生，可以说是真正的"桃李满天下"了。您能不能谈一谈您的教学情况？

戴庆厦：我是教过不少的学生。我 1960 年结束了语言调查工作队返校后，就一直担任教学工作到现在。刚回校时，我被安排编写《语言学概论》，大约有半年多时间。

我先是教本科生，上的课程有：语言学概论、彝语支概况、汉藏语概论、社会语言学，开设景颇语班的那几年，我还教过基础景颇语、景颇语语法等课程。我印象特别深的是，连续三年给彝文古籍班的学生上语言学概论课。这个专业的学生都来自在职公务员或教师，都是懂母语的彝族，年龄都比一般大学生大些，学习自觉性强。他们都想多学习点知识回去，所以听课特别专心。他们学了国际音标后，都能记录、分析自己的母语，有的还能写出论文。他们毕业后，都成为各地彝语文工作的骨干。

1981 年，时任北大副校长的朱德熙先生，为了把北大的汉语研究与少数民族语言结合，当时与我们担任系主任的马学良教授商议，请我们学校的几位语言学教师给他们讲授汉藏语概论课。马先生当即同意，组织我们几位老师去北大上课。分配我讲藏缅语（藏语和羌语支由别的老师讲）。1982 年开始上课，1983 年、1984 年又讲了两次。听课的主要是中文系的本科生，还有外国留学生、语言学教师等。一起去讲课的，有马学良老师、胡坦、黄布凡、陈其光、倪大白这么几位教授。北大学风好，听课认真，在那里讲课是一种享受。朱德熙先生在《汉藏语概论》一书的"序"中赞扬我们说："每次都收到很好的效果，很受听课师生的欢迎。"最近我在昆明见到当年参加听课的美国留学生 Randy J. LaPolla（罗仁地）教授，他现在已是国际著名的汉藏语言学家。他兴致勃勃地谈道："当年听了汉藏语概论这个课后，才对汉藏语有兴趣。回国后，就跟

Matisoff 教授读了研究汉藏语专业的博士。"

从 1984 年，我开始招收藏缅语专业的硕士生。首批招了两名，一名是毕业于北京大学的刘菊黄（入学后主攻独龙语），另一名是毕业于北京师范大学的傅爱兰（入学后主攻怒语）。后来又招社会语言学研究生，隔年换招。1990 年 11 月评为博士生导师，那时要由国务院学位委员会学科评审组讨论通过。1993 年开始招收博士生。首届有两位：一位是毕业于密西根大学的香港人吴和德，另一位是李锦芳（壮族）。从 2009 年到 2012 年，我还应聘到北京语言大学带了四届博士，共带了五名，是王跟国、戴忠杰、张鑫、经典、彭茹。2012 年，我应聘担任云南师范大学汉藏语研究院的院长，并在云南师范大学招收博士生和硕士生。从 2013 年起，培养了五届，有博士生七名（和智利、杨露、满欣、金原恒、谢红梅、华子轩、桐柏），硕士生八名（张洁、刘丽媛、杨伟芬、姚州、马邹、次林央珍、木益娟、班玄）。2012 年至 2016 年，我还应聘到中国音乐学院为博士生讲授语音学课，共四届。我招收的国外博士生有陈秀美（韩国）、金瑞卿（韩国）、申湘男（韩国）、潘武俊英（越南）、陆黛丽（法国）、华子轩（美国）等，还招了来自老挝的留学生 Sivilay Thongbay（桐柏）、Sivilay Shark（苏哲）。

我为研究生开设的课程有：汉藏语概论、藏缅语概论、彝缅语比较研究概论、语言学概论、语言调查、社会语言学、基础景颇语、景颇语语法、语言研究方法论等。"文化大革命"那几年，语言学课不设了，让我去教了几年的大学语文课，既教现代汉语，又教古代汉语。我教了觉得也有收获，逼得我去看了好多书。

我共招了三届博士后。有何俊芳（现为中央民族大学教授、博导）、张文国（现为山东师大教授、博导）、罗自群（现为中央民族大学教授、博导）、蓝庆元（现为中国社会科学院研究员、博导）、汪锋（现北京大学教授、博导）。

我还接纳了一些访问学者。国外的有 Lon Diehl（迪乐伦）、Wiesma（韦倩雯）；国内的有四川阿坝师范学院的严木初（藏族）等，还有西南民族大学的、新疆伊犁师范学院的、云南德宏州的一些进修生。

60 年来，我教了好多学生，也开了一些课。我觉得上课有这几个好处：一是精神上得到满足。二是教学相长，使我增长才干，能增添新知识。学生提出的语言学问题，有的我能回答，有的回答不了，促使我学习，还给我提出了要研究的课题。学生不明白的问题，有的反映出这方面的理论知识有待改善。

赵燕珍：您也编了许多教材吧？

戴庆厦：是的。我除了教课外，还比较重视教材的建设。在教课的过程中，我就想到要把讲课的内容编成教科书出版。每一门课，当我讲了几轮后，我就酝酿把讲义修改出版。出版教材有几个好处：一是按照出版教材的标准备课，有利于督促自己更认真地备课、写好讲义；二是自己教的课能为校外更多人的需要服务；三是体现了教学与科研相结合。

我参加合编的教材有：《语言学概论》（1981），《汉藏语概论》（1991），独立编写或者担任主编出版的教材有四部：《社会语言学教程》（1982）、《社会语言学概论》（2004）、《语言调查教程》（2013）、《景颇语基础教程》（2005）、《社会语言学教程》（1993）、《汉藏语研究方法讲稿》（2021）。我对社会语言学有浓厚的兴趣。因为我在语言调查研究中，遇到了许多与社会语言学有关系的问题，所以我从20世纪80年代就开始教社会语言学课，还带了社会语言学的研究生。1993年，我把讲稿一番修改后，取名《社会语言学教程》。该书分为八章：什么是社会语言学；语言和民族；语言和文化；语言关系和民族关系；语言和语言观念；语言和性别、年龄、阶级、行业；语言和国界（跨境语言变异）；文字和社会。这部教材主要面向我国民族院校，所以我充分使用了我多年在语言调查研究中思考过、研究过的少数民族语文的语料，力求既包括社会语言学要阐述的主要理论，还要有中国特色，即中国语言和语文工作中存在的社会语言学问题。我在这部教材的"后记"中写道："七十年代以来，我国的社会语言学研究有了较大进步，特别是少数民族语言研究领域有不少人也开始重视这一学科的研究。正是在这种形势的推动下，我开始系统地研究社会语言学，并编写教材讲授这门课。一进入这个领域，我再也退不下来，社会语言学成为我从事藏缅语研究以外的'副业'。我深深地体会到，进行描写语言学和历史语言学研究，如果能结合社会语言学研究，就能扩大视野，更准确地认识语言现象。""我希望这本书能对民族院校的社会语言学课程的教学有用，能对我国民族语文工作者研究、解决少数民族语言文字问题时有一定的参考价值，还希望对语言学家的研究工作能提供一些有用的材料和观点。"

《社会语言学概论》这部教材是商务印书馆请我主编的。因为这部教材是面向全国各类高校的，所以在内容上、用例上，都考虑到非民族高校的特点，减少了一些少数民族语言的内容和用例。商务印书馆编辑告诉我，这部书销路不错，已第三次重印。

我曾经做过数十次的语言调查，对语言调查特别有兴趣。在教学过程中，我深感学生（包括研究生）语言调查能力差，严重不适应语言调查研究的要求。这是我国语言学专业学生培养中的一个亟待解决的大问题。我多次说过，语言学专业毕业的学生，第一次做语言调查，记音的准确率不超过40%，记回来的语料基本不能用。我这个估计绝不夸大。至于调查词汇、语法，语言国情调查，更不知如何下手。所以我决心要在我多次讲授语言调查概论课的基础上，出版一部供语言工作者使用的教材。经过一番修改、补充，终于在2015年，由商务印书馆出版了《语言调查概论》这本书，目前已是第二次印刷发行。

我在书的《自序》中写道："我不止一次带青年教师和博士生出去做语言田野调查，总是看到他们普遍缺乏语言调查能力——记音记不准；音系整理不符合要求；不知如何调查语法、词汇；对语言使用情况和语言功能的调查不知如何下手；对语言现象缺少敏感性等。即便是在课堂上已经学过了语音学、语言调查等基础课程的研究生，当他们兴致勃勃地下去做语言调查时，自以为语言调查不会有问题，但一进入现场，大多是一开始就吃败仗，连他们自己也没有想到会这样。他们记录的语料，如果不经过老师核对，错误很多，难以做语言研究的材料。"我的这种感受是实实在在的，一点也不夸张。由此我想到了一个问题：语言专业的研究生、本科生究竟应该如何培养？我认为，在培养目标上，除了让他们掌握语言学的基本理论和知识外，更重要的，还要培养他们具有分析、研究语言的能力。在培养方法上，语言学的基本理论和知识的教学要少而精，要安排较多的时间培养学生具有调查、分析语言的能力。否则，培养出来的学生，虽然会说许多语言学的名词，也懂不少语言学的"行情"，但却没有调查、分析语言的真功夫。由此我还想到，现在的大学的语言学概论课，课时实在太少，语音部分分不到多少课时，国际音标学习大多只有几小时，一扫而过，这哪能培养学生具有认识、分析语言的能力？所以我认为，我国的语言专业的研究生、本科生的语言学基础课的培养方案应当修改。我还谈到"这部书主要讲语言调查的理论和具体方法，是根据我半个世纪以来学习语言学、做语言田野调查和做语言学教学研究的体会写成的。凡是我认为在工作中有用的，或用得比较多的，我就多写一点；凡是我没有用到的，或用得比较少的，我就少写一点，或是不写。讲些自己做过的、体验过的，会更得心应手，不会隔了一层。"

我的这部教材共分九章，包括：什么是语言调查；怎样调查语音；怎样记录语法；怎样调查词汇；怎样调查语言国情；怎样调查跨境语言；怎样调查双语问题；民族学调查中的语言调查方法；中国少数民族语言文字概况。过去讲语言调查的一些书，只涉及语言本体结构的调查，不讲语言使用、语言功能的调查。我考虑，语言研究既包括语言本体结构特点的研究，又包括语言使用、语言功能特点的研究。做语言调查，既要有调查语言本体的能力，又要有调查语言使用、语言功能的能力。二者不可偏失。这本书根据我多年从事语言国情、跨境语言、双语问题的调查研究的体会，增设了"怎样调查语言国情、怎样调查跨境语言、怎样调查双语问题"等章节，以适应语言应用的需要。

这本书里还专设了一章讲"民族学调查中的语言调查方法"。这是因为语言学和民族学的关系十分密切。做语言学的，要了解民族学，还要做些相关的民族学内容的研究；做民族学的，也要了解语言学，还要做些相关的语言学内容的研究。学民族学的，除了必须具有基础的语言学知识外，还要具有使用国际音标记录语言的能力。老一辈著名民族学家杨堃教授曾经说过："一个民族学工作者，若不具有语言学和语音学的基本知识，那就只是半个民族学工作者。如果不和语言学家密切合作，他是搞不出成绩的。"过去，许多做民族学的都对我说，希望能学习一些必要的语言学知识和语言调查的技能，但苦于没有这方面的参考书。其实，民族学研究者做语言调查研究，不完全同于语言学学者的调查研究，虽然二者之间有一些共性，但有另外的重点和内容。所以我侧重于民族学研究的需要，试写了一章"民族学调查中的语言调查方法"，希望这一章能对民族学研究者有所帮助。

《景颇语基础教程》这本教材的初稿是我与岳相昆老师在20世纪50

年代为教学需要编写的。曾经在中央民族学院语文系景颇语专业本科生教学中使用过。20 世纪 80 年代起，曾作为研究生和外国留学生的教材多次使用过，但那时都是打印的油印本。2005 年，根据多年的教学经验做了一些修改补充后正式出版。徐悉艰研究员还帮我从头到尾检查了一遍。该书包括绪论、语音、会话、短文、文学作品、正字法、语法知识等，可供学习景颇语文的人自学使用。遗憾的是，与我合作的岳相昆老师于 1988 年不幸病故，没能见到这本正式出版的书。我在这本书的《后记》中写了下面一段话表示对他的怀念和感激。"此书献给诚实、勇敢、聪颖的景颇人，并以此纪念景颇人的文化先驱——我的老师岳相昆先生。"

赵燕珍： 老师，那您能不能谈一谈您的教学经验呢？

戴庆厦： 教学经验最重要的一条是对学生负责，就是要让学生学了你的课后有所收获，真正学到一些本领。基于这一点，许多相关的事都要做好。

一是要从学生的实际出发，因材施教，对症下药。学生的水平不一，理解度有差异，怎样按照课程的要求，使每个学生都能学到必要的知识？所以我在授课的方式上必须"取其中"，就是让水平高的、水平低的都有收获。研究生的差异就更多些，他们来自不同的专业，有来自民族语言专业的，有来自中文专业的，还有来自外语专业的。少数民族学生中有懂自己母语的，也有不懂的，汉族学生中有懂少数民族语言的，有不懂的。学生的基础不同，悟性不同，求知欲有差异。所以，要坚持分别对待，不能"一锅煮"。

二是要对学生有感情。要把学生当成自己的孩子一样对待。经常想想，如果是你的孩子，你看到他学习不好，有困难，或不自觉，你要怎样对待。

三是要认真备课。我自己养成这样一个习惯，凡是要上台讲的课，我都要写成详细的讲稿，上课时按讲义"照本宣科"。如果按提纲讲，当然省事点，但会出现不准确的现象。写好讲义，努力使学生爱听你的课。

四是花气力写好讲义。我主张，讲课除了讲必要的知识外，要突出讲重点、疑点、难点。特别是对博士生讲课，一定要注意讲好该领域的前沿问题，学术界有争论的问题，需要研究的问题。

五是对接受能力差的学生，要满腔热情地帮助他们。

要讲好课，必须自己有科研成果支撑。我感到，自己研究过或有研究成果的题目，讲起课来，容易得心应手、有激情，对学生的帮助会大些。比如，我讲语法中的类型学、语法化、话题、韵律，因为这些课题我都做过研究，还发表过论文，所以我讲起来底气足些，能够归纳这些问题的重点和难点，还能提出一些需要研究的课题。我很喜欢讲授语言调查课，因为我做过数十种语言（方言）的田野调查研究，知道语言调查的甘苦、难点。讲课中要着力解决学生的弱点。

赵燕珍：老师，您在教学上很重视学生的写作能力，认为这是学生必备的基本功。想听一听您在这方面的经验。

戴庆厦：谈写作是一个永恒的题目，又是一个重要的但又不易说好的题目，这又是一个常讲常新的题目。

我在培养研究生的过程中，常为研究生写不好论文而苦恼。特别是研究生给我看第一稿、第二稿的论文时，我总是不满意，觉得没写好。他们给我看论文时，总是多少带着一种惶恐不安的表情来见我，生怕我把他的论文否定掉；而我也多少带有为难的心情，因为不忍心说不好，挫伤他们的积极性，把他们辛苦写成的稿子说得不好。

我为什么强调要写好论文。这是因为，做文科研究的，主要靠论文来做贡献。论文的质量如何，直接关系到研究成果的好坏。如果是研究生，（论文）决定研究生培养质量的好坏。一篇好的论文，是一种创新，一个可以流传下去的艺术品。所以，培养文科研究生，必须强调文字过关。同样。做语言学研究的，除了会发现新的语言事实、会解释语言事实外，还要能写好论文。能写出好的论文，说明他已具有研究语言的能力。为什么有些人花了很大气力收集了语料，酝酿了创新点，但论文写得不好，在社会上达不到应有的效果，很可惜。这是因为他还未具有写好论文的能力。所以，研究生写好论文，既是他们在读期间必须完成的任务，又是研究生导师培养研究生义不容辞的职责。所以，我在教学中，总是提倡研究生要多写论文，写好论文，从中提高自己的研究能力，缩短成才的时间。

写论文的好处很多，它能多方面地提高一个人的素质和能力。包括抽象思考问题的能力，分清主次的能力，处理好理论与事实关系的能力，语言表达的能力等。写作水平反映一个人的素质，"文从其人"。写作能力好的，平时说话的逻辑水平、准确性、简练性也会好一些。

但从目前研究生的写作情况看，大多数研究生写民族语文研究的论文还不过关，不符合论文的规范和要求，这直接影响研究生培养的质量，是一个亟待解决的问题。

论文写得好不好，取决于各种因素，主题是否构思好、语料是否充足、思路是否清楚、章法是否合适、文字表达是否到位等等。决定这些的因素虽与人的悟性、灵敏度有关，但更重要的是看你勤奋度如何，即下了多少功夫，功夫下得够不够。要知道，好的论文是苦出来的，练出来的，改出来的。

我年轻时喜欢语言学，早早就开始练习写论文，半个多世纪以来写了不少论文，深深体会到写好论文的甘苦。回想当年，我们的论文都是"爬格"手写的，要改四五遍，改一遍抄一遍，底稿一大摞，要熬到最后一稿填好寄出后才轻松下来。现在条件好了，有了电脑可以打字，修改起来比较方便，不那么费力，修改也不像我们过去那么勤，对一个人写作水平的提高是有负面作用的。回顾我发表的论文，凡是我认为比较好的，都是花精力比较多的，"一分功夫一分货"。现在有些年轻人写论文，功夫下得不够，修改一两遍就迫不及待地投出去，怎么能成好文章。

对写作的艰苦性，以及自己写作的水平的不足，许多人不易认识到，而且还很固执。他们总觉得自己写得通，不存在逻辑混乱。我带过一个博士生，他从事过多年的教学，发表过论文，还担任过一段（时间）文字编辑，但写毕业论文时，我发现在表达上许多地方逻辑混乱，给他指出还不肯接受。还有一位老学生，事业心很强，还很会说，但文章文理不通，一段话没说完就岔出去说别的，给他指出后让他改，拿回来一看，错的地方还没有改，让他再改还是改不好。每个人对自己写作的弱点很不容易认识到，所以一定要虚心接受别人的意见，不能固执以待。

对提高论文写作水平重视不够，是当前民族语文领域培养研究生存在的一个问题，需要敲一下警钟。

赵燕珍：那您认为提高写作水平的关键是什么？

戴庆厦：关键要"三多"，就是多写、多改、多想。这是提高写作水平的关键。

写好论文，都是从不会写到会写、从写不好到写得较好的，要经历一个长期的磨炼过程。提高写作水平的规律是做到"三多"——多写、多改、多想，就是说每篇论文的撰写，都要花时间、花力气。

"多写"指的是要多动笔，熟能生巧。多写包括两个方面：

一是平时要有意识地多写些小论文，或写些片段心得。在日常的学习和工作中，遇到自己有体会的问题就把它写下来，或长或短，但力求写好。比如，你读了有关韵律的论文，如果能联系自己的母语，发现自己母语中也有许多韵律现象，而且有规律，你就赶紧把它写下，放在那里，以后自有用处。你在听报告听到反响型量词的研究时，如果你联系自己的母语，发现有奇特的现象，你就应该马上把它记录下来，留在以后使用。我主张一个做学问的人平时要有积累，否则要参加会议就会苦于拿不出稿子。

二是平时勤写多记。除了多写文章外，要在日常生活中养成勤写多记的习惯。平时有什么心得就往纸上写。一写，就会有思考，一思考就会把模糊的、感性的认识变为有条理的接近理性的认识。我有个爱记笔记的习惯，特别是在年轻时，爱往本子上记。现在回想起来觉得好处很多。外出时，身上带个小本子，想到或遇到什么有用的就往本子上记。特别是脑子一闪念冒出的想法，有的是很有用的，如果不马上记，一过去就想不起来了。记笔记有两个好处：一是把接触到的东西经过自己的思考变成自己的知识。二是有利于积累知识，不至于丢失对自己有用的知识。做学问要善于积累知识，光靠脑子不够用。几十年来，我记了几十本笔记，是我这一生中宝贵的、有用的资源。我有时感到自己思路枯竭了，但翻翻过去的笔记，又会点燃起新的思路，会有"柳暗花明又一村"的感觉。

多改：好的论文要经多次修改，要养成多改文章的习惯。我写一篇文章，至少要经过三五次的修改。修改的过程，不仅能够检查文字是否通顺，用词是否准确，还能进一步整理认识、提炼认识。现在用电脑打字、改字比较方便，我们过去在纸上改，改完要抄，大段调整就更费劲。

我提醒学生们，别人帮修改过的文章，要认真看，从中认识自己错在哪些地方，有什么弱点。我有个研究生，凡是我帮助他改过的稿子，他都认真地一条一条地看，发现自己为什么会出错。后来，他的写作水平提高得很快。当然，能使他写作水平提高得快的还有别的因素，如他勤以写作等，但与他能认真发现自己的弱点有关。有许多人不是这样，改完的稿子不看或不认真看，错句继而出现，水平提不高，很可惜。我回忆50多年前参加《语言学概论》的编写，有位学长读了我的稿子后直率地对我说："你的因果复句写得不好。"我听了很紧张，反复看了自己的稿子，认为自己确实有这个毛病。后来，我凡是遇到有因果复句表达的句子都比较谨慎。至今我还感谢这位学长。

根据我的经验，写好的论文不要急于发，搁一搁，最好是放几天或放一段时间再改，就容易看出问题。

多想：论文质量的好坏，跟思考问题的程度紧密相关。多想要叙述的主题。平时要多在脑子里积累一些题目，形成"题库"。参加会议、听报告、听课，甚至聊天，都要善于从中得到启发，萌生出一些题目。比如我2008年参加了"第五届中国周边语言文化论坛"，听了一位教授的《侗台语构词法的类型学视角》的报告后，脑子里出现了从分析性视角研究藏缅语的复合词、研究藏缅语词缀的性质特点的一些新题目。

要多想目前语言学的现状及问题。哪些问题是当前语言学研究急需的，哪些是前沿问题，哪些要先做等等。对比自己定的题目是否有前沿性，有价值。

还要多想自己写作的弱点。我常对研究生说，自己的弱点不易发现，而且很顽固，这是人的共性。比如，母语中没有介词的人，写作时用不用介词常会出现错误。说藏缅语的、朝鲜语的、阿尔泰语的，都存在这个问题。十多年前我带了一位韩国博士生，硕士是在北京大学读的，博士学位论文满篇出现介词用不用的错误，改得好苦。

文字的表达大凡有四种情况：深入浅出；深入深出；浅入浅出；浅入深出。"深入浅出"是高手，水平最高。"浅入深出"是大忌，是低手吓唬人。语言学大师李方桂、赵元任、吕叔湘、朱德熙的文章，再深的道理都很好懂。这是真正的高水平。

提高写作水平，要在定好题目、写好提要上下功夫。定好题目、写好提要是论文写作的一个重要的部分，因为它是论文的窗口。别人看你的文章，总是先看题目和提要。看了题目和提要，觉得还可以就往下看，否则就不愿意往下看。好的题目和提要，会给读者眼睛一亮的效果。评审专家、杂志编辑裁判一篇新稿时，题目和提要起了很重要的作用。

许多学生不会选题目。我常对学生讲，题目要让读者一看就知道这篇文章要说什么。题目一般要含着以下几个信息：告诉读者主要内容是什么，要说什么。此外，根据你的需要还可以加上用什么方法研究。只标示内容的题目如《语言普遍性研究的两种理论》（王勤学，1990），《藏语（拉萨话）声调研究》（胡坦，1980），《汉台关系词的相对有阶分析》（陈保亚，1997），《藏缅语的是非疑问句》（戴庆厦、傅爱兰，2000）。既有标示内容又指明用什么方法的。如《语言类型学与汉语研究》（刘丹青，2003），《通过地图分析揭示语法学中的隐性规律——"加权最少边地图"》（陈振宇、陈振宇，2015），《语体视角下"关于"的语用功能研究》（李秉震，2016），《突显理论与汉英时体范畴的类型学差异》（尚新，2004）。

许多学生往往副标题定不好，不知道正标题和副标题的关系。要让他们懂得，正标题和副标题的关系有多种：一种是"兼论"型的。即除了论述正标题的内容以外，还要兼论别的内容。如：《"津通"释义商补——兼与李维琦先生商榷》（张春雷，2016），《功用义对名词词义与构词的影响——兼论功用义的语言价值与语言学价值》（宋作艳，2016），《宏观把握，微观入手——老挝跨境语言调查研究的体会》（戴庆厦，2019）。还有一种是"限定"型的。即副标题指明主要论述什么具体内容。如：《基于语料特点判断的上古出土文献某字存否研究——以"信"字为例》（刘志基，2015），《再论汉语的特点是什么——从景颇语反观汉语》（戴庆厦，2017）。

我在写作中深深体会到，选择好题目有五忌：一忌一般化。好题目让人一看就有新意，眼前一亮。二忌大。题目要大小合适。我是主张小题大做。三忌文不对题，不切题。四忌过长，要能朗朗上口。五忌大标题与小标题不符。好的题目要切题、简洁、醒目、有新意。好的题目是对研究对象思考成熟的结果。好的标题必须对内容有明确的把握，要多改几遍，要参考别人的题目。

许多学生写不好提要，原因不外乎两个方面：一是对自己写的文章理不出要点，反映了作者没有想透文章要说什么，也就是对要写的问题没想透。这是写不好提要的主要原因。二是文字表达能力不过关，不知道怎么提炼、归纳论文的精华。所以要提高文字能力，特别是归纳、简述、善于表达的能力。要让学生知道，好的论文要使读者读了你的简短的提要后，一下子就明白这篇文章要说什么，有什么特点，有什么价值。

十六　弟子

赵燕珍：老师，这些年您带了很多学生，您是怎样带学生的呢？

戴庆厦：我很愿意带学生，师生情很浓。看了学生的成长，有了成就，心里有说不出的高兴。学生如子女，确是这样。我这一辈子感到满足而高兴的一件大事是我有一批很好的学生。他们个个都为人正直，勤于事业，其中不乏一些佼佼者成为语文战线的骨干。因为学生很多，下面只能根据遇到的事情提几个。

我对学生，很重视他们的学术路子走得好不好。学生进门后，第一次交谈时我都会直率地对他们说："我是搞本体的，也要你们搞本体；我是要做田野调查的，你们要跟我一起去。这个路子你同意的话就跟我。"当然，一般都会表示同意。

我强调的"学术路子"，主要是指摆好语言事实与语言理论的关系，强调要多掌握语言事实，不要空谈理论，或摆"理论谱"。我也要求他们在研究生阶段多学点理论，但要多花力气去学如何分析、解释语料，如何揭示语言的规律。有些学生进门时，就带了一个"大口袋"来装知识，希望多装点知识回去用，于是学校的课尽量选，还嫌不够满城去听课、去听报告，弄得筋疲力尽，拦也拦不住。到开题时，不知要写什么。后来他们自己也意识到了，这样追求知识不行，要突出重点，要培养实际能力，否则，基础都不好，怎么飞得起来呢？

还有，是做专家，还是做杂家？博士生都有自己的专业，在三年的学习时间里一定要花主要精力解决好专业关，否则最后连毕业论文也写不出来。

我强调博士生的基础要打好。比如记音能力、选题能力、写作能力等。记音不会记，记了一堆垃圾有什么用？文字不通，让人看不下去，还有什么前途？

我常对他们说，一个研究生一定要把兴奋点放在语言事实的收集和整理上，而不是盲目迷恋理论。我遇到这样一个硕士生，很有志向，也很聪明，一心想当理论语言学家，进校后，大部分精力放在读理论书上，还说"没找到新理论，我就不开始定题"。好了，直到三年级初，要做什么题都没定下来，差一点就毕业不了。

我常用"小题大做、眼高手低"这两个贬义褒用的短语来劝勉学生做好学问。所谓"小题大做"，是指选小题目做大做深，要求语料多，分析深入；而不要"大题小做"，即题目大，材料少，分析不深入。我常用自己的亲身经历及反思来告诫他们，介绍自己年轻时怎样爱选大题目，碰了钉子，后来随着年龄的增长，知识的积累，题目越选越小，成功率大大提高。所谓"眼高手低"是指思考问题要宽广，但动手时要从小处入手，善于做具体的事，不要会说大话而不会做事。做研究，除了必须具有选好创新点、立好题目框架的能力外，还必须有收集、发现语料的能力。

我还主张研究生要多做田野调查。田野调查是培养研究生良好学风的好途径。举个例来说，1984年，我带硕士生傅爱兰、刘菊黄到芒市、怒江去做了三个点的田野调查，使她们学会调查一个语言的真本领，后来都成长得非常好。傅爱兰的博士学位论文《普米语动词的语法范畴》还得了王力奖（第8届王力语言学奖二等奖，1999）。刘菊黄的硕士学位论文《独龙语的长短元音》受到专家的赞赏。她们都对田野调查有强烈的兴趣，一有机会都争着去。

我教的研究生中，除了中国学生，还有来自美国、法国、日本、韩国、泰国、越南、老挝等国的学生。已毕业的学生中，有不少已是教授、博导，成为某一专业的学术骨干，有张博、冯广艺、傅爱兰、张文国、宝玉柱、何俊芳、董艳、蓝庆元、李锦芳、王远新、罗自群、刘岩、胡素华、汪锋、马彪、李云兵、黄玉花、余金枝、邓佑玲、多杰东智、关辛秋、张景霓等。还有一大批副教授。他们的成长，主要是靠他们自己的努力，还有许多老师的付出。

赵燕珍：您是怎样抓学生的成长的？

戴庆厦：学生的素质各种各样。有的勤快，有的稳重；有的悟性高些，有的动手能力强些；有的善于交流，有的偏于自己琢磨；有的刚强些，有的脆弱些。业务背景也不一样，有的是中文专业，有的是外语专业；有的有民族语母语，有的没有；有的来自名校，有的是普通学校。年龄也不相同，有的 30 岁上下，有的近 50 岁。我因为学生招得多了，学生的特点接触几次都能看出来。所以，学生进校后就使力让他们规范，朝着我的要求走。回头一看，绝大部分学生都能得到规范，只有个别不符合要求。

我对学生的要求是严格的。认为不严格要求就会害了他们。举例来说。傅爱兰是我的硕士开门弟子，当时只有 19 岁，（大家）公认她聪明能干。入学时，她表示要把汉藏语作为自己的终身事业。录取后不久，我带她去云南怒江州兰坪县做怒语调查，有一天上午，她不知为什么突然向我提出想做民族学研究。我听了很生气，严厉批评她不该进校后对专业出现动摇，说了好多劝阻的话。她听了觉得自己不对，后悔让我生气，表示要好好学语言学。为了安慰我，中午还从食堂买了一个好菜给我吃，还替我洗了泡在脸盆里的衣服。后来，她安心做专业，成长得很好。28 岁当了副教授，34 岁当了教授。

现在内蒙古大学任副教授的张鑫，是位很好的青年，在读博士研究生期间，我对她不知批评了多少次。她主攻哈尼语布都话，但受母语的干扰，对布都话里的松紧元音对立和 33 调、55 调的对立，很不敏感，反复记错，让我焦急。我明白这是以北方官话为母语的人的弱点。因为她的博士学位论文写的就是这个点，语料错误怎么行。在她毕业前的一年半时间，我就让她去云南墨江县住下来收集语料，说我 20 天后来给你对音，要她好好记，多校对。20 天后，我专程去了墨江。当晚就核对她记的语音，发现错误很多。我忍不住当场就急了，把她批评了一阵。她平时很坚强，怎么说也不哭，但那天晚上哭了，认识到自己不该这么粗心。后来进步很大，2015 年申报的《墨江白宏哈尼语参考语法》项目拿到国家社科基金，2014—2016 年连续几年获得内蒙古大学优秀教师奖。2017 年，她获得了副教授职称。

在论文进度要求上，我一直坚持"前紧后松"，要他们学我"笨鸟先飞"。论文早开题，早动手。以前，我要到第四学期才定题，后来一次次提前，现在是第二学期就定题。所以研究生从进校开始就有紧迫感。我的博士生张景霓有点拖，直到第三学期做什么题目还定不下来，她不急我急了。一天晚上，我逼着她要拿出题目，她眼泪都流出来了。果然有效，不久就定了题。她的博士学位论文《毛南语动词研究》后来出版了。后来还评上了博士生导师。

前不久，我接到蒋颖从中越边境的电话，告诉我她带了研究生到中越边境调查语言，有许多体会。电话结束前她说了一句，因为担心研究生论文做不出来，今日用我过去批评她的典故"小毛驴跟着驴妈妈赶街"来教育她的学生。我回想起过去曾经用景颇族这个成语多次提醒过学生。这个成语说的是小毛驴跟着驴妈妈去赶街，路上走得很认真，但空去空回，不像驴妈妈回来时背着一大包驮货回来。我劝学生做田野调查，必须能拿回语料，不能像小毛驴那样空着手回去。看来，这个故事学生们都听进去了。

蒋颖是我 2003 年招的博士生。她是在武汉大学念的硕士，硕士学位论文是有关量词方面的。来读博士之后，我让她继续做量词。她曾经跟我参加过近 10 次田野调查，在国内调查的有仙岛语、波拉语、喀卓语、西摩洛语、耿马景颇语、盐源彝语等，到泰国调查有三次，分别调查了阿卡语、拉祜语和优勉语。她与我合写的《仙岛语研究》（2005）曾经获得北京市哲学社会科学优秀成果一等奖。她的基础比较好，也能吃苦。如果加上她自己去普米族及其他民族地区的十多次田野调查，她已经有了 20 多次的田野调查经历。近十年来，她为了深入研究普米语，多次利用寒暑假独自一人到普米族地区调查，在调查中，与当地普米族同胞结下了深厚的友谊。难得的是，2017 年调查告一段落之后，在国庆假期期间，她将多次与她合作的发音人和跃根大爷（62 岁）接到北京参观，圆了大爷向往北京的愿望。这事让我很受感动。一个汉族的语言工作者，一旦与少数民族建立了深厚的感情，就能融入其中，取得更大的成就。

事实也是这样，由于她热爱自己的专业，热爱普米人，所以在普米语研究上取得了显著的成绩。继 2015 年 12 月《大羊普米语参考语法》出版之后，另一本专著《云南兰坪普米语》2020 年初问世。她还发表了 7 篇有关普米语研究的论文。2019 年她又获得了国家社科基金。

张军是我的 2002 级的博士生。他勤于学习、善于思考、勇于创新，而且治学严谨，刻苦踏实，一丝不苟，很有悟性。做学问非常踏实，很能沉得住。对自己要做的题目，都是一步一步地去思考，不断修改补充。他撰写的博士学位论文《汉藏语系语言判断句研究》虽难度大，但很有意义。判断句是汉藏语普遍具有的特点。王力大师在20世纪30年代在做汉藏语、上古汉语的比较时，揭示了判断句的一些特点，但需要认识的问题还很多。张军运用构式语法理论对汉藏语的判断句进行新的分析，揭示了其类型学特征，把汉藏语的判断句分为体词判断句、系词判断句、助词判断句等构式。这种分类有别于通常的结构分析法。书中认为，判断句本质上是话题—述题结构，不同于主谓结构的语法结构，具有语法研究的重要价值。这本书2008年荣获首届中国民族语言学会"汉藏语言学奖"二等奖。博士毕业后，我推荐他进南京大学中文系博士后流动站继续学习。出站后，在中国社会科学院民族学与人类学研究所任职，现已晋升副研究员。

对学生的论文，我是一定要从头到尾一个字一个字看的。有的章节还要当面改。当面改效果好，学生才知道为什么要这样改，有直接感受。我常说要学京戏老师教学生一样，一招一式当面纠正。记得，我给黄玉花改论文就是这样。毕业后多年，她还常提起当年当面改论文的收获。她的论文《汉朝语述宾结构对比研究》在定稿前有过反复。2008年9月，她按计划写成了初稿交给我修改。我一看，发现部分跑题了，我不忍直接说出，但她从我的话中领会了，说"确实跑偏了，要回去大改"。后来的几个月，她的室友告诉我，她几乎每天都写到深夜。改好后，我看了觉得大体可以，我又帮她一个字一个字地改了一遍，然后定稿。答辩时，评委评价很好。她的严格治学精神使我感动。我后悔在她写论文的五个月时间里，因为相信她的水平，没有提前抽看。她的这部博士学位论文，2002年出版，她2014年被评为博士生导师。

我把学生做论文当成自己的职责，（认为）必须用力投入。记得1996年，刘岩做博士学位论文，开始时我给她定的题目是做孟高棉语的构词法。但当时语料不够，我让她到云南民族大学住下，找一些说孟高棉语族语言的学生调查。我那时因担任系主任，系里事一大堆，加上要评职称，实在下不去。我托我的老同学陈相木教授替我为她在学生宿舍安排个床位住下，还请他介绍几个发音人。相木教授当时是云南民族大学系主任，还是研究孟高棉语的专家。刘岩二月就下去了，我让她先记录语料，答应她我五月份下去给她对音、设计方案。我老担心她不顺利，一人在昆明肯定在生活、业务上会遇到许多困难，很不忍心。那时，没有打电话、打手机的条件，要靠写信联系。五月，我按允诺的时间下去了，计划去14天（5.12—5.26）。到昆明时，她来机场接我。在车上，我迫不及待地问她论文进展情况，她一五一十说了，我感到这个题目做不下去，觉得必须换题。我又问她，你记录了这么多材料对什么题目有兴趣，她说好像孟高棉语声调的研究有价值，因为它正处在萌芽时期，而且不同语言有层次。我一听顿时脑上的乌云散了，正好说了我思考过的、有兴趣的题目。我赶忙问她材料够不够，她说缺一些，但在昆明能够找到一些学生补充。机场到云南民族大学要走一个小时，就在行进的小车上，我们就初步决定改做这个题目。

到了云南民族大学宾馆，我找了一个房间住下。下午我们就紧锣密鼓地开始商量如何在这段时间里把主要的材料收集到手，并初步拿出框架。这14天，我们分秒必争地记录、收集语料，没有出过校门，也不见朋友。每天的饭，都由刘岩从学生食堂打回宿舍吃。我们请来了说布朗语、德昂语、佤语的学生，按课题需要记音。到了第14天，我们觉得材料差不多了，就一起回到了北京。

刘岩读硕士也是跟我的，我知道她的悟性及可塑性，所以就放心让她去做这个题目。到了答辩时间，她按时拿出了《中国孟高棉语声调研究》博士学位论文。在答辩会上，答辩委员、北京大学徐通锵教授对我说："这篇论文写得不错，在声调的研究上有新意。"她后来成为年轻的教授，博士生导师。

我教研究生，重点是"抓学风、抓基础"。学风的要求是正确处理理论和语料的关系，多做语料工作。基础的要求是对语言现象有敏感性，善于摆布语料。文字要写通，表达要清楚。要求博士生的学位论文，毕业后要出版，所以要认真写。事实上，他们都按这个要求做了，大部分博士生的博士学位论文都已正式出版。

我还要求研究生要有熟练的田野调查技能。许多学生到了现场，怎么发问、怎么记音、怎么在音系中摆布音位、怎么处理各种变体、怎样认识不同人的言语差异等，都不一定掌握得很好。还有，编写的调查大纲，有的掌握不好，不符合当地的语言习惯。如有个研究生，为了了解这个语言有没有判断句，编了"米是白的""煤是黑的"这样的句子让发音人翻译，发音人不解，说"米本来就是白的"，我们不会说这种话。做语言功能调查，第一次参加的研究生一般都不会。如不会做入户调查、不会做访谈、不会计算语言能力差异的比例。有的做专人访谈，不会提问，甚至问一些不可能有的事，弄得被访谈人很紧张。所以要教他们，第一次要指定做过的学生来带。一般是做一两回就能当"师傅"了。

还有一点，是要抓学生的文字能力。现在的大学生，包括研究生，论文写作的能力多数比较差。表现在：一是不知道怎么写；二是不能用简洁的语言表达；三是逻辑不顺。我给博士生改论文，很大的精力用在改文字上，当然也有少数好的。文字好的，我就可以在内容上多花点时间。

要教学生怎样定好题目，怎样写好提要，这也是一种本领。好的题目、好的提要应该是让人一看就明白，一看就想读。好的题目必须是：切题、简洁、醒目、有新意。

对学生要有感情，"学生如子女"，既要管业务，还要管做人，甚至避免不了还要关心学生的生活、婚姻。每当看到学生的论文出版成书，我都有自己获得新成就的感觉。因为有了真诚的感情，他们很多不愿跟别人说的话愿意跟老师或师母说。

对学生的不足和缺点，我是一定要说的，觉得说了对他们有好处。大部分学生都理解我的心意，不管说对的或说错的。当然也有个别跟我顶嘴，甚至闹别扭。有的学生虽然当面顶了几句，但后来又向我赔不是。如余金枝，我一见她有什么缺点，总是直截了当就说出来，有时她不接受，电话里跟我吵，弄得我很不舒服，第二天一早，我气还没消，她就打电话来承认昨晚的不对。她现在是云南师范大学的博士生导师、副院长，在挑重担。

我与学生多年在一起，都磨合了，互相都懂得对方的脾气、特长、喜忧。老师对学生都会产生偏爱，总认为自己带的学生好。所以，我每次出去做田野调查，在确定人选时，首选的是自己的学生，因为了解而且好使唤。李春风多次跟我出外做田野调查，很肯干，进步很大，已晋升副教授，并拿到国家社科基金。我常提醒她要处理好语言本体研究与语言功能研究的关系，以一个为主，否则精力不够用。她很乐意助人，我有什么难处都会找她帮忙。我到泰国、老挝、缅甸去做跨境语言调查，都会有一种愉快感、轻松感，因为那里有我的学生，放心多了。我去泰国调查，博士生刘玉兰（Thanyalak Saelao）事先都给我安排得好好的，还通知她的好友来帮忙。去老挝时，博士生桐柏（Sixilai Thongbay）、硕士生苏哲（Sivlai Shark）考虑到我腿不好，走不了太远，两人都把家里的小车开来，供我外出使用，还专程开车到口岸来接我们。每次去调查都要请我到他们家做客，尝尝他们家做的菜。还请大道公（老挝傣仂人称Sukhuan）给我们手上拴线，保佑我们健康安好，一切顺利。

但外面的世界毕竟太美妙，会吸引年轻人去追求而分散精力。这样，由于"代沟"，师生之间难免会出现一些小摩擦。但我对学生只要是看不惯的，就要对他们说，表白自己的见解，不会留在心里，不会当"好好先生"。后来观察，大多是说了都有用。

我八十岁时，许多学生都来了，为我举行了一个隆重的祝寿会，能来的都来了，一片喜气洋洋。张鑫还受大家的委托，弄了一个"庆祝恩师戴庆厦八十大寿的光盘"，在庆祝会上播放。我看了也很受感动。

赵燕珍：老师，我看您平时很愿意与学生一起讨论问题。为什么？

戴庆厦：教学相长嘛！在与学生交谈中、讨论学术问题中，常常会启发我去思考新的问题，会想到一些新的课题，会增加书本上学不到的知识。每一堂课，每一次交谈，我都会有收获。学生思路敏捷，获取知识、信息比我强，有我学习的地方。

比如，我很喜欢与金海月讨论语言研究问题。她是我2004级的博士生，现在在北京语言大学教外国留学生汉语、语言学课。她是朝鲜族，但汉语与朝鲜语一样好，做语言有比较良好的条件。我发现她教汉语，很能从教学中发现语言特点和语言规律，积累了许多有用的资料。

有一次谈论到构词法，她认为少数民族语言研究中关于构词法的研究略显单一化、形式化，我们不仅要从形式上出发，观察其构词结构类型，而且还要从不同结构类型的使用频度，及一种语言常见的构词类型的认知习惯进行深入分析。如朝鲜语是OV型语言，但构词时宾动结构少于动宾结构，当然这与汉语的语言接触有关，不过也要思考为什么朝鲜语词汇对动宾结构的可接受性如此强。我听了后很受启发。不久，我把景颇语词典过了一遍，理出了景颇语的构词特点，观察到了其构词类型的倾向性特点，得到一些新认识。

还有一次我们谈到时间词在句中的位置问题。她告诉我，近来她在思考汉语的时量短语问题，发现汉语的时量短语通常在句子的后面，如"等了一个小时汽车""等了他一会儿"等，但也有例外，如"一个小时就能做完""一会儿也老实不了"等。也就是说，句子语义表示"某一时段完成某事"或部分"否定句"中时段词语可位于谓语前。不过她又进一步认为，对时间词前置的原因，很难做出解释。在讨论中，我提示她进一步从非汉语的角度观察，或许能得到一些答案。

今年中秋节前夕她来看我，谈起跨境语言研究的问题。她说中国北方少数民族语言的语言接触与南方少数民族语言的语言接触在深度与广度上有所不同。如朝鲜语与汉语的语言接触是深层次的，词汇的接触已影响到词汇内部的构词形式。我鼓励她抓紧时间做些研究，说这或许能为语言接触研究提供一些新思路。这次谈话，促使我对如何深化语言接触研究有了一些新的认识。

再如，我与傅爱兰（1984级硕士，1995级博士）合写了好几篇论文。在写作过程中，她的悟性和强烈的求知意识对我有所触动。比如，我们合写的《藏缅语的形修名语序》（载《中国语文》2002年第4期），开始时注意力主要放在揭示藏缅语形修名语序在复合词与短语中的差异及其成因上，后来扩大至形容词定语和指示词定语、数量定语共同修饰名词时的制约关系上，但爱兰还不罢休，一定要与Greenberg的语言共性挂钩，寻找是否能用我国丰富的语言事实来补充或修正现有的共性理论。

Greenberg（1966）的共性第20条指出："当任何一个或者所有下列成分（指别词、数词、描写性形容词）居于名词之前时它们总是以这种语序出现。如果它们后置，语序或者依旧，或者相反。"我们经反复讨论，确认上述的语序共性及其所遵循的原则是针对没有量词的语言总结出来的，是否适用于普遍具有量词的藏缅语？她从安多藏语、景颇语、白语等语料中发现，藏缅语中三类定语和核心名词的语序基本不符合Greenberg指出的第20条共性，原因是量词这一新的参项的介入。这一观点加入论文，提高了论文的含金量。

闻静是我所带学生中很有灵性的一位。记得她刚从武汉大学硕士毕业来我这里读博士时，正好赶上中央民大举办的汉藏语量词会议。会议临近时，研究生们都陆陆续续交来了论文稿件，唯独闻静迟迟没有动静。她第一次找我时，非常难为情地告诉我说，自己很想参会，但酝酿许久，始终没有找到合适的题目。拿不出论文，心理压力很大。我这才了解到，她以前很少接触少数民族语言，又刚来这里学习，对参会的论文不知道如何下手。当时，我对她还不熟。我心里嘀咕，一个民语研究基础为零的学生，以后会不会很难带，便说了一句："民族语不了解，自己的方言该了解的吧！试试从熟悉的方言入手。"这句话，她是听进去了。过了五天，闻静又来找我。这一次，她拿着自己的参会论文来，想请我指导、修改。我看了文章，这是一篇关于她自己方言（襄阳方言）量词的文章，大概有六、七千字，对襄阳方言量词的特点做了类型划分，并适当作出了一些解释。文章语料充实，有描写，有对比，也有理论分析。短短几天时间，闻静能把她家乡方言的量词描写、归纳到这样的程度，这是我没有想到的！通篇文章，我只改动了几个字。我开始慢慢改变对闻静的看法，认为这个学生有悟性，有潜力可挖，是值得培养的。

后来的事实证明，闻静确实是一个好苗子，特别是在语法研究上，很有悟性。有一次她看完我与朱艳华合写的《藏缅语选择疑问范畴句法结构的演变链》（2010）这篇文章后，马上想到同样可以用语言演变链的理论来解释藏缅语定语助词的历时演变上。于是，她很快就写出《藏缅语定语助词的演变链》（2011）一文，被《民族语文》刊用。

记得还有一次，闻静找到我说，看到我发表在《中国语文》上的《汉语和非汉语结合研究是深化我国语言研究的必由之路》（2012）很有感触——汉语的研究必须与非汉语结合起来，只有互相反观、映照，跳出单一语言的研究束缚，才能真正抓住汉语句法特征的本质。她很快接受了这一方法论，并应用到了自己的研究方向上，写出了《从藏缅语定语助词的演变反观汉语》（2012）一篇跨语言对比的好文章。从比较、反观中，她观察到在定语助词的演变上，汉语与藏缅语虽然存在很多差异，但也有共通的地方。比如说藏缅语中也有和汉语一样定语助词发展得相当充分的语言，例如拉祜语、哈尼语，定语助词的数量、句法功能都与汉语存在相似之处，这都归因于二者的分析性特征突出。而又由于藏缅语、汉语在分析性特点上的差异，不同的分析性层次导致了藏缅语定语助词不可能像汉语一样，发展为"词类成分"，而只能停留在"句法词"阶段。汉语定语助词所表现出的强大的句法功能、强大的语义概括能力是汉语的超分析性所致，汉语定语助词处在演变链上的最高环节。

赵燕珍：老师，现在很多学生都觉得您很慈祥，学生什么话都会跟你说。但是听说您年轻时还是有脾气的。是吗？

戴庆厦：年轻时，或年轻一点时，我做事比现在急，对早期的学生容易发火，发过几次脾气，至今我还后悔。

我记得1984年带傅爱兰、刘菊黄去云南芒市三台山调查波拉语，她们是第一次做田野调查，思想、业务都准备不足。菊黄认为自己是北大毕业的，学了许多语言学课程，还去山西做过方言调查，以为做少数民族语言调查不会有问题。但一记音就打败战，松紧元音区分不了，33调与55调混淆，鼻化元音不会记。等到归纳音系，写出的音系许多地方不符合规范，文字也不简练。那时，食宿条件很差，住在小竹房里，没有电灯，点蜡烛，我那时又碰上右眼发炎，火气大。看了不像样的音系一下子就火了，把她们二人骂了一通。

我们调查结束后回芒市。路过电影院，刘菊黄看到门口牌上有《黑炮事件》的电影，很高兴，对我说："老师，上山调查那么长时间，基本任务完成了，今晚我们去看电影吧。"我一听就急了。说这么一大堆材料还没写成报告，看什么电影。她们听了很受打击，说那就不去了。一路上话也不跟我说。第二天，她们堵着气一早就起来写，也不休息，到了晚上交了稿，我知道她俩在跟我赌气。

1985年，我们三人调查缅甸克伦语，有一次发音人发的一个词与前一天说得不一样，爱兰就显得不高兴，说你昨天说的不是这个。当晚，我就把爱兰批评了几句，说："田野调查，要对发音人有感情，否则就做不好田野调查。你们年轻人不懂，不注意。"没想到，她听了受委屈大哭了起来。坐在旁边的菊黄赶忙来劝，把我的洗脸毛巾递了给她，她一把眼泪、一把鼻涕地把我的毛巾都擦湿了。第二天，我怒气未消，看到菊黄记的材料字写得很乱，我又说了一句"怎么写得这么乱！"她可能马上想到我昨晚批评爱兰的事，"哇"的一声哭了起来。好心的发音人 sɔ^{55}tɛ^{33}lɛ^{31} 用他不流利的汉语说"我看写得很好"，替她分解。但我清楚，他一个汉字也不会，说这句话是为了安慰菊黄。

我还有一次是对余金枝发了脾气。2011年我带了一个调查组去老挝调查克木族语言使用情况。在调查期间，正好遇上琅南塔师范学院院长的小儿子去当和尚（老挝的习俗是，少年时期要去当一段时间和尚），要举行欢送仪式。院长把我们都当贵宾请了去。下午，院长到宾馆接我们，我们都下了楼在大堂等着，只有余金枝催了几次不下来，让接我们的人久久等着，我很焦急。见到时，我忍不住狠狠地批评了她。她一边走一边哭，到场地吃饭时，我斜视了一下，看到她一边吃一边擦眼泪，照样吃。而我因生气，这顿饭没有吃好。余成林开玩笑地对她说："人家的孩子当和尚，你哭什么？"

我还骂过胡素华一次。2010年，我们调查组去四川盐源县调查那里各民族的语言活力和语言关系。最后一个点结束的上午，我还在发愁下一步要如何整理材料成书，素华提议中午去吃火锅，表示庆祝调查胜利结束。我一听就烦，批评素华不考虑下一步工作，就只想吃火锅。我这一发火，谁也不敢吱声。素华情绪低落，晚上我们乘火车回成都，她还到车站送我。后来我问她，我批评你的事你告诉了你哥哥没有（她哥哥在盐源工作）。她说，哪敢告诉，他还不是会支持你的。

应该说，我对学生的要求是严格的。我一发现他们有什么缺点，就忍不住要说出来，希望他们能尽快改正。一般情况是，学生的朋友、伙伴、同事，即使知道他有什么缺点，或碍于面子，或"事不关己，高高挂起"，不会向他提出；他们的父母，或出于偏爱，或出于认识不到，也不会向他们提出。老师顾虑少些，"恨铁不成钢"，会及时提出。学生们对待我的批评，虽然会一时感到脸红，或不高兴，但过了一些时候都会想到是老师关心他们的。

我虽然对几个学生发过脾气，但他们一直对我很亲。一次，其中的一位悄悄对我说："老师，不关心才不会骂，骂是爱！"

以上谈的这些事，是我们师生情的一些小插曲，小花絮，虽已过多年，但回忆起来还是挺有意思的。

十七　"双肩挑"

赵燕珍：老师，您担任过多年行政职务，是位"双肩挑"教师，许多人都说您是行政教学两不误。那您是怎样处理这二者的关系的？

戴庆厦：我最早是当语言学教研室副主任，主任是胡坦教授。后来胡坦教授提拔当副校长，我当过一段时间教研室主任。1984年9月，学校任命我当系主任，接马学良先生的班，一直当到1993年6月，约有9年多的时间。后来学校又把我调去研究生部当主任，当了一年。到了1994年7月，学校成立了中国少数民族语言文学学院，又把我调回学院，任命我当院长。2000年9月，我因年岁大离任，当了6年多些。2005年12月，学校还任命我担任中央民族大学"985工程中国少数民族语言文化教育与边疆史地研究哲学社会科学创新基地"主任、首席科学家。这些就是我的"官史"。

有些老师也问到同样的"两不误"问题。我说，完全不误不可能，会误的，误多少不同而已。尽管当的是"芝麻官"，但事情真还不少，课程要布置，科研要安排，大小会要参加，遇到事情要处理，还有报告、计划、小结不断。我是把休息日都搭进去的，还有贤内助帮我主持整个家，所以误得少一些。如果没有这些行政事，业务会多做一些。我深深体会到：当个"双肩挑"教师真苦。

怎样处理二者的关系，并尽量保证不过多影响业务。我的做法是：一、教学、科研坚持做，不放松。课要上，论文照样写，田野调查照样去。那些年，我上的课、出的成果并不比一般老师少。二、学会"弹钢琴"。每天上班我处理完行政事务后，赶紧备课、做科研。我不大去聊天、闲谈。晚上、休息日是我做业务的最好时间，我都会抓得很紧。三、安排好几位领导的分工，各负其责。我同时考虑不让其他"双肩挑"教师过多影响自己的业务。现在情况与我们当时相比有所不同，行政人员任务重，报表多、会议多，我的这些经验只供参考，彼一时此一时嘛！

不过回想起来，我当了这么多年的行政职务也有好处，主要是组织能力得到一定的锻炼。对我的业务会有帮助，因为搞教学、做科研也要有组织能力。再一个是视野扩大了，有助于科研能力的提高。因为要组织一个学院的科研活动，要考虑世界的前沿是什么，学科的发展规律是什么，当前国家的需要是什么，老师、学生的状况是什么等等，这对个人的科研是有用的。所以，我从不后悔当了这么多年的行政职务。

这里，我要特别感谢不久前去世的、长期在同一教研室工作的倪大白教授。我当系主任时，他曾经直率地提醒我："庆厦同志（他总是这样认真地称呼我），你当了系主任，一定不要像××先生一样，当了行政职务后，业务丢了。"后来几十年，这句劝勉的话不断激励着我，似乎成了我的座右铭。

赵燕珍：老师，那您做院系领导这么些年，都有哪些行政工作上的经验呢？

戴庆厦：我觉得有两条自己体会多一些。

一是在行政管理上要淡化人事关系，尽量避免因人事矛盾而影响本职工作。动员大家摆脱不必要的人事矛盾，齐心搞好本职工作。在有些会上，我会讲这个主张。当然，有些矛盾是避免不了的。但必须采取一些措施减少矛盾，如疏远不做事爱生事的，营造浓厚的教学科研气氛等。这一点，我就不多说。

二是主要抓教学、科研的质量，把力气用在做好教学科研上。我总是想，我是搞业务的，学校领导安排我兼做行政领导，是要我管好业务。所以，我总是鼓励大家搞好教学，多出科研成果。为此，我在经费困难的条件下设法为大家编辑出版论文集，如编辑出版了《中国民族语言文学研究论集》（1、2、3、4辑）。我在第一辑的《卷首语》中写道："办专业刊物能够团结同仁促进学术进步，这已成为人们的共识。一个专业，当它有了一定的进展之后，或一个学术单位，当它在专业建设上初具规模之后，都会萌生筹办刊物的念头。而当有了自己的刊物之后，它的学术步伐就会迈得更快。"还说，"《中国民族语言文学研究论集》的宗旨是促进学院的学术研究，加强与校外的交流、合作。"这个刊物办成后，教师们踊跃投稿，促进了教学、科研。此外，我还组织教师编了一些论文集，如《民族工作与语言关系》（1990）、《民族语文专业教学经验文集》（1990）、《跨境语言研究》（1993）、《藏缅语新论》（1994）、《第二语言（汉语）教学论集》（1、2、3辑，1996年起）、《中国濒危语言个案研究》（2004）等。实践证明，院系领导重视，组织编刊物或论文集对老师们促动很大。大家都争着搞科研、写稿。搞科研的风气上来后，人事矛盾就少了。

我还坚持每年都做科研成果统计，统计表公布于众。这对老师做科研有很大的促动。有的老师看到表上自己的名字下是空的，有点刺激，决心明年把它补上。

我们在学生中还开展一年一度的"五四论文竞赛"，评出一、二、三等奖，评出奖后，还发奖状。学生普遍接受这一活动。毕业的学生反映："每年写一篇，四年写四篇，写作水平得到了提高。"在找工作时，得到的奖状还起到了一定的作用。

还有一点，当领导自己要把教学、科研搞好。我每年的教学、科研的工作量都不比一般老师低，大家都看到我也是在教学、科研第一线拼搏的。自己努力做科研，就会加深科研规律认识，有助于领导这个小集体的科研工作。

赵燕珍：您在20年前就组织学院教师做了一部《中国少数民族语言音档》，在那时是比较超前的了，那是怎么做起来的？

戴庆厦：1992年，我去香港访问时与香港大学单周尧教授（时任香港语文学会领导）一起商议，由中央民族大学语言学系、电教中心与香港中国语文学会联合制作大型《中国少数民族语言音档》。谈成功后，我回来筹划摄制工作，得到老师们的赞同。经过5年的努力，最终于1997年完成初版发行。初版由我担任主编，由单周尧、李德君、赵柱壁担任副主编。2007年进行修订，由民族音像出版社出版发行，由李德君、刘岩两位教授担任主编。

这个音档由音系录像和词汇录音两部分组成。录像部分收录42种民族58种语言的语音系统，共5集，全长11个小时。大部分语言的音系分声母、韵母、声调几个部分，也有一些分辅音、元音、重音几部分。每个音素选一个例词读两遍。音系后附有一段话语材料。录音部分收录 45 个民族的 62 种语言。每个语言录 1000 个左右的常用词。每个词先用汉语读一遍，再用民族语读两遍。

我要在这里说几句制作这部《音档》的艰难的话。当时，我虽担任语言学系主任，但手上没有科研经费，也不像后来国家设了许多课题基金，能够拿到课题经费。但这一个课题不做又失去一个很好的机会。幸好单周尧教授看到这一课题的价值，为我们争取到"安子介基金"的资助，项目得以启动。当时的摄制条件很差，仪器规格不高，隔音条件不好，幸好得到电教部的大力支持才得以完成。发音人主要是我们语言学系的一些民族语教师，他们对自己的母语很熟悉，都是土生土长的，而且做过研究，所以语料的提取和描写的真实性是信得过的，也是难得的。有的语种没有专业教师就四处找懂母语的发音人，但由于他们不做语言学研究，录制前还得先记音，整理音系，还要教他们如何发音。我非常感谢李德君、王德温、宁玉几位语言学教授多年与我合作完成这部巨作。我们几位都长时间跟随现场指导摄制，还要做许多具体、琐碎的工作，如要一个字一个字地与录音、影面核对，编写文字材料等。

鉴于初版受到当时出版条件的限制，模拟信号，磁带记录，质量技术欠佳，且难以长期保存，我们于 2007 年进行修订。修订版除改正初版中的少量错误外，将模拟信号改为电子信号，记录介质由磁带改为光碟，图像和声音都有较大提高。修订工作主要由李德君、刘岩两位教授负责，由他们两位担任主编，2007 年由民族音像出版社出版发行，

这部《音档》是一部有价值的文献资料，是一部集体努力产生的作品，对我国的少数民族语言研究及资源保护具有重要价值。估计以后很难再有人能做出这样一部由多年研究民族语的专家们亲自当发音人记录下来的音档。他们是新中国建立后成长的少数民族语言学家。如今，其中有些发音人已过世。我非常感激他们的无私奉献。

十八　社会兼职

赵燕珍：您还有许多社会兼职，能否给我们说一说这方面的工作呢？

戴庆厦：是的，我有一些社会兼职。社会兼职虽然占去了我一些时间，但我多学了许多书本上学不到的知识，了解了更多的学术行情、语言学行情，这对我做学问、思考问题、判断是非都是有好处的。

国家语言文字指导工作委员会多年聘我当咨询委员，每年都要参加一两次专业咨询会议，内容有审议语言文字规范的，有讨论语言文字工作计划的。参加会议的都是这一领域的高层次专家和主管领导，我参加后都有很多收获。比如，我参加了"十四五"语言文字工作计划（草案）的讨论，对我国语言文字的形势、特点、任务、问题等有了许多认识。又如，我参加了一次英语公共场合译词规范的讨论，对中外语言翻译的特点、原则、规范有了新的知识。

由于我跟美国研究藏缅语的学者比较熟悉，1987年美国的 Linguistics of the Tibeto-Burman Area （《藏缅区域语言学》）杂志聘我当编委。这是美国加州大学伯克利分校出版的一部反映世界各国藏缅语研究状况的杂志。由美国著名语言学家马提索夫担任主编，编委由美国、法国、澳大利亚、瑞典、中国等藏缅语语言学家组成。我为这个杂志组稿，还在这个杂志上还发表了两篇论文：一篇是 Characteristics of the Language of Traditional Songs and Poetry of the Jingpo Nationality （Volume10.1，1987）（《景颇族传统诗歌的语言特点》），另一篇是 My Work in Tibeto-Burman Linguistics （Volume11.2，1988）（《我的藏缅语研究》）。

十九　出访

赵燕珍：老师，您先后应邀去了一些国家以及港澳台地区访问、开会，能不能分享您的一些出访收获？

戴庆厦：我自1986年起，先后十几次应邀出访，主要是学术访问和参加学术会议。去的国家有美国、法国、日本、瑞典、韩国、泰国、缅甸、老挝等，还有我国港澳台地区。时间都不太长，走马看花的多。但每次出访，都有收获。主要是扩大了眼界，了解了国外在做什么，交了新朋友。

（一）访问美国

1986年1月我应李讷（Charles N Li）的邀请去美国加州大学圣巴巴拉分校参加"中国少数民族语言与文化研究"国际会议。这是我第一次出国，国外一切都是新鲜的。飞机在西雅图降落，李讷教授亲自开车来接我们几位来自大陆的学者。汽车一直沿着海边走，海景美丽宜人。我为会议提供的学术报告是《景颇族的支系语言》。十分难得的是，我在这次会上见到了汉藏语大师李方桂先生。李先生早年一直坚持在云南、广西、贵州少数民族地区做田野调查，记录了大量的语料，对田野调查有深厚的感情。他被语言学家誉为"非汉语语言学之父"。

学良师在《悼念我的老师李方桂先生》一文（载徐樱《方桂与我五十五年》商务印书馆，1994）有过这样一段记录："今年1月（注：指1986年），庆厦去洛杉矶开会，归来路过旧金山，先生在寓所招待他。先生夫妇爱好昆曲，据说清唱至深夜，犹无倦容，并为我们编辑的《汉藏语概论》题签。"

方桂先生是一位慈祥可亲、待人亲切的语言学大师。我奉学良师之命，请他为我们编写的《汉藏语概论》一书题签。在《汉藏语概论》一书的"再版说明"中，我有以下一些记述："记得1986年1月，我去美国加利福尼亚州参加'中国少数民族语言与文化研究'国际会议，奉马学良师之命请李先生为本书书名题字、题词，李先生听后当即欣然同意，并对我们的研究工作予以热情肯定，而且殷切地提出一些希望。1月31日我到李先生住处取稿时，就亲眼看到李先生三易其稿而留下的草稿。李先生的女儿李林德（Linda）教授告诉我，李先生为书名的题字，上午忙了一阵，写了好几遍才定稿。"李先生的题词是："近数十年来，国内收集的汉藏语资料及研究，可以使这种研究达到一个新的境界，这本书正代表这种新的发展。"

这次在美国，我还同王辅世先生去拜见了张琨教授。他主攻汉语史和苗瑶语，也是我敬仰的语言学大师。他的《苗瑶语声调问题》（载《中央研究院历史语言研究所集刊》第16本，1947年）是我早年最欣赏的论文之一。从20世纪60年代起，张琨先生在加州柏克莱大学做汉藏语，1969年发表了《汉藏语系的"针"字》（〈Sino-Tibetan Words for needle〉），1972年又发表了《汉藏语系的"铁"字》（〈Sino-Tibetan Iron〉）。

他和夫人贝蒂在奥克兰城的一家山东饭店请我们吃饭。他最喜欢吃这家饭店做的"狮子头"，也请我们吃这道菜，他几天前就预订了。可能是因为他与马先生是西南联大的老同学，还有亲戚关系，加上我们都做中国境内少数民族语言研究，所以对我们下一辈非常热情。来接我们去见张琨先生的一位美国研究生偷偷对我们说："张先生脾气急，我们谁都不敢迟到。今天你们迟到了，他还对你们这么热情。"张琨先生还请在美国参加学术会议路过加州的潘悟云先生参加这次宴会。在美国的Randy J. LaPolla先生、张连生博士也应邀参加。我至今还清楚记得，张琨先生一见到我们。就对王辅世先生的苗语研究很赞赏，说很有深度，对潘悟云先生的音韵研究也给予很高的评价，说很有创见。

后来，我又数次去美国访问和参加学术会议。1995年10月，我去美国参加"第28届汉藏语及语言学会议"。2014年8月，到美国俄克拉荷马大学参加"汉语汉字文化国际会议"。美国是语言学强国，各种语言学流派活跃竞争。被誉为"语言学革命"的以乔姆斯基为首的形式语法派诞生在美国。在那里能够听到各种流派的理论和方法。

我去美国时间稍长的一次，是 1989 年 10 月 10 日至 11 月 20 日应 James A. Matisoff（马提索夫）教授的邀请和我的夫人悉艰一起去美国参加加州贝克莱大学重点项目"汉藏语词源学分类词典"（Sino-Tibetan Etynological Dictionary and Thesaurus）（简称 STEDT）的研究工作。该项目由美国科学基金会和美国人文基金会提供资助。主编是马提索夫教授，参加的人员主要是该校教师、博士生，还邀请国外少数几个语言学家协助工作。在这个研究项目中，我有幸与 Randy J. LaPolla、Richard Cook、Steve Baron、孙天心、John Lowe（JB）等相识，而且建立了真挚的友情。

这期间，我常到 STEDT 办公室与课题组成员一起研究、讨论藏缅语问题，学习了他们如何做词源比较研究的经验，还听了马提索夫教授给博士生上课。办公楼的名称是 Ban Way Building，在贝克莱市的 Bancroft Way。难忘的是，我和马提索夫在三楼办公室讨论时，遇到了旧金山大地震。当时震感很强，马提索夫教授因为没有经历过地震，吓得脸发青，敏捷地躲在桌子底下；我经历过唐山大地震，所以好些，但也很害怕。这成为我们后来见面时常提起的一件事情。

离开加州时，这些朋友为了表达与我们依依不舍的感情，有的把自己正在用的小收音机送给我们做纪念，有的临时赶忙到超市买了几个小电筒送给我们。马提索夫和他的弟子们开了五辆车送我们到机场。离别时，悉艰禁不住流下了眼泪。

不知不觉过了 20 多年。如今，当年在加州大学（贝克莱）攻读语言学的 Randy J. LaPolla、孙天心等，已成为藏缅语研究的著名学者、领军人物。

STEDT 是一项庞大的、费时的项目。课题的终结成果是把世界的汉藏语词汇按语义范畴分类，寻找并确定同源词，并进而构拟汉藏语词的语音形式。这是一项开创性的科研项目。在我国，这一领域的研究还未系统做过，我能亲自参加，想学点新的经验。我参加的是第一阶段的工作（1987—1990），这一阶段的任务是完成身体部位的语义范畴。他们所说的汉藏语，只有汉语和藏缅语，不包括苗瑶语和壮侗语，这是大多数西方人的观点。

在参与这一课题的过程中，我很欣赏马提索夫教授"语料是指南"的观点。他说："语料是我们最好的指南，就是说，语料越丰富，所能深入的细节就越多。整个构拟工作由于种种限制，本身就是一种暂时的假设。所以我想，一个历史语言学家，他所犯的最大错误，就是他对历史语言学任何一点采取教条主义。新的材料一出现，往往会改变原来的看法，使另一种解释让人感到更好。新的词形或新的语言的发现，也会改变对过去亲属语言的认识。"（见戴庆厦《藏缅语族语言的研究与展望——马提索夫教授访问记》，载《民族语文》1990年第1期）该课题组的大部分时间都用在语料建设上。

他很重视藏缅语北部地区语言的开发。认为藏缅语北部地区如印度、尼泊尔等地的语言有许多复杂的特点，我们还了解得很不够，如果这些地区的语料不问世，汉藏语原始母语的构拟就难以完善。

对汉藏语的词源研究，马提索夫教授的团队形成了以下几个重要认识：一是认为汉藏语的词源在历史上的每个阶段都有变异，一种语义在古代不完全是一种形式。二是认为语义变化往往在同一词族内进行，有的是直线演变，有的是转义，语音上会存在各种形式。三是不同的语义场，语义历史演变的特点不同。

马提索夫教授是世界著名的汉藏语专家，主攻拉祜语。其主要著作有：The Grammar of Lahu（《拉祜语语法》，1973）、The Dictionary of Lahu（《拉祜语词典》，1988）、Variational Semantics in Tibeto-Burman（《藏缅语语义演变》，1978）、Handbook of Proto-Tibeto-Burman（《原始藏缅语手册》，1997）等，是"国际汉藏语暨语言学会议"的主要发起人。

在外国朋友中，由于业务相近的关系，加上有过不断接触的机会，我与马提索夫教授比较熟。我曾经陪同他在我们学校记录彝语方言。他爱喝中国的白酒，每次来中国，我都请他喝。我们常在国际汉藏语会议上见面，有时我会给他带瓶白酒。他的夫人Susan，是研究日本文学的教授，很和善，与我们很熟。他们夫妇俩记"徐悉艰"的名字记得很牢，一见面，先要问一句"徐悉艰好吗？"我们去美国，他总要请我俩到他家吃饭，星期天，夫妇俩还会请我们到旧金山渔人村、旧金山唐人街去玩。

除了马提索夫外，我们与Randy J. LaPolla先生及他的夫人潘露莉最熟。我和Randy是1985年在北大上汉藏语概论课时认识的。那时，他是来北京大学留学的，是美国最早来中国留学的一批留学生。虽然已过30多年，第一次见面时的场景仍历历在目。他穿着一件绿色棉大衣，夹着一个书包，一副学者的样子。他普通话说得很好，能用普通话与我们自由交流，课间常向我们提出一些问题与我们讨论。没想到，这位高个子的美国翩翩青年，几十年后竟成为国际汉藏语研究的著名学者。后来他对我说，本来想研究汉语史，听了汉藏语概论课后，对研究汉藏语有了兴趣，才去读马提索夫的汉藏语语言学博士。

我还要介绍一下我多次访问美国暑期语言学院（The Summer Institute of Linguistics）的一些感受。1990 年 10 月 30 日至 1990 年 11 月 21 日，我应美国暑期语言学院院长 Kenneth J. Gregerson 和该院东亚部主任 Alan B. Mae Donald 之邀，参加美国 Texas 大学（Arlington）举行的第 23 届国际汉藏语言学会议。会后到暑期语言学院进行学术访问。其间，我主要在学院国际语言学中心及 Dallas 分院访问，同语言学、人类学、电脑学等教师进行了交流，还参加了一些课堂教学活动。我还到 Uvald 乡的田野训练基地和 North Carolina 州的后勤基地进行访问，参观了文字博物馆。该院领导和教师为我的访问做了十分周到的安排，为我提供了各种方便的条件，该院语言学教师 Lon Dehl 教授和国际事务部主任 Donald Johnson 先生开着车始终陪同我进行访问，热情帮助我了解更多的情况。我应当感谢暑期语言学院的领导、教师及其他朋友对我的帮助。

美国暑期语言学院是一所以不发达民族的语言（特别是无文字的语言）为主要对象，从事语言学教学研究的高等学校，是当今世界上从事语言学教学研究人数最多、规模最大的一个国际性机构。建院 50 多年来，共有六千余名成员参加（来自 40 多个国家）。这些成员分散到世界各地从事语言调查、文字设计、扫盲办学、编辑出版等方面的工作。至 1986 年，该院成员已在 35 个国家为 380 种没有文字的民族设计了新文字，编写了教科书，并进入第两千零一种语言（方言）的调查研究。由于建院初期是在每年暑期开展教学活动的，因而取名暑期语言学院，并沿用至今。其实该院建立后不久，就已改为与其他大学一样的常年教学活动。在世界各地也发展了众多的分院：澳大利亚（1950 年）、英国（1953 年）、德国（1962 年）、日本（1975 年）、法国（1980 年）、新几内亚（1983 年）、加拿大（1985 年）、新加坡（1987 年）。世界著名语言学家、法位学的创始人 Kenneth L. Pike（派克）曾担任过院长。学院下设六个部：经济部，学术部，成员部，对外联络部，福利部，地区主任部（设亚州、东亚、非洲、欧洲、北中南美、太平洋地区等分区主任）。除各个分院外，还分设以下几个分支机构：国际语言学中心（International Linguistic Center），田野训练基地（Field Training Course），后勤基地（Jungle Aviationand Radio Serviee）等。

暑期语言学院开设的课程主要是语言学方面的，此外还有一些与语言学密切相关的人类学、文化学、电脑学等课程。我去的那年，他们开设的课程主要有：语言学概论、音位学概论、音位学理论、语法学概论、语法分析问题、语言田野调查、文化过渡训练、翻译原理、社会语言学概论、文字系统及其改进、电脑和自然语言、语言理论与调查、扫盲原理、扫盲概论与应用语言学、阅读理论与语言应用、语言工作的社会方面、话语语法、英语教学法、英语作为第二课堂的教学、希腊语的结构与功能、文化人类学、文化接触与演变、文化交流与训练、文化交流教程。学院对课程目标的规定是：着重实际需要，有助于学员学习、描写没有文字的语言，为将来进行扫盲、翻译打下基础。强调学会非英语语言的发音、语法及意义系统。要求课程的基本原理面对所有的语言，必须是由欧、亚、非、太（平洋）等地区的语言事实所证实的。

学院从1990年开始按四步法安排课程，即要求学员在毕业之前修完四步的课程。第一步：与社会语言学内容有关的语言学概论，语音学，语法学，文化交流与训练。第二步：音位学，语义学，语法学。第三步：音位学，田野调查，文化人类学或人类学研究方法。第四步：扫盲原理，翻译和正确理解原文，语言计划。但不是所有的分院都按此进行，有的分院可以根据本地区的情况有所增减，如加拿大分院只讲概论性的课程。为使学员具有不同的文化、语言环境生活和工作的能力，教学计划中规定要帮助学员掌握必要的技能和知识，具有整体观念。要求所有的课程必须贯穿四个环节：培养自我文化意识；培养了解其他文化的意识；了解不同文化间的相互作用；不同文化的训练。教学和训练的方法包括模拟角色、表演、演讲、小组活动、放影像、阅读、参加项目、协调关系、问答等。

教师大多由曾长期在各国做过田野调查和其他语言应用工作的学者担任，他们必须有比较丰富的实践经验教学。教学中比较强调以下几个特点：一，注重语言事实，特别是注重他们亲自调查过、鲜为人知的或尚无文字的语言事实。他们主张从语言事实谈规律，立理论，把离开语言事实空谈理论的语言学讥笑为"沙发语言学"（Armchair Lingiustics），不搞田野调查的语言学家称之为"沙发语言学家"（Armchair Linguistics）。Kenneth L. Pike 教授在谈到自己的学术道路时说："我是从具体语言开始的，后来到研究一般的语言规律，现在开始研究语言与哲学的关系。"在讲课中，教师们注意多举实际的语言例子，为使学员能够通过活的语言事实理解语言规律，为将来能够分析各种复杂的语言提供一定的基础。该校要求教师必须经常调整自己的教学内容，使其更好地反映田野调查的经验和成果。

该院还加强语言田野调查的训练，提高调查、分析语言的能力。如在语音教学上，强调提高记音、发音的实际能力。语音学教师 Norirs Mckinneys 说："我们重视记音、发音。六个人编成一组，配一个发音合作人，反复进行语音练习。考试成绩40%是听写，15%是发音，强调不要靠母语语感分析语言，而要从母语语感过渡到另一语言上。"语法课教师朱新子（朝鲜人）说："在教学中先要求弄清概念，然后再看语言的表面结构，目标是使学生在田野调查中遇到世界上什么现象都能对付，都能考虑到如何处理。我们讲各种理论，有 Pike 的法位学，乔姆斯基的转换生成，还上高级语法课，各种理论各有用途。我们承认所讲的理论不是什么现象都能处理，但还是要求路子宽些好，要使学生能适应现场。"

我感到他们非常重视应用，特别是重视为调查语言、设计文字、扫盲办学、编辑翻译等工作提供理论与方法。Pike 教授说："什么是音位学？音位学是从口语到文字的技术。"足见对应用的重视。在课程中，专门设立了扫盲课，讲授扫盲的理论与方法。

以上讲的，都是我到暑期语言学院见到的、听到的。他们这些训练语言学人才的做法，可供我们参考。回国后，我写了一篇名为《美国暑期语言学院介绍》的文章，发表在《民族语文》1991年第4期。若有兴趣。可参阅此文。

（二）访问日本

我还多次去日本访问、参加学术会议。1995年5月5日至7月31日，我和悉艰应日本学术振兴会和日本著名语言学家西义郎教授的邀请，以外国研究员的身份在日本进行学术访问和合作研究。我们在神户、大阪、京都、东京等地的大学及研究机构讲学，还专门与西义郎教授就"古代缅语支母语的构拟"一题合作研究。

我作的演讲题目有：《藏缅语声调研究》《景颇语双音节词的音节聚合》《汉藏语系非汉语的研究对汉语研究的意义》《论语言民族学》《中国的社会语言学研究》《藏缅语的松紧元音》《藏缅语的鼻冠音声母》《中国四十年的藏缅语研究》等，悉艰作了《载瓦语量词的产生和发展》的讲演。我们还为东京大学、大阪外国语大学举办的"景颇语学习会"作了景颇语研究的系列讲演。在访问期间，我还与日本著名语言学家北村甫、西田龙雄、土田滋、长野泰彦等，以及正在日本访问的我国台湾院士龚煌城先生就藏缅语语言学研究问题交换了意见。我们除了了解日本语言学发展的一些情况外，还学习到日本藏缅语学科建设的一些经验。

在日本，研究藏缅语的学者分布在东京大学、京都大学、大阪外国语大学、神户外国语大学以及日本国立博物馆这些地方，以研究藏语、缅语为多，此外，还研究彝、载瓦、哈尼、嘉戎、克伦、西夏等语言。有的语言学家除了研究语言外，还研究历史、宗教。日本出版的藏学成果数量很大，北村甫是日本最早用现代科学研究藏语的学者，而用现代语言学理论和方法研究藏缅语的，当推西田龙雄、西义郎以及薮司郎、长野泰彦等学者。他们当中，有的受过系统的现代语言学理论教育，对印欧历史比较语言学的理论、方法比较熟悉。但总体看来，我觉得日本比较重视语料的描写、分析、积累，一些非常优秀的学者毕生都在苦苦做语料工作。

我们多次去京都大学访问。这是日本的一所著名的综合性大学。该校的文学部设有中国语言专业，东南亚研究所主要研究东南亚国家和民族的历史、文化、语言。该校的西田龙雄教授从20世纪50年代就开始研究藏缅语，涉及缅甸语、西夏语、彝语等。著有《西夏语的研究》（二卷，1964—1966）、《西番馆译语的研究——西藏语言学序说》（1972）等。

东京大学是日本历史最长、最著名的一所综合性大学。文学部设语言、文学、文化、历史等学科。语言学专业有语言学、中国语、日语、高山语等。在中国语言中，除了汉语外还研究藏语、高山语、克伦语、瑶语等。办有《东京大学言语学论集》。土田滋是位很有成就的高山语研究学者。

日本大阪外国语大学设有中、缅、朝鲜、泰等语言专业。薮司郎教授主要从事缅语专业，后又扩大到载瓦语、缅甸浪速语、勒期语等语言。著有《载瓦语基础语汇集》（1982）、《载瓦语研究的简短报告》（1988）。

神户外国语大学设有中国学科和外国语学科研究所。研究藏缅语的主要是西义郎教授。他对缅甸语文的历史有较深的研究，并扩大到其他亲属语言。发表有《古缅语的-a》（1974）、《现代藏语方言的分类》（1986），90年代他还致力于喜马拉雅山诸语言研究，写了多篇论文，他的特点是求实。

后来，日本出现了一批有朝气的研究藏缅语的学者，研究藏、基诺、西夏等语言。

我在日本访问时，得到了西田龙雄、西义郎两位学者的照顾和陪同，他们为我主持学术报告会，还多次陪我和悉艰去参观京都、东京、神户等地的名胜，心中一直留有对他们的感激之情。还有，日本藏语研究专家池田巧教授为我多次担任翻译，使我的演讲能被听众所理解。他是一位待人热情、有语言研究能力的学者。

日本藏缅语学者大多比较重视微观研究和语料。西义郎说："宏观研究与微观研究应结合，不可偏废。不做微观工作，就不可能得出正确结论，即便是构拟祖语，也是如此。中国和日本的语言学家，都比较注意小的语言特点。欧美的一些语言学家，善于从宏观观察语言，这样做有必要，但应注意不能忽视小的语言特点。"长野泰彦说："我和西义郎先生是微观立场。主要看微观，但不限于一个语族，还包括藏缅语更细的分类。"西田龙雄说："西方的一些语言学理论应当学习、使用，这对许多语言的研究都有好处，但它对有些语言的适应性不那么大。研究藏缅语的理论一定会有，但究竟什么理论对藏缅语最有用，现在还不知道。"他们这些观点值得我们思考。

2008年9月8—13日，我还应大阪博物馆馆长野泰彦教授的邀请，到大阪参加"缅甸语地区语言底层学术会议"，在会上作了关于语言底层问题的报告。还参观了那里的展览馆。我看到展览馆中有世界各地的语言录音，其中有中国少数民族语言如藏语、蒙古语、白语、苗语等的录音。参观者有兴趣可以任意按电钮打开听。日本政府和民间非常重视博物馆建设，不惜花费巨资投入博物馆建设。学生由老师带领参观博物馆，学习各种知识。

（三） 访问中国台湾

我和悉艰是在1994年2月26日应台北"中研院"史语所的邀请到台北访问的。我们住在台北南港区研究院学术活动中心。在史语所，我作的报告是《中国的藏缅语研究》，悉艰作了题为《彝缅语的量词》的报告。此外，我们还到台湾清华大学、政治大学等进行访问。我们还去台北故宫博物院参观，大开眼界。

中国台湾语言学界的学者，对我们都非常热情。每到一处，我们都受到热情的招待。让我们特别难忘的是，已故的龚煌城院士对我们的访问关心备至，还亲自驾车陪我们去政治大学做报告。那时，Randy先生及夫人潘露莉博士也受聘在中国台湾做研究，对我俩很关心，照顾很多。他俩还带我们到他们家玩，一起去逛台北夜市等。我还记得，研究院学术活动中心的一位来自金门的年轻女服务员，知道我是福建人，离开前送我两瓶金门白酒。但遗憾的是，我没问她的姓名叫什么，但她的模样至今还留在我的脑海里。

我还在2006年5月，应邀参加台北"中研院"举办的"纪念李方桂先生学术研讨会"。2010年6月23—26日应台北"中研院"的邀请，参加"二十一世纪汉藏语比较国际会议"。

（四） 访问中国香港

我多次受香港语文学会、香港大学、香港中文大学、香港教育学院等邀请访问香港。参加的学术会议有"纪念赵元任暨香港多语多文化研讨会"（1997）、"香港中国语文学会学术讨论会"（1998）等。

我还应邀去香港中文大学访问，与顾阳教授一起做景颇语的项目，还辅导顾阳的研究生研究景颇语。我参与了香港中文大学顾阳教授领衔的研究项目"景颇语的语序与结构"。

2001年5月14—16日，我应顾阳的邀请，作为特邀演讲嘉宾到昆明为香港中文大学与云南大学合办的"暑期语言学工作坊"做演讲，题为

《汉藏语研究的现状与趋势》。2002年10月，我应顾阳教授的邀请，参加了在美国亚利桑那州立大学举行的第35届国际汉藏语语言学会议组办的"景颇语研究专题工作坊"，做了特邀发言。2004年4月，我应邀到香港中文大学访问，并做了有关中国少数民族语言研究现状的学术报告。2004年6月，我与香港中文大学、云南少数民族语言研究组成员一起，到云南德宏傣族景颇族自治州的芒市、瑞丽、盈江等地做了田野调查，过了一段很有收获、很愉快的日子。

在顾阳等教授的影响下，这个大学的教师、研究生对研究景颇语有兴趣，使该校成为景颇语研究的一个有实力的阵地。我在访问期间，顾阳、邓惠兰等教授都非常热情地照顾我，她们对教学和科研的尽心精神很值得我学习。

（五）访问泰国

1996年8月2—10日，我随以哈经雄校长为首的中央民族大学代表团去泰国访问，主要访问了玛希隆（Maxidol）大学，主要是与他们商讨两校的汉藏语研究的合作事项。

后来，为了调查泰国的跨境语言，我又多次去泰国清莱地区调查，主要是与泰国清莱大学合作，清莱大学Manop Pasitwilitham（玛诺）校长也参加了我们的课题组。第一次是2009年1月到清莱省美岁县万尾乡调查阿卡语。课题组包括中央民族大学、玉溪师范学院、泰国清莱皇家大学等单位，共20人。这是我第一次做跨境语言调查，没有经验，摸着石头过河，一点一滴积累经验。我们是在紧张、愉快的气氛中完成调查任务的。我们合作写出了《泰国万尾乡阿卡族及其语言使用》一书，2009年9月由中国社会科学出版社出版。在"后记"中有一段描写我们在万尾乡山头过除夕的情景：

"1月15日夜幕降临，大家忙了一天的工作后，泰方成员与中方成员共同度过了一个有意义的除夕夜晚。我们放了鞭炮，高歌一曲《歌唱祖国》，齐声为祖国的蒸蒸日上而欢呼，表达了我们热爱祖国的赤子之情。然后大家又唱起了阿卡歌曲《花恋》倾吐了我们对善良的阿卡人的热爱之情。大家频频敬酒，情不自禁地欢歌跳舞。过去从不喝酒的今天喝了，不爱唱歌的今天唱了，不会跳舞的也跟着跳了。说不醉，有醉意；说醉了，吐真言。难得的他乡除夕，难得的真情交融！大家说，从来没有过这样有意义、有回味的春节。初一一早，在阿卡回响的鞭炮声中，我们又开始新的记音、新的调查工作了。尽管昨晚的欢乐还在眼前回荡。"

第二次赴泰国调查是在 2010 年 1 月，参加课题组的单位包括中央民族大学、玉溪师范学院、云南民族大学、泰国清莱皇家大学等单位，共 22 人。我们主要是在班都镇、囊莱镇、美遥镇等拉祜族分布地区调查。调查成果 2010 年 5 月由中国社会科学出版社出版了《泰国清莱拉祜族及其语言使用现状》一书。

二十　汉藏语研究院

赵燕珍：您为云南师范大学建立了一个汉藏语研究院，这个研究院发展很快，能不能给我们说一说当时是怎么建立起来的？

戴庆厦：我在汉藏语研究院工作、生活差不多七年了。这段历程是值得回忆的。汉藏语研究院能取得一些成绩，要归功于云南师范大学的支持，特别是杨林校长的拍板，还要归功于汉藏语研究院师生的努力。我能到云南师范大学兼职，并做了一些工作，首先要感谢当时的杨林校长，以及为我来兼职而尽力的《云南师范大学学报》主编、著名语言学家罗骥教授。

我和罗骥有多年的交情。他的专业是汉语史，对汉藏语有强烈的兴趣。骆小所当校长时，我出差来昆明，骆校长总会约上罗骥、罗江文等几个做汉语研究的好友与我共聚。2010年前后，他就有聘我来云南师范大学兼职、发展汉藏语的想法，就与时任校长的杨林教授谈了。杨林校长是位能做事、有魄力的校长，听了后当即表示同意，并计划成立一个研究院让我当院长。2011年5月，云南师范大学李副校长来北京，正式代表学校请我去云南师范大学兼职，还赠送了一盆云南鲜花。我很感动，表示愿意赴职。

我为什么愿意去呢？原因之一是，我研究的语言多在云南，在云南的时间最久，云南成了我第二故乡。二是我感到云南语言资源非常丰富，但开发不够，很可惜。除了云南民族大学、云南语委有些力量做些研究外，像云南大学、云南师范大学这样的老牌大学都没有形成研究云南少数民族语言的力量。怎样利用云南本土资源形成自己的学科优势，是云南高校学科建设必须解决的大问题。三是我身体还好，愿意发挥余力做语言学科建设。为了更好地发展我国的汉藏语研究，也为了我发挥余力，还为了回答云南师范大学的一片诚意，我同意接受学校的邀请。

二十　汉藏语研究院

我单枪匹马来到云南师范大学，和罗骥教授一起从无到有建设研究院。首先遇到的一个问题是叫什么名称。比较了好几个名称，最后确定叫"汉藏语研究院"。用这个名称有几个好处，一是明确以汉藏语系语言为主要研究对象。我们知道，汉藏语是我国语言中数量最多的，特点丰富，中国是汉藏语的故乡。云南汉藏语最多，理应做出自己的特殊贡献。二是国内外还没有以"汉藏语"命名的研究院，是国内外首家以汉藏语系语言为研究对象的科学研究和高层次人才培养的实体机构。三是叫起来顺口，易于流行。还考虑到重点研究什么，规模多大。当时确定以云南的汉藏语以及跨境语言为研究重点，人数先点十人左右。好在学校表示大力支持，所以比较有信心地开场了。

2012年4月27日召开成立大会。学校以杨林校长为首的领导以及各职能领导都参加了。会上，杨林校长满怀激情地表示两点，一是学校尽全力支持汉藏语研究院，二是戴教授提什么要求我们都会满足。（当然，我不会提什么要求）会上宣布我为汉藏语研究院院长、特聘教授，罗骥为常务副院长，后来又增补了余金枝教授为副院长。希望我每年能驻院三个月。就这样，一个新的以汉藏语为研究对象的机构开始运行了。但它以后的命运如何，我没有认真想过，只想努力办下去。

汉藏语研究院是在艰难的处境中走下去的。当时一个项目也没有，也没有自己的研究生，没有课上。请人来充实我们的队伍，他们担心"红旗能打多久"，婉言谢绝。甚至有的还说，戴老师过几年不来了，研究院不就垮了。在最困难的时候，我与罗骥教授都还蛮有信心，我们决心一步一步地往前走，逐渐壮大自己的队伍，逐渐形成自己的特色。不久，我们从云南民族大学引进了余金枝教授，她是教授、博士，主攻苗瑶语，学校任命她担任副院长。她表示要与我们艰苦创业，共渡难关。

八年来，大家都脚踏实地一步一步地往前走。在学校的支持和自身努力下，科研项目从省级一般项目拿到国家社科重点项目。研究院在队伍建设、科学研究、人才培养、自身建设等方面都取得了显著成绩，已建立起一支结构合理、素质优良、团结干事的科研教学队伍。研究院现有教职工10人，其中教授3人，副教授2人；博士7人，其中博士后1人；博士生导师1人，硕导7人。在编在岗全职教职工8名，其中专职科研人员7名，行政人员1名。教学从招硕士到招博士，从招本国学生到招外国留学生。

研究院现有藏缅语方向团队、苗瑶语方向团队、壮侗语方向团队、南亚语方向团队、汉语与非汉语关系研究方向团队。从 2015 年起,在我院地理学博士点招收培养博士研究生,现已有两届 3 名博士研究生毕业,在读博士研究生 5 人,其中 3 名外国留学生。2014 年 7 月我院正式招收第一批硕士研究生。现已有一届 7 名硕士毕业生,在读硕士研究生有 29 人,其中外国留学生 2 人。

自建院以来,汉藏语研究院在学科建设及科学研究的过程中,始终强调研究院的特色及地域优势,主抓云南语言研究,特别是跨境语言研究。秉承这一发展理念,至今汉藏语研究院关于云南语言研究和跨境语言研究取得了一定的成绩。

自建院以来,研究院获得省级以上的科研项目 22 项,其中省重点项目 1 项,国家社科基金重点项目 2 项,国家社科基金一般项目 2 项、青年项目 2 项、西部项目 2 项,获得重要科研奖 4 项。有:田阡子《格西霍尔语动词的时体范畴》2014 年获"李方桂田野调查奖";余金枝《湘西矮寨苗语参考语法》(2010) 获云南省 2016 年哲学社会科学优秀成果奖三等奖;罗骥《〈舜典〉三危考》(2016) 获云南省 2017 年哲学社会科学优秀成果奖一等奖,和智利《纳系族群父辈女性亲属称谓的类型和分布》(2016) 获云南省 2017 年哲学社会科学优秀成果三等奖。

还获准建设 1 个省级科研平台——云南少数民族语言研究创新团队。出版专著 19 部,其中 A 类出版社 14 部;在核心期刊发表论文 43 篇。

举办两次大型国际语言学会议。分别是:第 47 届国际汉藏语暨语言学会议(2014 年)、第 13 届国际双语学研讨会(2017 年)。

汉藏语研究院一直以来在以云南语言研究为基础的同时,重点关注跨境语言的研究。特别是 2015 年在省级科研平台"云南少数民族语言研究创新团队"及云南省哲社重大招标项目"云南跨境语言研究"两个重要项目的带领下,在跨境语言研究方面做了大量的工作,取得了较大的发展,出了一系列的成果。

大家看到了美好的前景。

赵燕珍:老师,这几年汉藏语研究院发展得这么快,经验是什么?

戴庆厦： 首先，也是重要的一条是学校的大力支持。包括：保证必要的经费，保证每年增加人员，保证招收不同层次的研究生等。没有学校上上下下领导的支持，一个新单位是立不起来的。

其次，必须明确研究院的主攻方向。全国做汉藏语研究的单位有一些，而我们在这个领域要取得不败的地位，就必须扬长避短，突出自己的优势。我们确定最近一个时期以深入做几个语言点的描写和做跨境汉藏语研究为主，在这两个领域增长自己的优势。

还有一条是，我坚定地鼓励大家努力做业务，包括申报项目，发表论文，出版专著，营造浓浓的做好教学科研的气氛。我们经常把国内外语言学的形势介绍给大家，让大家能够根据形势安排好自己的科研。每年年终我们都要公布每人发表的成果，按学校规定予以奖励，获得立项的项目也予以奖励。在研究院内，努力形成团结、宽容、和谐的风气，发现不利于团结的苗头及时做工作纠正。办公室墙上挂上"团结、宽容、创新、奋进"八个大字的横幅，以示正气。

我深深体会到，要开辟一个新领域很不容易，没有十年、八年的功夫，没有一股气的持续坚持是不可能获得成功的。许多人认为，汉藏语研究院已成为云南师范大学的一个品牌。如果真是这样，这七年大家的努力及拼搏就很值得。我默默地祝愿汉藏语研究院在今后的日子里越办越好。

我在云南师范大学汉藏语研究院工作，坚持在学校的领导下，与罗骥、余金枝一起紧密合作，在研究院实行"团结、务实、求新"的方针，提倡每人都做好本职工作，为汉藏语学科的建设做出贡献。

如今，我在汉藏语研究院工作已经进入了第九个年头，不久就要离岗。但我在云南师范大学的这段时间是我一生值得回忆的一段。与云南师范大学的感情，与汉藏语研究院师生的感情，将是永远难忘的。

二十一　妻子

赵燕珍：老师，您常对我们说，没有师母这位"贤内助"，您不会取得这些成就。师母既做业务又管家，很不容易。

戴庆厦：是的。没有她的无私照顾和帮助，我不会过得这样舒心和充实，也不能做这些事。人的一生有个好妻子是很重要的。

我的妻子徐悉艰是上海人，在中国社会科学院任研究员，专业也是少数民族语言。我们是同班同学，一起毕业于中央民族学院语文系，她学的也是景颇语。

她的父亲毕业于同济大学，早年留学德国，抗日战争时期在西南联大任过教，新中国成立后，在一机部研究院任工程师，是我国数一数二的热处理专家。她出生在这样一个知识分子家庭，养成了善良贤惠、乐于助人的优秀品德。

1956年大学毕业时，宣布我留校上研究生班，她分在中国科学院民族研究所（后改为中国社会科学院民族研究所）做研究，并担任彝缅语组组长。我们一起参加了全国少数民族语言调查，分在第三工作队在云南工作。我在哈尼语组，她在景颇语组。后来她又学了载瓦语，参加了载瓦语的辞典编纂。1959年10月我们在昆明结婚。我于1961年1月回到中央民族学院任教，她于1961年3月回到中国科学院民族研究所工作。中国科学院民族研究所的办公地点在中央民族学院六号楼，离我的办公室（一号楼）很近。因为我们是同行，所以我们家的藏书、杂志只有一套，都是语言学的，一起使用。

她主要做景颇语、载瓦语研究。我们一起合著出版了《汉景辞典》（1981）、《景汉辞典》（1983）、《景颇语语法》（1992）、《景颇语词汇学》（1995）。她还和徐桂珍合著了《载瓦语简志》（1984）还和朵示拥汤等合编出版了《汉载辞典》（1992）。她的论著还有：《景颇语中一种特殊的状述结构》（1982），《景颇语的使动范畴》（1984），《景颇语的量词》（1987），《景颇语的重叠式》（1990），《景颇语量词的产生和发展》（1990），《载瓦语的量词》（1993），《彝缅语量词的产生和发展》（1994）等。她在 1993 年就被评为研究员了。

她能取得这些成就很不容易。她要管家、管我、管孩子，后来还要管孙子，还要上班做自己的本职工作，每天几乎都是在紧张的节奏中度过的。从年轻到现在，她没想过去看电影、去逛街、去旅游，没去想自己如何享受，把自己整个都奉献给这个家和自己的事业。她退休那年的一天晚上对我说："苦了一辈子，现在退休了，业务不想多做了，主要精力用在管这个家，还要帮助你，好吗？"我听了一阵心酸，感到这辈子欠她太多了。我对她说："这一辈子还没活够，下一辈子再做夫妻。"

赵燕珍：师母不仅照顾您的生活，还特别支持您的工作，在学生们眼里，真的就是一位母亲。

戴庆厦：是的。我的身体在年轻时爱闹支气管炎，有时发高烧。她长期坚持让我吃"墨大夫气管炎丸"，大约吃了有十几年，后来不知不觉就不犯了。这十多年，我又得了类风湿，行动不便，全靠她照顾。

2008 年，有一次大夫让我打一种进口药，说要看看肺部有没有毛病。X 光一透视，发现左边有阴影，让我再做 CT。照了后要四五天才看结果。我思想上背了包袱，担心肺部有大问题。回家后，不敢多说，但想了很多。想到如果真有问题，这个家怎么办，研究生怎么办等。悉艰和我的女儿看出我的思想负担，担心我自己去看结果万一真有问题扛不住，就偷偷约好提前一天去看结果。看到结果后，立刻在医院打电话告诉我，说结果显示没问题，是过去闹气管炎留下的阴影，让我解除思想负担。我听了高兴得几乎跳起来，为自己还能继续工作而高兴。

家务事几乎都由她做。只是在她出差、去干校那段时间，我才管家务事。两个孩子跟她比我亲，因为主要是她照顾大的。家里大到经济大权，小到每天的饭菜都由她负责。我连家里有多少存款都不知道，全部"放权"。孩子有什么事，都找妈，不找我。一次，我开玩笑地对她说："如果像年轻人那样闹离婚，我会被扫地出门，因为我没有掌握家里的一分钱。孩子也都会跟你的。"她笑了。

我要特别感激她对我家的照顾。我是老大，家里弟妹多。当时家里经济比较困难，弟弟妹妹要读书，担子当然落在我的肩上。我大学毕业后，一半的工资都要往家里寄。结婚后，一直到上世纪80年代，她跟我过紧日子，毫无怨言。家里的汇款都由她寄，过年她还背着我寄两份。我有个小弟弟在三明插队，她看他生活困难，有时还给他寄钱。后来，几个弟妹都有收入，才不寄钱了。所以，我的家族内普遍传着"庆厦娶了个好媳妇"的美言。我的弟弟妹妹，都特别感激这位贤惠达理的好嫂子。我和悉艰几次去国外访问路过香港时，在那里定居的弟妹都要带嫂子上街，一定要买最好的礼物给她，不要的话硬买给她。我对她说："他们永远记得你的恩情，这是好心好报！"悉艰有一个难得的优点是"善于知足，知足常乐"。她觉得自己这一辈子做了自己应该做的业务事，家庭也很美满。虽然每天都为这个家忙忙碌碌，但非常开心，没有见她有发愁的时候。

除了生活上的照顾，她还把我的事业当成她自己的事，全心支持并尽力帮助我做好工作。我写稿需要的资料，她会帮我找，看到报上对我有用的资料，她会剪下留给我看，早期用手抄稿时她还帮我誊稿，我写好的稿子常让她看，让她找出问题。我们的藏书，都由她整理。

她还关心我的研究生，生活上的、业务上的，所以研究生们与她的感情特别好，有什么困难，家里出了什么事，都会找她谈，她会真心帮助他们解决。所以研究生们写毕业论文时会不约而同地在后记里写上一段感谢师母的话，而且写得有感情，又具体。一次，我开玩笑地对她说："我给他们改论文改得好苦，但他们对你比对我好。"我赶忙补充了一句："他们对你好，我也高兴，不会嫉妒的。"一些学生毕业后有点权了，每当请我去他们学校讲学，一定要把师母也请去。我对她说："这是他们对你恩情的回报！"

我在工作中遇到烦恼的、不顺心的事都要留着回家给她说。她比我豁达，想得开，总往好的方面想，劝我不要发愁。我做几十年的系主任、院长，难免会有磕磕碰碰的不愉快的事，回家跟她一说就化解了。

相伴走来，不知不觉已在一起60多年。一天，她对我说："到明年，我们结婚已60年。我们在昆明照的那张结婚照，已快60年。明年到那家照相馆再照一张，作为钻石婚纪念。好吗？"我说"好，但不知那个照相馆还在不在。"我的博士生春风知道这事后，赶忙从网上查，高兴地告诉我们，这家照相馆还在，到时她陪我们去照。

赵燕珍：老师，您和师母是大学同班同学，你们是怎么走到一起的？

戴庆厦：因为是同班同学。在同一个班生活了四年，又一起参加语言调查队，所以互相是很了解的。应该说，走到一起是缘分，是上天安排的。

她最突出的优点是善良、贤惠、关心人。记得刚入学时，我们学生八个人一桌吃饭，我就观察到她看哪个菜大家爱吃就缩筷，少吃。这个优点一直坚持到现在。在家里，她总是把好吃的留给我和孩子吃；跟我们去民族地区做调查，她总是操心哪个学生夹不到菜，没吃饱。这是难得的品质，我很喜欢她这一点。

成家后几十年，在家吃饭也是把好吃的留给大家吃，她最后吃大家不吃的。穿衣，不好的、式样旧的，自己穿，好的，送给我的学生。最近，我俩去上海开会，见到儿子一家，儿子对他的妻子说："我妈是自己节约，但对人手宽。"

她还有一个优点是有同情心，特别是同情弱者。

我们结婚60多年，没有吵过架，从没因开销、用钱而发生口角。当然，有时会因我吃饭不洗手、穿衣邋遢等事说我几句。

年轻的时候，工作忙、常出差，在一起的时间少。后来都退休了，我们约好争取多在一起。所以，我现在出差开会都让她同我一起去。2011年我受聘云南师范大学汉藏语研究院院长，每年要去驻校三个月，她都跟我一起去。老时多在一起，弥补年轻时的不足。

我有一儿一女。儿子叫戴景明，毕业于中国纺织工学院，毕业后，先后在纺织部、中信公司任职，现在上海君和纺织品进出口有限公司任经理。为了纪念我们在昆明做景颇语工作，生他时取名"景明"，用"景颇族"和"昆明"的一个字取名。女儿叫戴景峰，毕业于中央民族大学生化系，现在在中央民族大学生化系任教。女婿杨庆东毕业于北京大学东语系，毕业后分配在外交部工作，现在是大使馆参赞。还有一个孙子，一个孙女，一个外孙。孙子戴思博，学英语专业，硕士毕业于澳大利亚昆士兰大学，现正在见习工作。孙女戴思怡2021年考入外交学院。外孙学的是捷克语专业，2021年分配在外交部工作。

对家庭，我是满意的，长期都有着浓浓的幸福感。常常为自己有个好妻子、有好儿女而觉得满足，从来没有因为家庭而妨碍工作。我有一位全心支持我、理解我的好妻子，使我能够潜心在科学研究的崎岖路上坚持走下去。

今年正月十五是悉艰的生日。在北京的女儿景峰为妈妈办了庆祝会。孩子景明从上海寄来一盒高级蛋糕，并打电话向妈妈祝贺，说"祝妈妈生日快乐！身体健康！操劳一辈子，以前好东西都留我们吃。"一片孝心，令我感动。

二十二　感恩和感悟

赵燕珍：老师，我们都知道，您的老师马学良先生很看重您，您能给我们讲讲你们师生相处的情况吗？

戴庆厦：60多年来，我能顺自己的心去做自己想做的事，并能有一些成就，除了家人的全力支持外，还有许多帮助我的人。我需要趁这次做"口述史"的机会，向他们表示由衷的感谢。

首先，要感谢已故的我的老师马学良先生。我们那个时候，少数民族语言专业没有培养研究生，虽然我大学毕业的那年，学校计划过要办个研究生班，我也被选中了，但不巧被反右运动冲掉了。所以，马学良先生没有成为我们这几届学生的研究生导师，但他是我们的老师，是我们进入语言学殿堂的启蒙老师、领路人。

我进大学时有180多名学生，马学良先生不会认识我，我也没机会去找过马先生。毕业后，我参加了全国少数民族语言调查队，正好我们第三工作队队长罗季光教授，与马先生是好朋友，一起合写过《我国汉藏语系语言元音的长短》（1962）等论文。那时，我写了《谈谈松紧元音》一文给罗先生看，修改后他让我寄给马先生看。马先生看后，在稿子上批了"可以刊用"四个字，寄还给我，叫我投稿。这个手迹我至今还保留着。可能这时先生对我有了印象。有的朋友告诉我，在我们还没有回北京的前一年，时任中国科学院民族研究所副所长的傅懋勣先生，一天中午在食堂吃饭时跟马先生商量，要在我回北京后调我去他们研究所工作，马先生表示不行，双方弄得有些不愉快。

我回校后，好几年时间我写的论文都请马先生看，请他指导，我还与他合写了一些论文。如：《论"语言民族学"》（1981）、《白狼歌研究》（1982）、《彝语支语言比较研究》（1982）、《语言和民族》（1983）、《藏缅语族辅音韵尾的发展》（1989）等。我还协助他主编《语言学概论》

（1981）、《汉藏语概论》（1991）。

马先生为了培养我，还与杨堃教授说好让我跟他去北师大听人类学课。杨堃教授是我国早期有名的人类学专家，曾经留学法国。我跟他去听了他一学期的课。

马学良先生有很多好学生，但在大家的眼里，都认为师兄胡坦和我是马先生的左右手。因为大家都看到，马先生一些重要的事情都找我们两个商量。

1984年9月，我担任了第二届语文系系主任，接了马学良先生行政职务的班，这是他力挺推荐我而成的。这个过程我很清楚。20世纪80年代，学校考虑到马先生年事已高，要让他更好地休息，要找个人来替他的系主任职务。马先生一直坚持要我来做。记得1984年2月，我和马先生去哈尔滨参加《中国大百科全书》编委会，江云校长也去了。一天，江云校长问他接他班的人选，他说就是戴庆厦，而且还说他已征求过民族语文学界的有影响的专家如傅懋勣、王均等的意见，他们也是这个意见。江云校长说，那就这么定了。第二天，江校长就找我谈，要我挑这个重担。1984年9月15日我正式上任。党委给我配了书记徐炳焕，还有副主任吴一飞、格桑居勉、吐尔逊等。我觉得这些老师都很好，能合作得来。特别是我的主要搭档徐炳焕书记，很诚实，又肯干，我很愿意与他合作。

我当了系主任后，每逢大事都要找马学良先生商量，让他的办学理念有连续性。

还有一件事，我特别要感激马先生。我评教授时，马先生给了我鼎力帮助。我是1983年评为副教授的，按当时的规定要五年，也就是1988年才有资格申请教授。1987年5月评职称时，我也没有申请，因为只有四年。我是语文学科评审组组长，马先生也担任评审组成员。这次评审到了最后一天下午，我因第二天要去香港参加学术会议，请假不能参加评审会。没想到，马先生在我没参加的小组会上提出要让我破格升教授，理由是我的成果多，教学工作量多。他的建议得到大家一致赞成并通过。当晚，时任系副主任又是评委的格桑居勉教授代表评审组来我家，让我连夜填好申请表，明早交系办公室。不久，学校也通过了。我一直记住马先生的这一恩情。

除了业务上我与马先生的密切关系外，生活上的事我们也很合拍。马先生晚年闹过几次病住院，师母何汝芬都会叫我商量陪床的事。她对我说："庆厦，你最了解马先生，安排哪些人陪床合适，能顺马先生的心，由你安排。"那时，我们这些老学生，甚至年龄比我们大得多的陈其光、倪大白等教授都安排去值班，他们都很乐意。

"文化大革命"时，我从云南景颇山寨带学生实习被召回参加"文化大革命"。我回到北京时。马先生正挨批斗。我回京后第一次参加学习组会议，一位造反派领导把我叫到室外，恶狠狠地教训我说："你是黑党委的红人，是马学良的红人，是白专典型，你主要任务是写大字报揭发黑党委和马学良。"我听了后想，马学良没给我说过什么，所以没写揭发大字报。

到了"文化大革命"后期，马先生快从"牛棚"里解放了。一天，师母来找我，说马先生快解放了，现在要写"认罪书"，说他在牛棚关了那么长时间，要说什么已不适应，万一说错了又得挨批判，哀求我说："庆厦，你最了解马先生，你替他写，让他去念。"我想，在这困难的时候不帮自己的老师，那还有什么情义可言。我说："何先生，可以，您别焦急。"何先生是我的师母，她是南岛语研究的专家，我们都这样称呼她的，就叫她"何先生"。下来，我就按照"文化大革命"使用的语言，替马先生拟了一份"认罪书"，其中不乏违心说的，但那时主要考虑能"解放"就可以了。后来有多次，马先生写的发言都要让我修改。

回想过去，我的进步都有马先生的扶持。师恩情重，永不忘怀；友情，牢记心间。人必须有的道德之一，是不忘恩情。

我有许多同行朋友，如国家语言文字研究所的陈章太先生，北京大学的陆俭明先生，华中师范大学的邢福义先生，都处得很好，似如兄弟。我们经常开会都在一起，谈业务，谈生活，都说知心话。

我的学生很多，对我很好，这是幸福。这里我只谈谈学生段侃乐对我的真心帮助。她是1958—1962年在中央民族学院学习哈尼语的，有抱负、肯钻研、有理想。我给这个班上过课，还给她辅导过写作。毕业后，她辗转各地，1986年才进云南民族出版社做哈尼文编辑，当了编审。她始终记得要报答我这个老师。她知道我很希望能出一本《藏缅语族语言研究》的专著，但也知道那时我拿不出出版补贴，于是自己努力积累出版社奖励她的基金，用来出版我的书。1990年，为我出版了《藏缅语族语言研究》

第一辑，后来又出版了第二辑（1998）、第三辑（2004），由她担任责任编辑。每一篇稿子，她都像对待自己的书一样校对。至今，我一看到这套书就想起她。

还有帮助我的好人很多，因篇幅有限不能多说。

赵燕珍：老师，您有许多宝贵的经历，又不断在思考、总结人生的道路，能不能请您说一说自己的人生感悟？

戴庆厦：好。我认为人生的道路说长也长，说短也短，看是从什么角度看的。但不要去考虑长短，而要考虑如何多做些事。人生苦短，既然是短就要加倍珍惜时间。

在青年时代，我坚守"不要这山望那山高""热爱自己的专业""行行出状元"。经过长期的历程证明，这是对的。攀比是无意义的，实干才是实在的。我热爱自己的语言学专业，始终对它不离不弃，与它走了人生的道路。

勤奋，坚持，是我信守的座右铭。人的一辈子，不管做什么，都要勤奋。不管是顺利，还是遇到挫折，都要勤奋。要在忙中尝到甜头，并自己悟出"勤奋就是幸福"。

要学会宽容待人。人的一辈子遇到的人无数，性格不同，看法不同，品德有差异，相处多了都会产生矛盾和摩擦。年轻时气血旺盛，不会容忍，必定得罪人，闹得都不愉快，既影响工作，又妨碍健康。年纪大了后，想起来觉得有点后悔。随着年龄的增长，越老越感到做人要宽容，会对过去的不宽容而感到后悔。

人生的价值在于贡献。每天都要反省自己究竟是否又做了什么有价值的事，不要虚度年华。

附　　录

（一）学习工作经历

1935 年 6 月 21 日　出生于福建省厦门市鼓浪屿。

1940—1944 年　在福建省沙县、霞浦、福州等地上小学。

1945 年 6 月　毕业于福建省仙游城西小学。

1949 年 6 月　毕业于福建省仙游金石中学。

1952 年 6 月　毕业于福建省仙游第一中学。

1952 年 10 月　参加福建省高中毕业生集训，加入中国共产主义青年团。

1952 年 10 月　考入中央民族学院语文系。

1953 年 6 月—1954 年　到云南瑞丽、陇川景颇山寨进行语言实习。

1956 年 6 月　毕业于中央民族学院并留校任教。

1956 年 7 月—1961 年 1 月　参加中国科学院少数民族语言调查工作队，去云南做调查，任哈尼语组副组长。

1956 年 12 月　赴云南墨江县调查哈尼语方言——碧约哈尼话、卡多话等。

1957 年 6—12 月　赴云南思茅、普洱、红河、金平、绿春、元阳等县调查哈尼语方言。

1958 年 8 月　在元阳县组织"红河州哈尼文培训班"，教授新创哈尼文，学员有 600 多人，主要来自小学教师和农村干部。

1961 年 2 月　返校任教，在中央民族学院语文系第五教研室工作。曾参加编写《语言学概论》《彝语支概况》。为彝语班、哈尼语班、傈僳语班开设彝语支概况课。

1963 年 10 月　在中央民族学院开设景颇语班，任教学工作。

1965 年 2—12 月　带领景颇语班赴盈江县铜壁关实习。

1975 年 10—12 月　到德宏州参加"傣语、景颇语语文干部培训班"，讲授语言学课。

1980 年　担任中央民族学院语文系语言学教研室主任。

1981 年 12 月 11 日　加入中国共产党。

1982 年 6 月　应聘担任《中国大百科全书·民族卷》语言文字分支副主编。

1982 年 6 月　在华中科大举办的"全国语言学进修班"讲学。

1983 年 5 月　评为副教授。

1984 年 2 月　应聘担任《中国大百科全书·语言文字卷》民族语文分支副主编。

1984 年 9 月　担任中央民族学院语文系主任。

1984 年 9 月　招收第一届藏缅语族语言硕士生。

1987 年 7 月 7 日　升为教授。

1988 年 7 月　到云南德宏州调查缅甸克伦语。

1990 年 8 月　赴东北"伊通满文函授班"授课。

1990 年 9 月　参加在红河州建水县召开的哈尼文会议。

1990 年 11 月　评为博士生导师。

1991 年 8 月 1—10 日　主持在四川西昌市举办的国际彝缅语会议。

1992 年 10 月 6 日　去湖南省吉首市调查土家语，访问吉首大学。

1992 年 7 月　带硕士研究生刘岩、胡素华、阮宝娣、陈卫东四人去兰坪调查普米语。

1992 年 9 月 22—30 日　参加国务院学科评审组会议。

1992 年 10 月 10—16 日　参加国家民委科研成果评奖会议。

1992 年 12 月 2—6 日　参加全国民族语文工作会议。

1993 年 6 月 1—4 日　去武汉参加湖北师范学院学科建设评审会。

1993 年 6 月 30 日　任中央民族大学研究生部主任。

1993 年 6 月 30 日　《社会语言学教程》出版。

1993 年　招收第一届博士生和博士后。

1993 年 9 月 22—30 日　参加国务院学位委员会学科评审组会议。

1993 年 10 月 10—16 日　赴武汉参加评奖会议。

1994 年 5 月 27—30 日　赴西北民族大学参加科研处长会议。

1994 年 7 月 5 日　任中央民族大学中国少数民族语言文学学院院长。

1994 年 7 月 21—23 日　参加北京市社科联科研成果评审。

1994 年 10 月 1—5 日　去武汉大学讲学。

1994 年 11 月 18 日—12 月 2 日　参加北京高级职称评定。

1995 年 3 月　参加武汉大学评审博导。

1995 年 5 月 11 日　参加全国地名学术会议。

1995 年 5 月 26—29 日　参加在苏州举办的国家教委文科基础学科人才培养和科学研究基地会议。

1995 年 6 月 22—23 日　参加海峡两岸中国少数民族教学与研究会议。

1995 年 11 月 3—4 日　赴天津参加"汉藏语言学理论与方法"会议。

1995 年 11 月 5—13 日　参加云南双语会议。

1996 年 5 月 12—26 日　与刘岩一起赴昆明调查孟高棉语。

1996 年 6 月 22—27 日　赴大连参加中国大百科全书组编会议（任中国民族语言学科副主编）。

1996 年 10 月 13 日　去湖南师范大学讲学。

1997 年 4 月 13 日—5 月 14 日　赴云南进行藏缅语的田野调查。

1997 年 7 月　去内蒙调查濒危语言。

1997 年 8 月 24—28 日　在北京参加第 30 届国际汉藏语暨语言学会议。

1997 年 11 月 4—6 日　华中师范大学重点学科评审。

1997 年 11 月 10 日　参加北京市高级职称评审工作，任语文学科组组长。

1997 年 11 月　参加清华大学学科评审。

1997 年 11 月 23—24 日　参加中国社会科学院的学科评审。

1999 年 4 月 4—6 日　参加全国哲学社会科学规划会议。

1999 年 5 月 23—25 日　去河北师范大学讲学。

1999 年 5 月 30 日　参加武汉大学博士答辩。

1999 年 6 月 30 日　去首都师范大学做学术报告。

1999年7月17日　为"港龙首届中国语言学高级研讨班"讲学。

1999年7月24日　为第四届中国语言学高级研讨班讲学。

2001年6月　陪同香港中文大学教师、研究生赴景颇族地区考察。

2001年10月24—30日　赴昆明参加第34届国际汉藏语暨语言学会议。

2001年11月　赴扬州参加第11届中国语言学学术年会。

2002年　与杨再彪、田静一起去湖南保靖县龙头村调查土家语。

2002年12月27日　赴哈尔滨参加首届国际汉语方言语法学术会议。

2003年4月　与季永海、关辛秋赴齐齐哈尔市富裕县三家子村调查满语。

2003年8月　到吉首大学参加第三届国际双语学会议。

2004年5月　应邀到中山大学"名师讲堂"作"语言学理论建设与中国少数民族语言研究"专题报告。

2005年7月16日　参加在延边大学召开的汉语言专业创建50周年暨《汉语学习》创刊25周年庆祝大会。

2005年8月　与蒋颖、李洁同往云南省德宏州调查勒期语、波拉语。

2005年10月28日　参加在厦门大学召开的第39届国际汉藏语暨语言学会议。

2005年12月　参加在广西民族大学召开的濒危语言国际学术研讨会。

2005年12月　被聘为中央民族大学"985工程中国少数民族语言文化教育与边疆史地研究哲学社会科学创新基地"专家委员会委员。

2006年2月16日　去上海师范大学参加E研究院成立大会，任学术委员。

2006年6月30日—7月5日　到景洪市基诺山调查基诺族的语言国情。

2006年8月　赴秦皇岛参加中国语言学会第13届学术年会。

2006年8月16—18日　参加文化部非物质文化遗产保护工程名录保护经费预算专家论证会，任评审委员。

2006年10月12—15日　赴成都参加藏缅语会议。

2006年10月22日　应邀在"第五届中国英语教学国际研讨会暨第

一届中国应用语言学大会"发言。

2006年11月28日　在北京参加"国家语委十一五科研规划会议暨第43期国家级普通话水平测试员资格考核培训班"开学典礼。

2007年1月26日—2月27日　去德宏州阿昌族地区调查阿昌族语言生活。

2007年8月　到云南省通海县调查噶卓语。

2007年9月26—29日　赴哈尔滨参加第40届国际汉藏语暨语言学会议。

2007年12月1日　参加教育部召开的全国少数民族语言文字标准化工作培训交流会。

2008年5月30日　受邀在中国语言学学会第16次学术年会上作题为《景颇语谓语人称标记的多选择性》的报告。

2008年12月18日　参加在昆明召开的"景颇族科学发展研讨会",主题发言为《景颇语在藏缅语族语言中的地位》。

2009年7月21日　为全国语言学青年博士生导师高级进修班作题为《怎样培养有实际能力的博士生》的报告。

2009年11月17—18日　参加"2009澳门：语言接触与跨文化交际学术研讨会"。

2009年11月20日　在中央民族大学语言学学术讲坛作《片马人语言和谐生活—兼谈语言和谐研究的理论与方法》的报告。

2009年11月22日　参加全国民族院校与民族地区高校中文学科及相关专业教材建设研讨会。

2009年12月4日　参加在珠海召开的"第七届国际双语学研讨会"。

2009年12月12日　参加"语言政策与语言国情"论坛,发言题为《中国的语言国情及民族语文政策》。

2009年12月12—13日　参加中国语言生活状况报告学术研讨会。

2010年3月　参加北京市语言学会第九届学术年会,报告题为《从非汉语反观汉语是汉语研究的方法之一》。

2010年3月6日　赴浙江师范大学讲学。

2010年5月15日　参加全国少数民族双语教学研讨会。

2010年5月17日　参加第三届"中国民族教育理论与实践论坛",

作《双语教育与民族教育的若干问题》的主题发言。

2010 年 5 月 24—25 日　赴吉林大学讲学。

2010 年 5 月 31 日—6 月 2 日　赴山东大学、山东师范大学讲学、答辩。

2010 年 7 月 8 日　在民族出版社作有关民族语文政策的报告。

2010 年 7 月 17—14 日　去德宏州调查景颇语使用状况。

2010 年 8 月 17—18 日　参加北京大学"走向当代前沿科学的现代汉语语法研究国际学术研讨会",大会主题发言《汉藏语的"的"字结构》。

2010 年 8 月 22 日　参加在北京师范大学召开的 2010 年中国语言学暑期研讨班,作了题为《从非汉语反观汉语》的报告。

2010 年 8 月 26—28 日　参加北京大学的"中国语言学发展之路——继承、开拓、创新"会议,大会主题发言题目为《从非汉语反观汉语是汉语研究的方法之一》。

2010 年 8 月 27 日　在昆仑饭店参加"女书遗产抢救"会议。

2010 年 9 月 29 日　参加教育部评审 6 个标准法。

2010 年 10 月 22—24 日　参加《民族语文》组稿会在贵州召开的"语言接触与语言关系"学术讨论会,报告题为《语言接触与死灰复燃》。

2010 年 10 月 26 日　教育部李副部长邀请参加双语问题座谈会。

2010 年 10 月 28 日　参加中央民族翻译局会议。

2010 年 10 月 30 日　在北京市语言学会第九届学术年会上作《从非汉语反观汉语》的讲演。

2010 年 10 月 30—31 日　参加北京大学召开的"四川境内藏缅语国际研讨会"。

2010 年 11 月 5—6 日　参加国家新闻出版总署《中华字库》评审会。

2010 年 11 月 18—19 日　赴南开大学参加教育部"十二五"语言学学科规划会议。

2010 年 11 月 27—28 日　参加"庆祝张斌先生 90 华诞从教 60 周年学术研讨会暨《现代汉语描写语法》"首发仪式,提交论文《论语言演变链》。

2010 年 12 月 2—3 日　在友谊宾馆参加"关于召开中华字库工程实

施方案评审会"。

2010年12月9—10日　参加国家语委"十二五"科研工作研讨会。

2010年12月13—16日　赴海南师范大学讲学，讲演题目为《汉藏语研究中的几个理论问题》。

2010年12月24—27日　参加在云南德宏州召开的"第二届全国高等院校民族语文教学暨学术研讨会"。

2010年12月29—30日　在云南民族大学讲演，题为《类型学与汉藏语研究》。

2011年2月18日　在教育部参加国家语委咨询委员会第11次会议。发言《两全其美，和谐发展》。

2011年2月18—20日　参加中华字库会议。

2011年2月24日　参加国家语委召开的"外国语言文字使用管理规定"会议。

2011年3月28日—4月1日　在南昌讲学。

2011年4月9日　接受中国传媒大学语言生活采访。

2011年4月21日　为国家民委翻译学习班作报告，题为《构建我国和谐的语言生活》。

2011年4月27日　在北京大学作学术报告，题为《试论跨境语言调查研究的理论方法》。

2011年5月20日　去南开大学参加博士生答辩。

2011年5月30日—6月5日　去锦州参加答辩和讲演。

2011年6月11—13日　在南开大学参加国际中国语言学会议。

2011年6月24—25日　参加阿尔泰语类型学会议。主旨发言为《近20年来汉藏语类型学研究》。

2011年6月25日　在教育部作"跨境语言研究"项目论证答辩。

2011年7月5—7日　参加在中央戏曲学院召开的"2011年教育部社会科学委员会语言文学、新闻传播学和艺术学学部工作会议暨'十二五'战略规划研讨会"。

2012年4月　应聘为云南师范大学汉藏语研究院院长。

2012年5月18—22日　去新疆师范大学参加新疆普通高校社科重点研究基地"新疆少数民族双语教育研究中心"挂牌仪式。

2012 年 5 月 22 日　在新疆师范大学昆仑讲坛作《立足"本土"，讲究"视野"——漫谈当今语言研究之路》的报告。

2011 年 10 月 15 日　赴天津参加"《语法修辞讲话》发表 60 周年学术研讨会"。

2012 年 10 月 23 日　担任北京大学 2012-2013《王力学术讲座》第五讲主讲人。

2012 年 11 月 24—25 日　参加第二届类型学视野下的汉语与民族语言研究高峰论坛。

2013 年 5 月 12 日　参加由南昌大学举办的"汉语句式研究学术研讨会"。

2013 年 7 月 25 日　参加《中国语言生活报告》审稿。

2013 年 7 月 27 日　参加 2013 "海内外中国语言学者联谊会"第四届学术论坛，主题发言题为《漫谈跨境语言调查研究方法论》。

2013 年 8 月 3 日　在中国人民大学为第 11 届语言学高级研讨班作报告，题为《再论汉语和非汉语结合研究的理论方法》。

2013 年 8 月 13 日　赴陕师范大学为中国语言学高级研讨班作报告，题为《再论从非汉语反观汉语》。

2013 年 9 月 16—17 日　赴贵阳参加第 10 届国际双语学研讨会。

2013 年 11 月 14—18 日　参加"暨南大学华文教育国际研讨会"，发言题为《汉语的特点究竟是什么？》。

2013 年 11 月 21—24 日　参加第七届全国社会语言学学术研讨会暨跨境语言研究论坛，主题发言题为《跨境语言研究的历史和现状》。

2013 年 12 月 14—15 日　参加北京语言大学举办的首届"中国周边语言文化论坛"，主旨发言为《论跨境语言的和谐与冲突——以中缅跨境景颇语为例》。

2014 年 1 月 15 日—2 月 10 日　赴缅甸进行"缅甸的民族及语言"课题调查。

2014 年 2 月 19—23 日　和悉艰参加在瑞丽召开的世界景颇人大会，发言题为《景颇语在汉藏语中的地位》。

2014 年 4 月 10 日　参加国家民委课题评审。

2014 年 4 月 10—11 日　在北京华文学院参加《中国语言状况绿皮

书》审稿。

2014年6月6日　参加中央民族大学社科基金重大项目《新疆多民族语言有声调查与数据库建设》开题会。

2014年6月12日　和悉艰赴山西大同大学讲学。

2014年6月27日　在北京语言大学参加中国周边语言文化协同创新中心培育建设专家咨询会。

2014年7月23日　在教育部为优秀中青年语文工作者作报告。

2014年7月24日　赴云南文山调查壮族、苗族的语言生活。

2014年10月6日　在德宏师专作《学科建设与课题申报》的报告。

2014年10月16—19日　参加第47届国际汉藏语暨语言学会议，任主席。

2014年10月21—23日　赴玉溪参加第四届濒危语言会议。

2014年10月25日—11月8日　赴云南芒市调查德昂语。

2014年11月15日　在北京语委为西藏语文干部班作《论语言保护》的报告。

2014年11月19日　参加北京师范大学"中国盲文手语研制"结题评审会。

2014年11月22—23日　参加"第三届类型学视野下的汉语与民族语言研究高峰论坛"，作主旨报告及会议总结。

2014年11月28—29日　参加中国民族语言学会召开的第二届比较语言学专题研讨会，作大会主题发言，题目为《对汉藏语类型学研究几个问题的思考》。

2015年1月8日　参加国家语委咨询委员会会议。

2015年1月8—9日　参加南开大学国家社科基金重大项目开题会。

2015年1月11日　参加北京语言大学组织的中国语言资源保护工程筹备会。

2015年1月28—31日　在山东师范大学参加张文国教授国家社科项目开题讨论会。

2015年1月17日　参加中央民族大学教育学院召开的"中国少数民族教育前沿问题学术研讨会"。

2015年3月9日　在西郊宾馆参加"中国语言资源保护工程工作

会议"。

2015年3月28日　在云南师范大学汉藏语研究院作题为《汉藏语并列复合词的韵律特征》的学术报告。

2015年4月29—30日　在北京华文学院参加《中国语言生活状况》绿皮书的审订。

2015年5月3日　应邀在第八届社会语言学学术研讨会上作了《语言使用研究在社会语言学研究中的地位》的主旨报告。

2015年5月5日　参加北京语言大学召开的"中国周边语言文化协同中心中国边疆地区语言状况"专家咨询会，受聘为丛书顾问。在会上作了题为《建立具有中国特色的边疆地区语言状况研究》的主旨发言。

2015年5月18日—6月8日　到中央音乐学院上《语音学》课。

2015年6月3—6日　赴徐州师范大学参加第五届海外语言学家论坛，作了题为《景颇语的基数词》的报告。

2015年7月12日　在北京师范大学参加第二届国际汉语汉字文化研讨会，作了《语言保护与中国少数民族语言》的报告。

2015年7月21日　去乌鲁木齐为新疆汉语教师作报告，题为《怎样做语言国情调查》。

2015年8月5日　为第一期"全国民族语文应用研究中青年学者高级研讨班"作报告，题为《科学保护各民族语言文字的理解和贯彻》。

2015年8月13日　去河北大学为第五届语言学培训班讲课。题目为《汉藏语研究的方法论问题》。

2015年8月16日　应邀去湖南江华参加女书座谈会。

2015年8月21日　在都匀参加"'一路一带'沿线的跨境语言文化国际学术讨论会暨第三届中国周边语言文化论坛"。

2015年9月24日在云南师范大学作题为《汉藏语研究方法论的三点体会》的报告。

2015年10月9日　赴昆明做云南社科基金重大项目"云南跨境语言研究"的答辩。

2015年10月15—16日　与悉艰同行，在北京西郊宾馆参加"绿皮书十周年纪念会"。

2015年10月16日　在首都师范大学参加中国少数民族语言文学学

科专家论证会。

2015年10月24日　在北京第二外国语大学参加"2015北京十月北京论坛：中国与西方"，发言题为《语言问题与国家安全》。

2015年10月25日　在首都师范大学参加"首届民族语文描写与比较学术讨论会"，作了《系统地、微观地进行语言描写势在必行》的主旨发言。

2015年10月29日　在国家民委给锡林郭勒盟民委系统干部做《新时期民族语文的地位和功能》的报告。

2015年11月1—2日　去徐州参加"语言能力协同创新中心专家委员会会议和'一带一路'语言能力建设研讨会暨中国语言智库高峰论坛"。

2015年11月5—6日在中央民族大学参加由北京语言大学和中央民族大学召开的"'一带一路'沿线的跨境语言文化国际学术研讨会暨第三届中国周边语言文化论坛"。开幕式致辞并作主题发言《跨境语言研究当前面临的三个理论问题》。

2015年11月20日　在北京语言大学作题为《怎样做跨境语言调查》的报告。

2015年11月25日　参加国家民委民族语文专家指导委员会会议。

2015年11月26日　参加教育部国家语委专家咨询委员会、语言文字规范标准审定委员会会议，讨论"十三五"社科规划、外文规范等评审会。

2015年11月26日　参加由中央民族大学文传学院召开的"汉语方言与文化学术讨论会"。

2016年1月28日　应邀参加在人民大会堂召开的春节茶话会。

2016年4月8—11日　参加湖南师范大学重大项目论证会。

2016年4月22日　应邀参加"戴庆厦、徐悉艰教授与云南民族大学景颇族学子见面会"，景颇族学生赠送景颇族长刀及挎包。

2016年5月2日　在北京华文学院参加《中国语言生活绿皮书》审定。

2016年6月13日　应邀赴呼和浩特市为内蒙古自治区举办的"民族语文高级研修班"作《语言保护》的报告。

2016年6月23日　应南京大学邀请参加"汉语史学术讨论会",宣读论文《再论汉语的特点究竟是什么》。

2016年6月24日　参加在贵州都匀召开的"第11届国际双语学会议"。报告题为《从三国看少数民族兼用国家通用语的趋势》。

2016年6月28日　赴广西民族大学作《汉语的特点究竟是什么》和《怎样做好学科建设》的报告。

2016年7月1日　参加在广西百色召开的"边疆语言文化暨第四届中国周边语言文化论坛"会议,报告题为《编写周边语言状况丛书的一些想法》。

2016年7月19日　在教育部举办的培训班作《如何做语言保护调查研究》的报告。

2016年8月10—12日　应邀赴内蒙古大学参加"中华各民族谚语"重大课题申请论证。

2016年9月16—22日　在昆明记录老挝普内语。

2016年9月22日　在云南师范大学作《再论汉语的特点》讲座。

2016年10月13日　参加中国民族语文应用中心成立大会,代表专家发言。

2016年10月14—16日　参加国务院学位委员会中国语言文学学科评审组2016年度工作会议。

2016年10月25—27日　参加徐州师范大学"一带一路"项目开题。

2016年11月1—2日　参加中法语言政策国际研讨会。

2016年11月19—20日　在北京语言大学参加第四届汉语和民族语类型学会议,主旨发言是《再论汉语的特点究竟是什么》。

2016年11月21—22日　参加在徐州召开的中国语言文学学科建设会议。

2016年11月24—25日　参加在内蒙古大学召开的社科重大课题中华谚语研究开题会议。

2016年11月27日　参加北京师范大学俞敏先生诞辰100周年纪念会。

2016年12月17日　参加首都师范大学召开的"燕京民族语文研讨会",发言题是《我做景颇语研究的一些体会》。

2016年12月31日—2017年1月13日　赴云南芒市调查德昂语。

2017年2月13日　到云南保山学院参加国家社科基金评审。

2017年2月14—18日　在云南师范大学参加商务印书馆的《中国语言生活绿皮书》审稿和"中国战略语言研究座谈会"。

2017年3月24日　在云南语委作"语言保护"报告，下午在云南大学作题为《语言田野调查》的报告。

2017年7月12日　去缅甸八莫市调查语言使用情况。

2017年9月12日　在云南民族大学作《我的语言学研究》报告。

2017年9月14日　在云南师范大学文学院作《扎实的基础是深造的必要条件》的报告。

2017年9月26—29日　参加第13届国际双语学研讨会。

2017年10月12—14日　去内蒙古大学参加"中华谚语"重大项目推进会。

2017年10月19日　在北京语言大学作《我国四次语言大调查的回忆》的报告。

2017年10月26—28日　去锦州大学作报告，题目是《谈谈治学》《论分析性语言的研究眼光》。

2017年11月5日　参加"社科指南"论证。

2017年11月10—12日　参加在广西桂林召开的中国民族语言学会描写语言学会议。

2017年11月17—18日　赴广西南宁参加"语言资源联盟会议"。

2017年11月25—28日　参加50届国际汉藏语暨语言学会议，发言题为《论分析语研究的眼光》。

2017年12月8—11日　参加中国民族语言学会应用语言学会议，发言题为《我国四次大调查的回忆》。

2017年12月14—17日　赴广西崇左参加第二届"边疆语言与民族文化论坛"，发言题为《边疆语言研究的三个问题》。

2017年12月20日　参加教育部咨询委员会会议。

2017年12月29日　参加国家民委中国少数民族语文应用研究院成立大会，被任命为名誉院长。

2017年12月29—31日　赴上海参加"语言战略高峰论坛"，报告题为《跨境语言与国家安全——以跨境景颇语为个案》。

2018年3月30日　参加中央民族大学"一带一路"项目启动论证会。

2018年4月9—11日　参加商务印书馆出版的《中国语言生活绿皮书》审稿。

2018年4月26日　在云南师范大学汉藏语研究院作题为《论景颇语分析性属性》的报告。

2018年6月19日　参加中国社会科学院2018年学部委员增选工作，担任评审委员会委员。

2018年7月13—16日　赴福建泉州参加"第八届现代汉语虚词研究与对外汉语教学国际学术研讨会"，报告题为《谈谈怎样认识汉语的特点》。

2018年7月19日　在云南大学为全国语言学培训班作题为《从共时窥见历时》的报告。

2018年7月28日　参加中国社会科学院2018年学部委员增选工作，任文学哲学学部候选人评审委员会委员。

2018年8月3—6日　参加汉藏语语言学会议，发言题为《论景颇语的分析性属性》。

2018年9月19—20日　参加在湖南长沙召开的世界语言资源保护大会，发言题为《景颇语保护的经验及问题》。

2018年10月13日　参加清华大学语言学博士论坛，发言题为《重视用分析性眼光研究汉藏语》。

2018年10月20—21日　参加首都师范大学历史语言学会议。发言题为《景颇语一个半音节在汉藏语语音研究中的地位》。

2018年10月26—29日　赴云南昭通参加云南语言学会年会，发言题为《重视使用分析性眼光研究汉藏语》。

2018年10月31日—11月2日　参加第3届边疆语言论坛，发言题为《宏观把握，微观深入——老挝跨境语言调查研究的心得》。

2018年11月24日　参加第五届语言类型学会议，发言题为《景颇语句尾词的衰变与语言转型》。

2018年11月27日　参加中国民族语文应用研究中心2018年度专家

咨询委员会会议，发言题为《新时代的语言国情调查》，受聘为中国民族语文应用研究中心民族语文专家咨询委员会委员。

2018年12月12日　参加在老挝举行的"湄公河流域语言文化国际会议"，发言题为《语言保护在中国》。

2019年3月13日　参加教育部召开的国家语言文字规范标准审定委员会会议，审定《汉语手指字母方案》《中华同韵》。

2019年5月7—9日　去南宁广西民族大学参加语言博物馆筹备，在文学院作了《怎样记音》的讲座。

2019年5月9日　在云南师范大学文学院作《语言类型与词类演变》的报告。

2019年6月12日　在云南民族大学作题为《论语言研究的敏锐性》的报告。

2019年8月9日　参加纪念罗常培诞辰120周年纪念日。

2019年8月20—23日　参加在南开大学举行的"中国西南地区汉藏语研究会"，主题发言题是《景颇语的单音节性和双音节化》。

2019年9月19—23日　赴海南参加由海南师范大学组织召开的民族语文学术会议。报告题是《分析性眼光与汉藏语研究》。

2019年10月12—13日　参加湖南大学首届民族语言论坛，主旨发言题目是《论分析性眼光对汉藏语研究的解释力》。

2019年10月11日　在中南大学作报告，题为《重视培养对语言的敏锐性》。

2019年10月12日　在湖南大学文学院作报告，题为《分析性眼光与汉藏语研究》。

2019年10月26—27日　参加"中国民族语言学会建立40周年暨学术讨论会"，主旨发言题为《语言转型视野下的景颇语特点分析》。

2019年11月29—12月1日　参加云南师范大学跨境语言研讨会，主旨发言题是《深化跨境语言研究的五个理论问题》。

2020年7月　受聘为暨南大学"詹伯慧语言学奖"评审委员。（广东省暨南大学教育发展基金会）

2020年9月25日　参加国家语委语言文字规范标准审定委员会，审定对外汉语定级标准等三个草案。

2020年11月24日　在中国传媒大学作报告，题为《三论汉语研究与非汉语研究结合的必要性》。

2020年11月28日　在湖南师范大学"第五届南方语言研究高端论坛"作了主旨发言《汉语研究结合非汉语研究是有效的》。

2020年12月3日　在西安外国语大学汉学院、中亚学院作报告，题为《论语言研究中的分析性眼光》。

2020年12月6日　参加"《红楼梦》跨文化研究研讨会"，做了主旨发言，题为《多民族视域下〈红楼梦〉语言研究》。

2020年12月14日　参加在北京举行的第三届"语言资源与治理国家学术研讨会暨《万国语言志》编写启动会"，主旨发言题为《编写老挝语言概况的一些体会》。

2020年12月14日　参加在中央民族大学举办的"中国民族语言学会民族语文应用专业委员会第二届学术研讨会暨中国民族语文应用首届高端论坛"，主旨发言题为《论记音》。

（二）社会兼职

1986年4月　被聘为北京市社会科学规划小组成员。

1992年4月　被国务院学位委员会聘为第三届学科评审组中国语言文学成员。

1992年8月　推选为中华炎黄文化研究会理事。

1992年12月8日　受聘为中国民族语地名专业委员会副主任。

1994年8月29日　受聘为全国术语标准化技术委员会少数民族语分委员会委员。

1994年9月23—25日　全国少数民族图书评奖。

1994年12月　应聘为广西民族大学兼职教授。

1994年　应聘为百卷本《世界全史》专家团成员。

1994年　应聘为云南民族学会哈尼族研究委员会顾问。

1994年8月　应聘为第二届中国民族图书奖评审委员会委员。

1995年5月20日　应聘为中国民族语言学会副会长。

1996年1月　应聘为郑州大学兼职教授。

1996年3月28日—4月6日　赴福建师范大学讲学，应聘为兼职教授。

1996年5月22日　应聘为云南民族大学名誉教授。

1996年9月16日　应聘为美姑彝族毕摩文化研究中心顾问。

1996年9月20日　应聘为《中国高级教育专家名典》特约顾问、编委。

1996年12月　应聘为中国社会科学院第三届高级专业技术职务评委；中国社会科学院民族研究所第三届专业技术职务评审委员会委员。

1997年5月　应聘为第三届中国民族图书奖评审委员会委员。

1997年6月　应聘为第四届国务院学位委员会评审组成员。

1997年9月1日　应聘为华中理工大学兼职教授。

1997年9月　应聘为内蒙古民族师范学院客座教授。

1997年9月8日　《中国少数民族文化大辞典》出版首发式，任主编。

1997年10月　应聘为北京市高级专业评审委员会成员。

1997年11月　应聘为北京语言大学兼职教授。

1998年4月　应聘为国家哲学社会科学研究"九五"规划语言学学科规划小组（学科评审组）成员。

1999年4月　应聘为中华炎黄文化研究会第二届学术委员会委员。

1999年5月　应聘为河南师范大学兼职教授。

1998年5月9日　应聘为北京新亚研修学院语言教育研究所研究员。

1999年7月15日　应聘为黑龙江大学客座教授。

1999年11月　应聘为武汉大学兼职教授。

2000年4月　应聘为南开大学兼职教授。

2000年6月　应聘为延边大学名誉教授。

2001年1月　应聘为河北大学兼职教授。

2001年4月　应聘为《中国人民大学复印报刊资料·语言文字学》学术委员。

2001年4月　应聘为湖北民族学院兼职教授。

2001年5月　应聘为云南大学客座教授。

2001年6月　应聘为四川大学"211工程"重点项目"汉语史与中国古典文献学"项目验收评审专家。

2001 年 6 月　应聘为吉首大学兼职教授。

2001 年 11 月　应聘为国家语言文字工作委员会 21 世纪第一届语言文字规范（标准）审定委员会委员。

2001 年 12 月　应聘为陕西师范大学兼职教授。

2002 年 1 月　应聘为商务印书馆语言学出版基金评议组委员。

2002 年 4 月　应聘为南开大学中国语言文学系兼职教授。

2002 年 5 月　应聘为第四届中国人民大学"吴玉章奖学金"基金委员会语言文字学学科评审专家。

2002 年 6 月　应聘为南昌大学兼职教授。

2003 年 5 月　应聘为《李方桂先生全集》编辑委员会委员。

2003 年 6 月　应聘为《满语研究》杂志编委。

2004 年 2 月　应聘为广西民族学院客座教授。

2004 年 11 月　应聘为全国术语标准化技术委员会少数民族语言文字分技术委员会主任委员。

2005 年 1 月　应聘为国际双语学学会会长。

2005 年 1 月　应聘为《汉语学习》杂志顾问。

2006 年 2 月 10 日　应聘为《中国语言学年鉴》编委。

2006 年 3 月 9 日　应聘为香港大学《高中中国语文科中华文化教学研究及实验计划》顾问。

2006 年 6 月　应聘为国家非物质文化遗产保护工作专家委员会委员。

2006 年 12 月 8 日　应聘为香港中文大学兼职教授。

2006 年 12 月 20 日　应聘为教育部与北京师范大学共建的中国文字整理与规范研究中心学术委员会委员。

2006 年 12 月 22—24 日　北京师范大学珠海分校访问，应聘为名誉教授。

2006 年 12 月　应聘为国家语言文字工作委员会 21 世纪第二届语言文字规范（标准）审定委员会委员。

2007 年 1 月 7 日　应聘为北京师范大学中国文字整理与规范研究中心学术委员会委员。

2007 年 8 月　应聘为云南省民族学会景颇族研究委员会第二届委员会顾问。

2007年8月　应聘为中国文字博物馆专家委员会委员。

2007年11月　应聘为教育部语信司·南京大学中国语言战略研究中心学术委员会委员。

2008年3月　应聘为杭州师范大学客座教授。

2008年6月23日　应聘为国家语言资源监测与研究中心少数民族语言分中心主任。

2008年12月　应聘为北京师范大学珠海分校国际汉语文化研究所名誉所长。

2009年2月10日　应聘为国家语委咨询委员会委员。

2010年5月16日　应聘为新闻出版总署重大科技工程项目专家咨询委员会委员。

2011年12月　应聘为中国少数民族汉语水平等级考试专家委员会委员。

2012年1月1日　应聘为澳门语言文化研究中心顾问委员会委员。

2012年5月19日　应聘为新疆普通高校人文社科重点研究基地"新疆少数民族双语教育研究中心"发展指导专家委员会委员。

2012年5月21日　应聘为新疆师范大学客座教授。

2012年6月　应聘为"罗常培语言学奖"评审人。

2012年7月10日　应聘为北京大学——香港理工大学汉语语言学研究中心附属机构《语言学》杂志的顾问委员会委员。

2012年7月　入选为中组部主持的"青年千人计划"通信评审专家。

2013年1月19日　应聘为《中国社会科学报》语言学学科专家委员会委员。

2013年3月19日　应聘为国家民委民族语文工作专家咨询委员会副主任委员。

2013年5月　应聘为内蒙古大学客座教授。

2013年7月8日　应聘为2013年全国语言学暑期高级研讨班讲座专家。

2013年8月　应聘为《百越论丛》学术顾问。

2013年11月11日　应聘为北京语言大学"中国周边语言文化协同创新中心"专家委员会委员。

2013年12月10日　应聘为新疆师范大学《双语教育研究》编委。

2013 年 12 月 26 日　应聘为徐州大学"语言能力协同创新中心"的专家委员会委员。

2014 年 3 月　应聘为《贵州民族研究》学术顾问。

2014 年 6 月 3 日　应聘为《语言政策与规划研究》杂志编委。

2014 年 8 月 14 日　应聘为全国民族教育专家委员会委员。

2015 年 1 月　应聘为上海外国语大学《语言政策与语言教育》杂志顾问。

2015 年 4 月　应聘为《世界华文教学》杂志顾问。

2015 年 6 月 28 日　应聘为中国语言学会语言政策与规划研究会顾问。

2015 年 10 月 26 日　被聘为《中国当代语言学文库》学术顾问。

2015 年 11 月　应聘为国家语委语言文字规范标准审定委员会委员。

2015 年　应聘为首都师范大学《语言文化研究》集刊顾问。

2016 年 1 月 1 日　应聘为澳门语言文学研究中心顾问。

2016 年 3 月 26 日　应聘为南京大学《汉语史与汉藏语研究集刊》学术顾问。

2016 年 5 月 15 日　应聘为《汉语方言大辞典》顾问。

2016 年 6 月　应聘为《世界华文教学》杂志顾问。

2017 年 8 月　应聘为北京大学"王力语言学奖"第十七届评审工作的特邀评委。

2018 年 7 月 14 日　应聘为北京语言大学语言资源高精尖创新中心咨询委员会委员。

2018 年 6 月 20 日　应聘为中国社会科学院 2018 年学部委员增选工作文学哲学学部候选人评审委员会委员。

2018 年　受聘为中国民族语文应用研究中心民族语文专家咨询委员会委员。

2021 年 6 月 30 日　应聘为中国语文现代化学会民族语文现代化专业委员会名誉理事长。

2021 年 10 月　应聘为《语言文字应用》顾问。

（三）论著目录（1958—2020）

1958 年

《谈谈松紧元音》，载《少数民族语文论集（2）》，中国语文丛书。

1961 年

《闽语仙游话的音变规律》，载《中国语文》1961（1）。（与吴启禄合写）

1962 年

《闽语仙游话的文白异读》，载《中国语文》1962（8、9）。（与吴启禄合写）

1964 年

《哈尼语元音的松紧》，载《中国语文》1964（1）。（与胡坦合写）

1978 年

《各民族都有使用和发展自己的语言文字的自由》，载《思想战线》1978（3）。

1979 年

《我国藏缅语族松紧元音来源初探》，载《民族语文》1979（1）。

1980 年

《促进民族语文繁荣发展的一次盛会》，载《民族语文》1980（1）。（与孙宏开合写）

《社会主义时期是民族语文繁荣发展的历史时期》，载《民族语文》1980（2）。（与马学良合写）

《关于少数民族文字中汉语借词拼写法问题》，载《中国语文》1980（4）。（与周耀文合写）

《云南少数民族语言文字概况》，云南民族出版社，1980。（与周耀文合著）

1981 年

《论"语言民族学"》，载《民族学研究》第一辑，1981。（与马学良合写）

《彝语支语言的清浊声母》，载《中央民族学院学报》1981（2）。

《论景颇语和载瓦语的关系》，载《思想战线》1981（4）。

《载瓦语使动范畴的形态变化》，载《民族语文》（1981）（4）。

《哈尼族》，载《中国少数民族》，人民出版社，1981。（与王尔松合写）

《汉景词典》，云南民族出版社，1981。（与岳相昆、肖家成、徐悉艰合著）

《语言学概论》，华中工学院出版社，1981。（马学良主编，为定稿编写人之一）

1982 年

《白狼歌研究》，载《民族语文》1982（5）。（与马学良合写）

《彝语支语言比较研究》，载《民族语文论集》1982（7）。（与马学良合写）

1983 年

《语言与民族》,载《民族研究》1983(1)。(与马学良合写,《中国语言人类学百年文选》转载,周庆生主编,知识产权出版社,2008。该文英文版载 Anthropology in China, Edited by Gregory Eliyu Guldin, Armonk, New York London, England, 1991)。

《中国民族语言学对发展语言学的重要性》,载《中央民族学院学报》1983(1)。

《浪速语初探》,载《语言研究》1983(2)。(与徐悉艰合写)

《阿昌语概况》,载《民族语文》1983(3)。(与崔志超合写)

《景颇成语》,云南民族出版社,1983。(与岳相昆合著)

《景汉词典》,云南民族出版社,1983。(与徐悉艰、肖家成、岳相昆合著)

1984 年

《藏缅语族某些语言弱化音节探源》,载《民族语文》1984(2)。

《我国民族地区双语研究中的几个问题》,载《民族研究》1984(4)。(与马学良合写)

1985 年

《阿昌语的清鼻音》,载《民族语文》1985(2)。

《景颇语的声调》,载《中央民族学院学报》1985(3)。

《试论我国少数民族辞书的发展》,载《民族研究》1985(4)。(与王远新合写)

《波拉语概况》,载《民族语文》1985(6)。(与傅爱兰、刘菊黄合写)

《阿昌语简志》,民族出版社,1985。(与崔志超合著)

1986 年

《云南民族语文工作中的几个理论研究课题》，载《云南民族语文》1986（1）。

《怒江州的双语现象及发展》，载《云南民族语文》1986（2）。（与段伶合写）

《论我国少数民族文字发展的特点》，载《民族学与现代化》1986（2）。（与王远新合写）

《独龙语木力王话的长短元音》，载《中央民族大学学报》1986（3）增刊。（与刘菊黄合写）

《景颇语并列结构复合词的元音和谐》，载《民族语文》1985（5）。

《景颇语的连写规则》，载《正词法参考资料》1986。

《汉藏语系概要》，载《语言调查研究讲座》，青海人民出版社，1986。

《中国大百科全书·民族卷》中的"汉藏语系、藏缅语族、缅语支、景颇语支、景颇语、载瓦语、阿昌语"等条目，中国大百科全书出版社，1986。

《景颇语文常识》，德宏民族出版社，1986。（与岳相昆合写）。

1987 年

《关于少数民族辞书编写的几个问题》，载《云南民族语文》1987（1）。

《独龙语的弱化音节》，载《云南民族学院学报》1987（1）。（与刘菊黄合写）

《云南蒙古族嘎卓语研究》，载《语言研究》1987（1）。（与刘菊黄、傅爱兰合写）

《论景颇族支系语言》，载《民族研究》1987（3）。

《普及教育、开放经济是双语发展的重要因素——基诺族双语现象调查》，载《民族团结》1987（3）。（与刘菊黄、傅爱兰合写）

《论我国民族的语言转用问题》，载《语文建设》1987（4）。（与王远新合写）

《我国的民族语文工作与社会语言学》，载《民族语文》1987（5）。

《克伦语初探》，载《中央民族大学学报》1987（6）。（与刘菊黄、傅爱兰合写）

Characteristics of the Language of Traditional Songs and Poetry of the Jingpo Nationality, Linguistics of the Tibeto-burman Area, Volume 10.1 Spring 1987. U. S. A.

《民族词典》中的"汉藏语系、藏缅语族、缅语支、彝语支、景颇语支、彝语、傈僳语、拉祜语、纳西语、白语"等30多条目，上海辞书出版社，1987。

《中国少数民族语言》中的阿昌语、景颇语等条目，四川民族出版社，1987。

1988 年

《论语言学和民族学的结合与发展》，载《中南民族学院学报》1988（1）。（与王远新合写）

《一座沟通各民族心声的金桥——伊宁市双语掠影》，载《语言与翻译》1988（1）。（与王远新合写）

《新蒙乡双语调查报告》，载《西南民族学院学报》1988（2）。（与傅爱兰、刘菊黄合写）

《高山族语言文学·序》，载《高山族语言文学》，中央民族学院出版社，1988。

《再论社会主义时期是民族语文繁荣发展的历史时期》，载《民族研究》1988（5）。

《藏缅语族某些语言的音节搭配律》，载《民族语文》1988（5）。（与刘菊黄合写）

My work in Tibetan-Burman Linguistic, Linguistic of the Tibeto-Burman Area, Volume 11.2. Tall 1988. U. S. A.

《中国大百科全书·语言文字卷》中的"汉藏语系、藏缅语族、景颇语、载瓦语、阿昌语、缅语支、景颇语支、少数民族语言教学、少数民族学习汉语"等条目,并任该卷"中国诸民族语言文字分科"副主编,中国大百科全书出版社,1988。

《景颇族》,民族出版社,1988。(与龚佩华、陈克进合著,并负责全书统稿)

1989 年

《载瓦语声调研究》,载《中央民族学院学报》1989(1)。

《景颇族传统诗歌的语言特点》,载《中央民族大学学报》1989(1)增刊。

《缅彝语的结构助词》,载《语言研究》1989(2)。

《〈中国少数民族语言简志丛书〉简介》,载《中国语文通讯》1989(3)。

《关于我国藏缅语族系属分类问题》,载《云南民族学院学报》1989(3)(与刘菊黄、傅爱兰合写)

《我国双语研究的现状与展望》,载《民族教育》1989(3)。(与赵益真合写)

《论彝语支》,载《彝语研究》1989(4)。

《藏缅语族辅音韵尾的发展》,载《语言文字学术论文集》1989(4)。(与马学良合写)

《中国藏缅语描写语言学的现状及展望》,载《民族语文》1989(4)。

《关于民族语文工作的几个问题》,载《民族团结》1989(4)。

《勒期语的长短元音》,载日本《东亚语言和历史》1989(10)。

1990 年

《仫佬族的语言观》,载《中南民族学院学报》1990(1)。(与张弼弘合写)

《藏缅语族语言的研究与展望——马提索夫教授访问记》,载《民族语文》1990(1)。

《论语言关系》，载《民族研究》1990（2）。

《怒江傈僳族自治州的双语现象及其发展》，载《中国少数民族双语研究论集》，民族出版社，1990。（与段伶合写）

《一种有特色、有价值的语言学杂志——美国〈藏缅语区的语言学〉杂志介绍》，载《民族研究动态》1990（3）。

《美国柏克加州大学〈汉藏语词源学分类词典〉课题研究》，载《国外语言学》1990（4）。

《应该建立一个新学科——少数民族语言文字应用学》，载《云南民族语文》1990（4）。

《从藏缅语看壮侗语言与汉语的关系》，载《汉语与少数民族语言关系研究》1990（6）。

《景颇语的句尾词》，载《民族语言研究文集》，云南民族出版社，1990。

《景颇语教学经验点滴》，载《民族语文教学经验文集》，贵州民族出版社，1990。

《民族语文专业开设社会语言学课程的初步设想》，载《民族语文教学经验文集》，贵州民族出版社，1990。

Language and Nationality, Anthropology in China, Edited by Gregory Eliyu Guldin，1990（与马学良合写）。

《藏缅语族语言研究》，云南民族出版社，1990。

《语言关系与语言工作》，天津古籍出版社，1990。（任主编）

1991 年

《景颇语亲属称谓的语义分析》，载《民族语文》1991（1）。

《新疆伊宁市双语场的层次分析》，载《语言·社会·文化》1991（1）。（与王远新合写）

《彝语的撮唇音和长重音》，载《中央民族学院学报》1991（2）。（与曲木铁西合写）

《第23届国际汉藏语言和语言学会议报导》，载《国外语言学》1991（2）。

《简化汉字是少数民族的心愿》，载《语文建设》1991（3）。

《彝语义诺话的语音系统》，载《彝语研究》，1991。（与曲木铁西合写）

《藏缅语族语言声调研究》，载《学术论文集》，中央民族学院出版社，1991。

On the Affiliation of the Kadai（Zhuang Dong）Group：Indications from the Nature of the Relationship between Tibeto-Burman and Chinese，载 Kadai，October 1991。

《藏缅语语音和词汇》中的阿昌语、浪速语词汇，中国社会科学出版社，1991。

《汉藏语概论》中的藏缅语景颇语支、缅语支，北京大学出版社，1991。（合著，并负责全书统稿）

《藏缅语十五种》，北京燕山出版社，1991。（与黄布凡、傅爱兰、宁玉、刘菊黄合著）

《中国各民族文字与电脑信息处理》，中央民族学院出版社，1991。（任主编之一）

《云南出版史志资料（第七辑）》中的《云南少数民族语言文字概况》，云南省新闻出版局，1991。（与徐悉艰合写）

1992 年

《彝缅语鼻冠声母的来源及发展——兼论彝缅语语音演变的"整化"作用》，载《民族语文》1992（1）。

《中央民族学院民族语文专业的语言学教学》，载《中央民族学院学报》1992（3）。

《彝语义诺话动物名词的语义分析》，载《民族语文研究新探》，四川民族出版社，1992。（与曲木铁西合写）

《嘉戎语梭磨话有没有声调？》，载《纪念王力先生九十诞辰文集》，山东教育出版社，1992。

An Observation on the Genesis Development Tibeto-Burman Tones，Bulletin of the National Museum of Ethenology，Vol. 17，No. 4，1992。

《汉载词典·序》，四川民族出版社，1992。

《教育大辞典》中的"景颇族教育"等词条，上海教育出版社，1992。

《中国人的姓名》中的"阿昌族"条目，中国社会科学出版社，1992。（与崔志超合写）

《藏缅语族语言词汇》中编写8种语言的词汇。中央民族学院出版社，1992。（并任顾问）

《汉语与少数民族语言关系概论》中的第一章及第三章第一节（一），中央民族学院出版社，1992。（任主编）

《景颇语语法》，中央民族学院出版社，1992。（与徐悉艰合著）

1993 年

《景颇语双音节词的音节聚合》，载《语言研究》1993（1）。

《关于纳西语的松紧元音问题——兼论彝缅语语音历史演变的研究方法》，载《民族语文》1993（1）。

《"诺苏"为"黑族"义质疑——兼论从语言研究民族的方法论问题》，载《中央民族学院学报》1993（3）。（与胡素华合写）

《彝语支语言的颜色词》，载《语言研究》1993（4）。（与胡素华合写）

《论普米族的语言观念》，载《云南民族学院学报》1993（4）。（与陈卫东合写）

《对民族文字"创、改、选"经验教训的一些认识》，载《民族研究》1993（6）。（与贾捷华合写）

《兴颇语和景颇语》，载《跨境语言研究》，中央民族学院出版社，1993。

《论"跨境语言"》，载《跨境语言研究》，中央民族学院出版社，1993。（与傅爱兰合写）

《一个多民族杂居区的语言使用特点——兰坪县语言使用特点试析》，载《民族语文论文集》，中央民族学院出版社，1993。

《汉藏语和粤语》，载《第一届国际粤方言研讨会论文集》，香港现代教育研究社出版，1993。

《彝语古籍文献概要·序》，云南民族出版社，1993。
《社会语言学教程》，中央民族学院出版社，1993。
《跨境语言研究》，中央民族学院出版社，1993。（任主编）

1994 年

《略述我国民族语言领域的社会语言学研究》，载《民族研究动态》1994（1）。（与陈卫东合写）

《景颇语动词与藏缅语语法范畴》，载《中央民族大学学报》1994（3）。（与吴和得合写）

《景颇语两个语音特点的统计分析》，载《民族语文》1994（5）。（与杨春燕合写）

《我谈语文规范化》，载《语文建设》1994（10）。

《藏缅语个体量词研究》，载《藏缅语新论》，中央民族大学出版社，1994。

《中国少数民族文化史·景颇族》，辽宁人民出版社，1994。（与徐悉艰合著）

《藏缅语新论》，中央民族大学出版社，1994。（与马学良、胡坦、黄布凡、傅爱兰合著）

《语言和民族》，中央民族大学出版社，1994。

1995 年

《再论"诺苏"非"黑族"义》，载《中央民族大学学报》1995（2）。《中国人民大学复印报刊资料》1995（5）转载。（与胡素华合写）

《少数民族语言文字与教育》，载《中国教育报》1995（3）。

《景颇语单纯词在构词中的变异》，载《民族语文》1995（4）。

《中国少数民族语言使用研究·序》，中国社会科学出版社，1995。

Jingpo prefixes: Their Classification, Origins, and Implications for General Morphology, New Horizons in Tibeto-Burman Morphosyntax, National Museum of Ethnology, 1995. （与吴和得合写）

The Variation of free Morphemes in Compound, Words in Jingpo, Languages of the Tibeto-Burman Area Volume 18: 1-spring 1995.

《对建立少数民族语言文字应用学的重要贡献（序）》，载《中国少数民族语文使用研究》，中国社会科学出版社，1995。

《景颇语词汇学》，中央民族大学出版社，1995。（与徐悉艰合著）

《哈尼语概论》，云南民族出版社，1995。（与段贶乐合著）

1996 年

《彝语支语言颜色词试析》，载《首届哈尼族文化国际学术讨论会论文集》，1996。（与胡素华合写）

《中国国情与双语教育》，载《民族研究》1996（1）。（与董艳合写）

《语言调查常识（一）》，载《云南民族语文》1996（1）。（与傅爱兰合写）

《关于汉藏语系语言的分类问题》，载《云南民族学院学报》1996（2）。《中国人民大学复印报刊资料》1996（10）转载。（与傅爱兰合写）

《我国南方少数民族双语教育研究的现状及任务》，载《民族教育研究》1996（2）。

《中国少数民族双语教育类型》，载《民族教育研究》1996（3）。（与董艳合写）

《一部研究中国少数民族语文使用问题的佳作——评介周耀文的〈中国少数民族语文使用研究〉》，载《语言文字应用》1996（3）。

《再论景颇语的句尾词》，载《民族语文》1996（4）。

《景颇语实词的虚化》，载《中央民族大学学报》1996（4）。

《中国少数民族双语教育的历史沿革（上）》，载《民族教育研究》1996（4）。（与董艳合写）

《我谈语文规范化》，载《云南民族语文》1996（4）。

《从电脑统计结果看白语语音特点》，载《电脑辅助汉藏语词汇和语音研究》，中国藏学出版社，1996。（与赵富芬合写）

《论汉藏语的声韵调分析法》，载《海峡两岸中国少数民族研究与教学研讨会论文集》，中国边政协会编印，1996。

《藏缅语的"名+形"（修饰）语序》，载《中国民族语言论丛》，中央民族大学出版社，1996。

《第二语言（汉语）教学论集（一）》，民族出版社，1996。（任主编）

1997 年

《多角度、多方法是深化少数民族语言研究的必由之路》，载《语言与翻译》1997（1）。

《中国少数民族双语教育的历史沿革（下）》，载《民族教育研究》1997（1）。（与董艳合写）

《论母语》，载《民族研究》1997（2）。《中国人民大学复印报刊资料》1997（6）转载。（与何俊芳合写）

《广卡语声调分析》，载《语言研究》1997（2）。（与刘岩合写）

《从藏缅语、孟高棉语看亚洲语言声调的产生和发展》，载《中国民族语言论丛》（2），云南民族出版社，1997。（与刘岩合写）

《新时期我国少数民族双语变化的特点及其对策》，载《中国民族教育》1997（2）。（与何俊芳合写）

《语言调查常识（二）、（三）、（四）》，载《云南民族语文》1997（2）、（3）、（4）。（与傅爱兰合写）

《关于汉藏语分类的思考》，载《语言教学与研究》1997（4）。《中国人民大学复印报刊资料》1998（2）转载。

《建立双语专业势在必行——内蒙古民族师范学院开设蒙汉双语专业的启示》，载《民族教育研究》1997（4）。（与何俊芳合写）

《城镇民族小学双语教学的新尝试——科左后旗蒙古族实验小学蒙汉双语教学改革实验介绍》，载《中国民族教育》1997（5）。（与何俊芳合写）

《凉山彝语的实词虚化例析》，载《中央民族大学研究生学报》1997（5）。（与胡素华合写）

《景颇语词的双音节化对语法的影响》，载《民族语文》1997（5），《中国人民大学复印报刊资料》1998（1）转载。

《三论社会主义时期是民族语文繁荣发展的历史时期》，载《中央民族大学学报》1997（6）。

《论"双语学"》，载《民族研究》1997（6）。《中国人民大学复印报刊资料》1998（2）转载。（与何俊芳合写）

《瑞丽为什么能率先"普九"》，载《中国教育报》1997.7.4。（与何俊芳、董艳合写）

《发展双语，因地制宜——云南省德宏州双语教学调查报告》，载《中国教育报》1997.9.29。（与何俊芳、董艳合写）

《中国彝学（第一辑）》，民族出版社，1997。（任主编）

《论族际婚姻家庭与语言使用的关系》，载《双语双方言》（五），汉学出版社，1997。（与何俊芳合写）

《我国少数民族汉语教学的现状及问题》，载《语言文字应用》1997年增刊。（与成燕燕合写）

《一条切实可行的发展民族教育之路——云南省傣族景颇族自治州双语文教学体制启示录》，载《第二语言（汉语）教学论集》（二），民族出版社，1997。（与何俊芳、董艳合写）

《二十世纪的彝语语言学》，载《中国彝学》第一辑，1997。（与胡素华合写）

《中国汉字式诸文字的形成与发展》，载韩国《第一次亚洲汉字式文字讨论会论文集》，1997。

Analysis of the tones in the Guangka subdialect of De'ang. 载泰国 Mon-khmer Studies 27：91-108. P91-108.（与刘岩合写）

《中国少数民族民间文学概论·序》，吉林民族出版社，1997。

《突厥语言与文化研究（第二辑）·序》，中央民族大学出版社，1997。

《中国少数民族双语教育概论》（第2、3、7章），辽宁民族出版社，1997。（与董艳合写）

《中国社会科学家自述》中的"戴庆厦"条，上海教育出版社，1997。

《第二语言（汉语）教学论集（二）》，民族出版社，1997。（任主编）

《中国少数民族文化大辞典（第一卷）》，民族出版社，1997。（任执行主编）

1998 年

《语言调查常识（五）》，载《云南民族语文》1998（1）。（与傅爱兰合写）

《凉山彝语的体词状语助词——兼论彝语词类中有无介词类问题》，载《语言研究》1998（1）。

《彝语的多功能性》，载《民族语文》1998（2）。（与胡素华合写）

《载瓦文短时间内试行成功说明什么》，载《中国民族教育》1998（2）。（何俊芳合写）

《从民族关系看我国早期社会双语现象的形成特点》，载《民族教育研究》1998（2）（与何俊芳合写）

《景颇语的结构助词"的"》，载《语言教学与研究》1998（4）。《中国人民大学复印报刊资料》1999（2）转载。

《普米语动词的语法范畴·序》，中国文史出版社，1998。

《景颇语方位词"里、处"的虚实两重性——兼论景颇语语法分析中的"跨性"原则》，载《民族语文》1998（6）。

《现代语言学理论·序》，云南人民出版社，1998。

《中国少数民族双语研究：历史与现实·序》，中央民族大学出版社，1998。

《景颇语的助动词形成的途径和条件》，载《藏缅语族语言研究》（二），云南民族出版社，1998。（与王洪梅合写）

《景颇语的"宾动"结构》，载《藏缅语族语言研究》（二），云南民族出版社，1998。

《景颇语的连动式》，载《藏缅语族语言研究》（二），云南民族出版社，1998。

《景颇语使动范畴的结构系统和历史演变》，载《藏缅语族语言研究》（二），云南民族出版社，1998。

《民族古籍与语言学》，载《中国少数民族古籍》，巴蜀书社，1998。

《二十世纪的中国少数民族语言研究》中的前言、第一章（第八部分除外）、后记，书海出版社，1998。（任主编）

《彝语词汇学》，中央民族大学出版社，1998。（任主编）

《第二语言（汉语）教学论集（三）》，民族出版社，1998。（任主编）

1999 年

《景颇语名词的类称范畴》，载《民族语文》1999（6）。

《中国少数民族文化大辞典（第三、四、五卷）》，民族出版社，1999。（任执行主编）

《民族语文工作五十年》，载《中国教育报》1999.7.13（与傅爱兰合写）。

《第二语言（汉语）教学概论》中的前言、后记、第一、八章，民族出版社，1999。（任主编）

《难忘的五十年代语言大调查》，载《田野调查实录——民族调查回忆》，社会科学文献出版社，1999。

《仡央语言探索·序》，中央民族大学出版社，1999。

《论声调起源的初始特征》，载《艺文述林》（语言学卷），1999。（与刘岩合写）

《西夏语比较研究·序》，宁夏人民出版社，1999。

《语言使用功能成因析——阿昌语（户撒）使用功能个案调查》，《民族语文论坛》1999（1）。

《中国少数民族语言文字应用研究》，云南民族出版社，1999。（与成燕燕、傅爱兰、何俊芳合著）

《凉山彝语的结构助词 su》，载《中国语言学的新拓展》，香港城市大学出版社，1999。（与胡素华合写）

《我国少数民族学生汉语教学的现状及问题》，载《语言教育问题研究论文集》，华语教学出版社，1999。

2000 年

《泸溪土家语·序》,中央民族出版社,2000。

《汉语研究与汉藏语》,载《语言》第一卷,首都师范大学,2000。

《论景颇语在藏缅语中的地位》,载《云南民族学院学报》2000(1)。《中国人民大学复印报刊资料》2000(4)转载。

《景颇语重叠式的特点及其成因》,载《语言研究》2000(1)。《中国人民大学复印报刊资料》2000(9)转载。

《从语言系统看景颇语动词的重叠》,载《汉语学报》2000(2)。(与傅爱兰合写)

《汉藏语研究的一些思考》,载《南开学报》2000(4)。

《藏缅语的是非疑问句》,载《中国语文》2000(5)。(与傅爱兰合写)

《哈尼语的"来、去"》,载《民族语文》2000(5)。《中国人民大学复印报刊资料》2001(2)转载。(与李泽然合写)

《民族心理与少数民族语言文字应用》,载《中央民族大学学报》2000(5)。《中国人民大学复印报刊资料》2000(11)转载。

《西部开发与语言学研究》,载《中国教育报》2000.7.18。

《藏语汉语同源词研究·序》,民族出版社,2000。

《现代哈萨克语词汇学研究·序》,民族出版社,2000。

《中央民族大学中国少数民族语言文学学科纵览·序》,民族出版社,2000。

《哈尼语的并列复合名词》,载《中国哈尼学》第一辑,云南民族出版社,2000。(与李泽然合写)

《中国哈尼学(第一辑)》,云南民族出版社,2000。(任主编)

《系统论与双语研究》,载《双语学研究》,《民族教育研究》2000年增刊。(与关辛秋合写)

《一次研讨双语学理论与实践的国际盛会——"首届国际双语学研讨会"总结发言》,载《双语学研究》,《民族教育研究》2000年增刊。

《双语学研究(第一辑)——首届国际双语学研讨会论文集》,《民族

教育研究》2000年增刊。(任主编)

2001 年

《景颇语的话题》,载《语言研究》2001（1）。

《濒危语言研究中定性定位问题的初步思考》,载《中央民族大学学报》2001（2）。《中国人民大学复印报刊资料》2001（6）转载。(与邓佑玲合写)

《城市化：中国少数民族语言使用功能的变化》,载《陕西师范大学学报》2001（2）。(与邓佑玲合写)

《哈尼语研究·序》,民族出版社,2001。

《艺术语言再探索·序》,云南人民出版社,2001。

《布农语构词法研究·序》,台湾读册文化事业有限公司,2001。

《藏缅语的述宾结构》,载《方言》2001（4）。《中国人民大学复印报刊资料》2002（3）转载。(与傅爱兰合写)

《艺术语言学理论体系的深化与完善——评骆小所新著〈艺术语言再探索〉》,载《语言文字应用》2001（4）。(与杨丽姣合写)

《中国少数民族古代近代作家文学概论·序》,辽宁民族出版社,2001。

《语言接触与语言演变·序》,民族出版社,2001。

《景颇语的疑问句》,载《中国民族语言文学论集》第一辑,民族出版社,2001。

《中国民族语言文学研究论集（第一辑）》,民族出版社,2001。(任主编)

《香港语文问题之我见》,载《语言学问题集刊》第一辑,吉林人民出版社,2001。

《仙游县方言志》,载《福建县市方言志12种》,福建教育出版社,2001。(与吴启禄合写)

《朝鲜族双语现象成因论·序》,民族出版社,2001。

《从语言系统看景颇语动词的重叠》,载《汉语学报》2001（9）。(与傅爱兰合写)

《汉哈尼词典》，云南民族出版社，2001。（与段贶乐、罗书文、李批然合著）

《藏缅语族语言使动范畴的历史演变》，载〔美〕《中国语言学报》，Volume 29, Number 1, 2001.

《莆仙人学习普通话的难关》，载《福建人学习普通话指南》，语文出版社，2001。

2002 年

《互补与竞争：语言接触的杠杆》，载《语言文字应用》2002（1）。（与袁焱合写）

《关于汉藏语语法比较研究的一些理论方法问题》，载《中央民族大学学报》2002（2）。《中国人民大学复印报刊资料》2002（6）转载。

《中国民族语言文学研究论集（第二辑）》，民族出版社，2002。（任主编）

《多元一体与中国少数民族语言》，载《山西大学学报》2002（3）。（与何俊芳合写）

《景颇语"形修名"两种语序对比》，载《民族语文》2002（4）。

《藏缅语的形修名语序》，载《中国语文》2002（4）。《中国人民大学复印报刊资料》2003（4）转载。（与傅爱兰合写）

《第二语言习得中的语法"空缺"》，载《语言教学与研究》2002（5）。（与关辛秋合写）

《汉语结合非汉语研究的一些理论问题》，载《长江学术》第一辑，2002。《中国人民大学复印报刊资料》2002（12）转载。

《云南语言研究及其走向》，载《云南师范大学学报》2002（6）。

《汉朝语述宾结构对比研究·序》，延边教育出版社，2002。

《个案研究是双语教育理论建设的必由之路——文化环境与双语教育·序》，民族出版社，2002。

《中国民族语言文学研究论集（第三辑）》，民族出版社，2002。（任主编）

《濒危语言的语言状态——仙仁土家语个案分析之一》，《语言科学》

2002（1）。《中国人民大学复印报刊资料》2003（10）转载。（与田静合写）

《悠悠岁月，哈尼情深——50年代哈尼文创制工作的回忆》，载《中国哈尼学》第二辑，民族出版社，2002。

《中国哈尼学（第二辑）》，民族出版社，2002。（任主编）

《彝语结构助词·序》，民族出版社，2002。

《汉语方言词汇差异比较研究·序》，民族出版社，2002。

《现代哈萨克语结构研究·序》，新疆大学出版社，2002。

2003 年

《双语现象古今谈》，载《中国民族报》2003.1.7。

《汉语方言研究及少数民族语言结合的一些理论方法问题》，载《满语研究》2003（1）。

《景颇语句尾词形成的结构机制》，载《中央民族大学学报》2003年（2）。

《景颇语的"体"和"貌"》，载《中国民族语言文学研究论集》第二辑，民族出版社，2003。

《仙岛语的语源及其濒危趋势》，载《民族语文》2003（3）。（与王朝晖合写）

《中国彝学（二）》，民族出版社，2003。（任主编）

《论彝语支》，载《中国彝学》（二），民族出版社，2003。

《濒危语言的语言活力——仙仁土家语个案研究之二》，载《思想战线》2003（5）。《中国人民大学复印报刊资料》2003（12）转载。（与田静合写）

《清代蒙古族社会转型及语言教育·序》，民族出版社，2003。

《四音格词在汉藏语研究中的价值》，载《汉语学习》2003（6）。（与孙艳合写）

《汉语同族词的系统性与验证方法·序》，商务印书馆，2003。

《哈萨克族汉语补语习得研究·序》，民族出版社，2003。

《彝语方言比较研究·序》，四川民族出版社，2003。

《现代语言学理论与中国少数民族语言研究》，民族出版社，2003。

(任主编之一)

《莆仙方言的形态特征》，载《莆仙文化研究》，海峡文艺出版社，2003。(与吴启禄合写)

Jinghpo，载 The Sino-Tibetan Languages，Routledge Language Family Series，London and New York，2003.（与 Lon Diel 合写）

Language and Nationality，载 Collection of Anthropology and Ethnology in China，Proceedingsof China Applicant Committee for the 16 ~（th）Congress（2008）of IUAES，2003．（与马学良合写）

2004 年

《社会语言学概论》，商务印书馆，2004。(任主编)

《论语言对比》，载《中央民族大学学报》2004（1）。

《中国濒危语言研究面临的几个理论问题》，载《中国社会语言学》2004（1）。

《中国民族语言文字研究论集（4）》，民族出版社，2004。(任主编)

《从共时差异看语言濒危——仙仁土家语个案研究之三》，载《中南民族学院学报》2004（2）。(与田静合写)

《阿昌族双语转型的成因及其特点》，载《语言接触论集》2004。(与袁焱合写)

《试论新时期的民族语文工作》，载《民族教育研究》2004（4）。

《藏缅语的述补结构——兼反观汉语的述补结构》，载《语言研究》2004（4）。《中国人民大学复印报刊资料》2005（3）转载。(与黎意合写)

《高校民族预科教育研究大有可为——新疆高校民族预科教育研究·序》，载《伊犁师范学院学报》2004（4）。

《从短语结构到最简方案——阿尔泰语言的句法结构·序》，中央民族大学出版社，2004。

《双语学研究（第二辑）》，民族出版社，2004。(任主编)

《景颇语的述补结构》，载《民族语文》2004（6）。(与黎意合写)

《人口因素与语言濒危——街津口乡赫哲语濒危状态个案研究》，载《民族文化遗产》2004。(与何俊芳、张海琳合写)

《中国濒危语言个案研究》，民族出版社，2004。（任主编）

《学术气度，学派意识》，载《光明日报》2004.12.16。

《仙仁土家语濒危现象个案研究》，载《国立民族学博物馆研究报告》2004 年 28 卷 3 号。（与田静合写）

《仙岛语濒危趋势个案研究》，载《国立民族学博物馆研究报告》2004 年 28 卷 4 号。（与王朝晖合写）

《藏缅语的述宾结构——兼与汉语比较》，载《汉语研究的类型学视角》，北京语言大学出版社，2004。（与傅爱兰合写）

《论濒危语言——濒危语言个案对比研究所见》，载《中国濒危语言个案研究》，民族出版社，2004。

《三家子村满语使用情况个案调查》，载《中国濒危语言个案研究》，民族出版社，2004。（与季永海、关辛秋合写）

《萌芽期量词的类型学特征——景颇语量词的个案研究》，载《汉藏语研究》，台湾《语言暨语言学》专刊外编之四，2004。（与蒋颖合写）

2005 年

《浪速语研究》，民族出版社，2005。

《论藏缅语的反响型名量词》，载《中央民族大学学报》2005（2）。（与蒋颖合写）

《哈尼语方言音系八则》，载《中国哈尼学》第三辑，民族出版社，2005。

《中国哈尼学（第三辑）》，民族出版社，2005。（任主编）

《深化双语研究的几个问题》，载《暨南学报》2005（3）。

《藏缅语的强调式施动句》，载《语言研究》2005（3）。（与李洁合写）

《小陂流苗语概况》，载《民族语文》2005（3）。（与余金枝、杨再彪合写）

《再论汉语非汉语研究相结合的必要性》，载《语言与翻译》2005 年（3）。

《语言接触与语言演变——小陂流苗语为例》，载《语言科学》2005

(4)。《中国人民大学复印报刊资料》2005（10）转载。（与杨再彪、余金枝合写）

《景颇语四音格词产生的机制及其类型学特征》，载《中国语文》2005（5）。（与孙艳合写）

《模仿与创新——以少数民族语言为例》，载《暨南大学学报》2005（5）。

《濒危语言的年龄言语变异》，载《言语与言语学研究》2005（8）。

《必须大力加强濒危语言的个案研究（代序）》，载《仙岛人及其语言》，民族出版社，2005。

《古汉语词类转变研究的新探（代序）》，载《古汉语的名动词类转变及其发展》，中华书局，2005。

《汉语论稿·序》，吉林人民出版社，2005。

《彝语方言学·序》，中央民族大学出版社，2005。

《汉藏语系语言判断句研究·序》，中央民族大学出版社，2005。

《回顾与展望——中央民族大学少数民族语言文学学院十年巡礼（1995—2005）·序》，中央民族大学出版社，2005。

《汉语景颇语量词比较》，载《第四届国际双语学研讨会论文集》，暨南大学出版社，2005。

《景颇语基础教程》，中央民族大学出版社，2005。（与岳相昆合著）

《仙仁土家语研究》，中央民族大学出版社，2005。（与田静合著）

《仙岛语研究》，中央民族大学出版社，2005。（与丛铁华、蒋颖、李洁合著）

《中国民族语文工作》，民族出版社，2005。（任执行主编）

《第四届国际双语学研讨会论文集》，暨南大学出版社，2005。（任主编）

2006 年

《勒期语概况》，载《民族语文》2006（1）。（与李洁合写）

《"十五"期间我国少数民族语言研究综述》，载《云南民族大学学报》2006（1）。

《濒危语言与衰变语言》，载《中央民族大学学报》2006（1）。

《濒危语言研究在语言学中的地位》，载《长江学术》2006（1）。

《跨语言视角与汉语研究》，载《汉语学习》2006（1）。

《语法比较的几点思考》，载《语言与翻译》2006（1）。

《〈现代汉语词典〉在少数民族文化教育发展中的贡献》，载《语言文字应用》2006（1）。

《正确处理民族语言研究中的四个关系》，载《河北师范大学学报》2006（2）。

《语言竞争与语言和谐》，载《语言教学与研究》2006（2），并收入《少数民族语言使用与文化发展政策和法律的国际比较》，中央民族大学出版社，2008。

《田野调查在语言研究中的重要地位》，载《广西民族学院学报》2006（2）。

《从藏缅语族语言反观汉语的被动句》，载《云南师范大学学报》2006（3）。《中国人民大学复印报刊资料》2006（10）转载。（与李洁合写）

《语言接触研究必须处理好的几个问题》，载《语言研究》2006（4）。《中国人民大学复印报刊资料》2007（3）转载。（与罗自群合写）

《有关非亲属语言语法比较的一些方法论问题》，载《世界汉语教学》2006（4），并收入《汉韩语言对比研究》（1），北京语言大学出版社，2007。（与金海月合写）

《民族文化传承的危机与挑战——土家语濒危现象研究·序》，民族出版社，2006。

《汉语与少数民族语言研究的结合，是发展我国语言学的一个重要的结合点》，载《语言学名家讲座》，中国传媒大学出版社，2006。

《人类语言学在中国大有可为》，载《人类语言学在中国——中国首届人类语言学国际学术研讨会论文集》，黑龙江人民出版社，2006。

《语言接触与语言演变——小陂流苗语的语言接触变异》，载《人类语言学在中国——中国首届人类语言学国际学术研讨会论文集》，黑龙江人民出版社，2006。

《加强壮侗语语法研究势在必行——毛南语动词研究·序》，中央民族大学出版社，2006。

《濒危语言保护与民族文化保护》，载《中国民族文博》第一辑，民

族出版社，2006。(与闻静合写)

《景颇语的否定范畴》，载《语言暨语言学》专刊外编之六，台湾中央研究院语言学研究所，2006。

《景颇语的"NP+e^{31}"式——兼与汉语比较》，载《汉语被动表述问题研究新拓展》，华中师范大学出版社，2006。

《从词源比较看藏缅语量词演变的层次》，载《语言学论丛》第34辑，北京大学汉语语言学研究中心，商务印书馆，2006。(与蒋颖合写)

《汉藏语四音格词·序》，民族出版社，2006。

《语言学基础教程》，商务印书馆，2006。(任主编)

《藏缅语族语言研究（四）》，中央民族大学出版社，2006。

《汉语与少数民族语言语法比较》，民族出版社，2006。(任主编)

《语言和民族（二）》，中央民族大学出版社，2006。(与何俊芳合著)

2007 年

《汉藏语被动句的类型学分析》，载《中央民族大学学报》2007（1）。(与李洁合写)

《民族语文工作的一部有价值的参考书》，载《长江学术》2007（1）。(与罗自群合写)

《"参考语法"编写的几个问题》，载《云南师范大学学报》2007（1）。(与蒋颖合写)

《基诺族语言使用现状及其演变》，载《南开语言学刊》2007（1）。(与罗自群等合写)

《中国语言生活状况研究的新篇章》，载《语言文字应用》2007（1）。

《中国民族语文政策概述》，载《中国民族语文政策与法律述评》，民族出版社，2007。

《十三世纪傣泰语言的语音系统研究·序》，民族出版社，2007。

《构建双语和谐的多语社会》，载《民族教育研究》2007（2），并收入《第五届国际双语学研讨会论文集》，广西民族出版社，2007。

《关于汉藏语语法比较研究的一些理论方法问题》，载《湖北师院人文讲演录》，人民文学出版社，2007。

《中国少数民族双语的现状及对策》，载《语言与翻译》2007（3）。

《勒期语研究》，中央民族大学出版社，2007。

《李方桂先生的印地安语研究》，载《语言研究》2007（4）。（与汪锋合写）

《对外汉语教学要强调"有的放矢"》，载《云南师范大学学报（哲学社会科学版）》2007（5）。

《基诺族语言使用现状及其发展趋势》，商务印书馆，2007。（第一作者，并任主编）

《中国的语言》中的阿昌语、浪速语、波拉语、勒期语、仙岛语等五种语言，商务印书馆，2007。（任编委）

《景颇语的泛指动词》，载《语言科学》2007（6）。

《第五届国际双语学研讨会论文集》，广西民族出版社，2007。（任主编之一）

《汉藏语学报（2007年总第一期）》，商务印书馆，2007。（任主编）

《梁河阿昌语概况》，载《汉藏语学报》2007年总第一期，商务印书馆，2007。（与时建合写）

《波拉语研究》，民族出版社，2007。（第一作者，与蒋颖合著）

《语言的外部影响与内部机制》，载《民族语文》2007（4），《中国人民大学复印报刊资料》2007（11）转载。（与田静合写）

《濒危语言的田野调查》，载《语言学论丛》第36辑，商务印书馆，2007。

Typology of Bilingualism and Bilingual Education in Chinese Minority Nationality Regions，载 Bilingual Education in China，Multilingual Matters LTD，2007.（与成燕燕合写）

2008年

《中国少数民族双语教学问题》，载《应用语言学讲座》2008。

《论新时期的民族语言翻译》，载《民族翻译》2008（1）。

《OV型藏缅语连动结构的类型学特征》，载《汉语学报》2008（2）。（与邱月合写）

《构建我国多民族语言和谐的几个理论问题》，载《中央民族大学学报》2008（2）。

《藏缅语与汉语连动结构的比较研究》，载《世界汉语教学》2008（2）。《中国人民大学复印报刊资料》2008（9）转载。（与邱月合写）

《构建语言和谐是当前民族语文工作的主要任务——在"民族语文国际学术研讨会"上的总结发言》，载《民族教育研究》2008（3）。

《论新时期我国少数民族的语言国情调查》，载《云南师范大学学报》2008（3）。

《一本具有双语研究前沿气息的专著——〈双语与双语教育概论〉汉译版序》，载《双语与双语教育概论》，中央民族大学出版社，2008。

《阿昌族语言使用现状及其演变》，商务印书馆，2008。（第一作者，并任主编）

《古汉语研究与少数民族语言》，载《古汉语研究》2008（4），《中国人民大学复印报刊资料》2009（4）转载。

《汉哈语言对比研究·序》，新疆人民出版社，2008。

《景颇语谓语人称标记的多选择性》，载《中国语文》2008（5）。

《第二语言（汉语）教学的难点》，载《汉语学习》2008（5）。（与苗东霞合写）

《景颇语"给"字句的类型学特征》，载《中国语言学》第一辑，2008。（与邱月合写）

《具体语言研究与语言理论研究相结合——怀念徐通锵先生》，载《求索者——徐通锵先生纪念文集》，商务印书馆，2008。

《汉藏语学报（第二期）》，商务印书馆，2008。（任主编）

《关于藏缅语研究的对话》，载《汉藏语学报》第二期，2008。（与马提索夫合写）

《云南蒙古族喀卓人语言使用现状及其演变》，商务印书馆，2008。（第一作者，并任主编）

《中国高校哲学社会科学发展报告（1978—2008）·语言学》中的"民族语言研究"，广西师范大学出版社，2008。（与罗自群合写）

《到田野去——语言学田野调查的方法与实践》，民族出版社，2008。（与汪锋任主编）

《发音人的选择与合作》，载《到田野去——语言学田野调查的方法与实践》，民族出版社，2008。

《关于语言使用国情调查研究的几个问题，——以基诺族语言使用个案调查研究为例》，载《中国语言学报》2008年总第13期。（与罗自群等合写）

《反观是认识语言的一个重要方法——汉藏语系语言被动句研究·序》，民族出版社，2008。

《构建我国多民族语言和谐的几个理论问题》，中央民族大学学报2008（2）。

2009 年

《中国少数民族语言文字》，语文出版社，2009。

《元江苦聪话概况》，载《民族语文》2009（3）。（与常俊之合写）

《宏伟壮丽，为民造福》，载《语言文字应用》2009（3），《中国人民大学复印报刊资料》2009（11）转载。

《从藏缅语语法演变层次看独龙语和景颇语亲缘关系的远近》，载《中央民族大学学报》2009（3）。（与崔霞合写）

《论跨境语言研究的理论与方法》，载《云南师范大学学报》2009（3）。（与乔翔、邓凤民合写）

《景颇语词汇化分析》，载《民族语文》2009（6）。《中国人民大学复印报刊资料》2010（5）转载。

《片马茶山人和谐的多语生活——语言和谐调查研究的理论方法个案剖析》，载《云南师范大学学报》2009（6）。《中国人民大学复印报刊资料》2010（4）转载。（与余金枝、余成林、林新宇、范丽君合写）

《赵庄白语概况》，载《语言研究》2009（3）。（与赵燕珍合写）

《汉藏语学报（第三期）》，商务印书馆，2009。（任主编）

《量词的深入研究必须进入跨语言比较——〈汉藏语系语言名量词比较研究〉序》，民族出版社，2009。

《云南里山乡彝族语言使用现状及其演变》，商务印书馆，2009。（第一作者，并任主编）

《泰国万伟乡阿卡族及其语言使用现状》，中国社会科学出版社，2009。（第一作者，并任主编）。

《泰国阿卡语研究》，中国社会科学出版社，2009。（第一作者，并任主编）

《元江县羊街乡语言使用现状及其演变》，商务印书馆，2009。（第一作者，并任主编）。

《西摩洛语语言使用现状及其演变》，商务印书馆，2009。（第一作者，并任主编）

《怎样办好高校民族语文专业》，载《中国社会科学报》2009.11.26。

《西摩洛语研究》，民族出版社，2009。（与蒋颖、崔霞、余金枝、邓凤民、乔翔合著）

《中国少数民族语言研究六十年》，中央民族大学出版社，2009。（任主编）

《构建多语和谐的语言生活》，民族出版社，2009。（任主编）

《景颇语"宾谓同形短语"的特点及其成因》，载《语言学论丛》第40辑，2009。

《侗台语语源探索·序》，民族出版社，2009。

《维吾尔族、哈萨克族汉语语法教学难点释疑·序》，商务印书馆，2009。（并负责全书审订）

《喀卓人的双语关系——兼论双语关系在语言国情研究中的地位》，载《中国语言资源论丛》（一），商务印书馆，2009。（与蒋颖、邱月、常俊之、赵燕珍合写）

The Application of Substrate Theory in Research on the Ethnic Languages of China, Issues in Tibeto‐Burman Historical Linguistics（藏缅语历史语言学），National Museum of Ethnology（日本大阪国立民族学博物馆），2009。

2010 年

《怎样培养有扎实功底的民族语言研究博士》，载《民族教育研究》2010（1）。

《耿马景颇语的语言活力》，载《澳门语言学刊》2010（1）。（与蒋

颖、乔翔、朱艳华合写）

《论量词的功能与演变——汉语景颇语量词比较》，载《吕叔湘先生百年诞辰纪念文集》，商务印书馆，2010。（与蒋颖合写）

《语言关系与国家安全》，载《云南师范大学学报》2010（2）。

《藏缅语选择疑问范畴句法结构的演变链》，载《汉语学报》2010（2）。《中国人民大学复印报刊资料》2010（9）转载。（与朱艳华合写）

《李方桂全集·印第安语论文集》，清华大学出版社，2010。（任主编，并撰写"编者序"）

《藏缅语因果复句关联标记研究——兼与汉语比较》，载《中央民族大学学报》2010（2），《中国人民大学复印报刊资料》2010（7）转载。（与范丽君合写）。

《藏缅语、汉语选择疑问句比较研究》，载《语言研究》2010（5），《中国人民大学复印报刊资料》2011（2）转载。（与朱艳华合写）。

《语言学研究要结合国家需求和学术前沿——以办好〈汉藏语学报〉为视点》，载《中国社会科学报》2010.3.5。

《办好高校民族语文专业的几个认识问题》，载《云南民族大学学报》2010（3）。

《高校民族语文专业教育经验谈》，载《中国民族》2010（3）。

《汉藏语学报（第四期）》，商务印书馆，2010。（任主编）

《墨江哈尼族卡多话概况》，载《汉藏语学报》第四期，商务印书馆，2010。（与赵敏合写）

《泰国清莱拉祜族及其语言使用现状》，民族出版社，2010。（第一作者，并任主编）

《片马茶山人及其语言》，商务印书馆，2010。（第一作者，并任主编）

《语言冲突问题探讨的新贡献——语言冲突研究·序》，中央民族大学出版社，2010。

《方言和普通话应和谐共存》，载《社会科学报》2010.6.3。

《藏缅语族语言研究（五）》，云南民族出版社，2010。

《〈国家通用语言文字法〉积极影响少数民族语言生活》，载《语言文字报》2010.9.29。

《中国少数民族语言使用现状及其演变研究》，民族出版社，2010，主编。

《泰国清莱拉祜族及其语言使用现状》，中国社会科学出版社，2010，主编。

《语言和谐研究中的几个问题》，载《语言学论丛》2010年第42辑。

《语言关系与国家安全》，载《云南师范大学学报》2010（2）。

《景颇语的泛指动词》，载《汉藏语研究四十年》，黑龙江大学出版社，2010。

2011年

《汉朝语动词性结构对比与偏误分析·序》，民族出版社，2011年1月。

《语言和谐研究的几个理论问题》，载《澳门语言文化研究》2010年。

《澜沧拉祜族族语言使用现状及其演变》，商务印书馆，2011。（任主编）。

《云南德宏州景颇族语言使用现状及其演变》，商务印书馆，2011。（任主编）。

《云南省勐腊县曼迈村克木人语言使用情况及其成因》，载《南方语言学》2011（3）。

《初级维吾尔语会话教程·序》，民族出版社，2011。

《两全其美，和谐发展——解决少数民族双语问题的最佳模式》，载《中央民族大学学报》2011（5）。《中国人民大学复印报刊资料》2012（2）转载。

《从非汉语反观汉语》，载《民俗典籍文字研究》2011（8）。《中国人民大学复印报刊资料》2012（8）转载。

《汉藏语的"的"字结构》，载《汉语学报》2011（4）。《中国人民大学复印报刊资料》2012（5）转载。

《语言接触与浊音恢复——以缅甸语的浊音演变为例》，载《民族语文》2011（2）。《中国人民大学复印报刊资料》2011（7）转载。

《论亲属语言演变链》，载《贵州民族学院学报（哲学社会科学版）》2011（2）。

《关注国情：语言研究的应有之义》，载《中国社会科学报》2011.11.22。

《20年来汉藏语系的语言类型学研究》，载《云南民族大学学报（哲学社会科学版）》2011（5）。《中国人民大学复印报刊资料》2012（1）转载。（与朱艳华合写）

《中国的语言国情及民族语文政策》，载《第三届中国云南濒危语言遗产保护国际学术研讨会论文集——母语的消失与存留》，民族出版社，2011。

2012 年

《老挝琅南塔省克木族及其语言》，中国社会科学出版社，2012。（任主编）。

《戴庆厦文集》，中央民族大学出版社，2012。

《一部着力白语特点的参考语法——〈赵庄白语参考语法〉序》，中国社会科学出版社，2012。

《景颇语参考语法》，中国社会科学出版社，2012。

《汉语和非汉语结合研究是深化我国语言学研究的必由之路》，载《中国语文》2012（5）。

《"濒危语言热"二十年》，载《云南师范大学学报》2012（7）。《新华文摘》2012年（19）转载。《中国社会科学文摘》2012（12）转载。

《语言研究重在服务的新气象》，载《中国社会科学报》2012.12.31。

《深入田野，建构中国语言学理论体系——访云南师范大学汉藏语研究院院长戴庆厦》，《中国社会科学报》2012.09.12。

2013 年

《语言调查教程》，商务印书馆，2013。

《多角度、多方法才能深化中国少数民族语言研究——中国语言研究方法论刍议》,《中央民族大学学报(哲学社会科学版)》2013(4)。《中国人民大学复印报刊资料》2014(1)转载。

《论"科学保护各民族语言文字"》,载《语言文字应用》2013(1)。

《开展我国语言和谐研究的构想》,载《黔南民族师范学院学报》2013(3)。

《立足"本土",讲究"视野"——漫谈当今语言研究之路》,载《汉字文化》,2013(4)。

《中国少数民族双语面临的问题及对策》,载《今日民族》2013(1)。

《语言学理论创新要靠语言事实发掘——〈阿尔泰语言元音和谐研究〉序》,载《语言与翻译》2013(3)。

《多角度深化中国少数民族语言研究》,载《中国社会科学报》2013.04.15。

《科学保护各民族语言文字》,载《贵州民族报》2013.05.27。

《从民族语言宝库中汲取"改进文风"的营养》,载《中国社会科学报》2013.01.07。

《领会纲要精神保护好各民族语言文字》,载《中国教育报》2013.01.04。

《加强语言和谐的调查研究是当务之急》,载《语言文字报》2013.08.14。

2014 年

《科学推进双语建设的几个认识问题》,载《双语教育研究》2014(01)。

《"科学保护各民族语言文字"研究的理论方法思考》,载《民族翻译》2014(1)。

《语言类型学的基本方法与理论框架》,商务印书馆,2014(任主编,与汪锋合编)。

《大新壮语形容词研究·序》,中国社会科学出版社,2013。

《跨境语言研究的历史和现状》,载《语言文字应用》2014年(2)。《中国人民大学复印报刊资料》2014(9)转载。《中国社会科学》转载,编入《跨境语言与语言生活》商务印书馆，2015 年。

《由单语向双语的历史转变——少数民族语言生活随想之一》，载《语言文字报》2014.6.11。

《加强语言和谐研究势在必行——少数民族语言生活随想之二》，载《语言文字报》2014.6.11。

《论开展全国第二次民族语言使用现状大调查的必要性》，载《民族翻译》2014（3）。

《丽江市古城区七河镇共和村的语言和谐》，载《青海民族研究》2014（3）。（与和智利、李旭芳合写）

《类型学视野下的汉语"体"范畴——兼论必须充分利用我国语言资源发展语言学》，载《汉语方言时体问题新探索》，中央民族大学出版社，2014。

《汉族干部应加强学习少数民族语言——少数民族语言生活随想之三》，载《语言文字报》2014.09.17。

《汉语的特点究竟是什么》，《云南师范大学学报》2014（5）。

《云南玉龙县九河白族乡少数民族的语言生活》，商务印书馆，2014，（任主编）。

《语言和谐论集》，四川大学出版社，2014。（任总主编）。

《景颇语弱化音节语音性质的实验研究》，《中央民族大学学报》2014（5）。

《描写与比较相结合是跨境语言研究的基本方法〈跨境俄罗斯语——新疆俄罗斯语研究〉序》，中国社会科学出版社，2012。

2015 年

《科学地、理智地深入开展濒危语言保护的研究》，载《北方民族大学学报》2015（3）。

《汉藏语并列复合词韵律词序的类型学特征——兼论汉藏语语法类型学研究的一些认识问题》，载《吉林大学学报》2015（3）。《中国人民大学复印报刊资料》2015（9）转载。

《汉字规范有利于少数民族发展》，载《信息时代汉字规范的新发展》，教育部语言文字信息管理司编，商务印书馆，2015。

《论边疆地区的语言生活——芒海镇吕英村语言生活个案分析》，载《贵州民族研究》2015（4）。（与和智利、杨露合写）。

《中国濒危语言研究的四个认识问题》，载《玉溪师范学院学报》2015（1）。

《语言类型学的基本方法与理论框架》，商务印书馆，2015。（与汪锋当主编）。

《汉语的特点究竟是什么》，载《民俗典籍文字研究》2015（15）。

《景颇语弱化音节的历史来源》，载《庆祝梅祖麟先生八十华诞学术论文集》，首都师范大学出版社，2015。

《中国语言国情及民族语文政策》，载《语言规划与语言政策》（续），王辉、周玉忠主编，中国社会科学出版社，2015。原载《汉语国际教育》2010年第4辑。

《语言国情调查的理论方法问题》，载《语言政策与语言教育》2015（1）。

《碧约哈尼语概况》，载《汉藏语学报》2015（8）。（与经典合写）。

《汉藏语研究的四个困惑及其前景》，载《民俗典籍文字研究》2015第16辑。商务印书馆，2015。

《边疆地区语言状况研究须有中国馆特色》，载《中央民族大学学报》2015（6）。

《论"语言国情学"》，载《历届语言学前沿论坛精选文集》，北京市语言学会编，北京语言大学出版社，2015。

《实体语法理论——哈萨克描写语法学方法论·序》，中央民族大学出版社，2015。

《语言使用研究在社会语言学研究中的地位》，载《中国社会语言学》2015（2）。

《景颇语的基数词——兼与汉语等亲属语言比较》，载《民族语文》2015（5）。《中国人民大学复印报刊资料》2016（7）转载。（与彭茹合写）

《戴庆厦文集》（第六卷），中国社会科学出版社，2015。

2016 年

《我国跨境语言学研究》，载《当代语言学》2016（2）。

《论跨境语言的和谐与冲突——以中缅景颇语个案为例》，载《语言战略研究》2016（2）。《中国人民大学复印报刊资料》2016（8）转载。

《汉语与非汉语结合研究成果汇要》，民族出版社，2016。

《一部有深度的研究汉语句子信息结构的新成果——〈汉语句子信息结构研究〉序》，北京师范大学出版社，2016。

《景颇语两类句尾词的功能互补》，载《云南师范大学学报（哲学社会科学版）》2016（4）。

《藏缅语的基数词——兼与汉语比较》，载《青海民族研究》2016（2）。（与彭茹合写）

《景颇语方式范畴的句法形式及其类型学特征》，载《语言研究》2016 年（3）。（与闻静合写）

《语言保护的再认识》，载《黔南民族师范学院学报》2016（3）。

《跨境语言调查的方法论问题》，载《华夏文化论坛》2016。

《编写周边语言状况丛书的一些想法》，载《百色学报》2016（2）。

《哈萨克斯坦维吾尔族及其语言》，中国社会科学出版社，2016。（第一作者）。

《景颇语"存变句式"的性质及其在句式中的地位》，载《汉语句式问题探索》，徐阳春、刘小川主编，中国社会科学出版社，2016。

《语言保护与中国的少数民族语言》，载《民俗典籍文字研究》十八辑，商务印书馆，2016。

2017 年

《再论汉语的特点是什么——从景颇语反观汉语》，载《民族语文》2017（2）。《中国人民大学复印报刊资料》2017（9）转载。

《各美其美，美美与共——戴庆厦先生语言文化多样性，语言传承与华人教育》，《世界华文教育》2017（2）。

《多民族国家少数民族兼用通用语的趋势及国家策略》，载《黔南民族师范学院学报》，2017（2）。

《"科学保护各民族语言文字"的理论与实践——"语言保护"实施后的五年回顾》，载《贵州民族研究》2017（2）。

《论"分析性语言"研究眼光》，载《云南师范大学学报》2017（5）。《中国人民大学复印报刊资料》2018（1）转载（与闻静合写）。《中国社会科学文摘》2018年3月转登。

《呼唤更多的有深度的动量词研究论著问世——〈藏缅语族语言动量词研究〉序》，中国社会科学出版社，2017。

《语言国情调查概论》，中国社会科学出版社，2017（任主编）。

《科学保护各民族语言文字需要处理好三个方面的关系》，《贵州民族报》2017.12.27。

《我国少数民族实现双语的两大指标》，载《贵州民族研究》2017（12）。

《商务是作者的温暖之家》，载《中华读书报》2017.11.29。

《语言和谐与边疆稳定——云南省文山州都龙镇各民族语言关系的理论分析》，载《中南民族大学学报（人文社会科学版）》2017（4）。

《两全其美，和谐发展》，载《贵州民族报》2017.05.16。

《中国的语言传承工作能够为世界提供参考》，载《语言战略研究》2017（3）。

《再论汉语的特点是什么——从景颇语反观汉语》，《民族语文》2017（2）。《汉语言学新视野》转载，学林出版社，2018。

2018年

《景颇语两类句尾词的功能互补》，载《云南师范大学学报》2016（4）。

《我做景颇语研究的一些体会》，载《中国民族语言学报》2018（1）。

《老挝普内语研究》，科学出版社，2018（与陈娥、彭茹合著）。

《必须提高全民族谚语使用的水平——〈中华谚语研究论集〉序》，内蒙古大学出版社，2018。

《上世纪五十年代语言实习生活回忆札记》，载《汉藏语学报》2018

(10)。

《景颇语传讯范畴的类别及性质》，载《黔南民族师范学院学报》2018（5）。

2019 年

《宏观把握，微观入手——跨境老挝语调查研究的体会》，载《贵州民族研究》2019（1）。

《跨境语言与国家安全——以中缅跨境景颇族语言为例》，载《中国图书评论》2019（1）。

《语言转型与词类变化：以景颇语句尾词衰变为例》，载《民族语文》2019（1）。《中国人民大学复印报刊资料》2019（8）转载。

《藏缅语人称代词格范畴的类型分析——兼以反观上古汉语人称代词格范畴》，载《云南师范大学学报（哲学社会科学版）》2019（3），《中国人民大学复印报刊资料》2019（11）转载。（与王洪秀合写）

《谚语研究的一个有价值的个案》，载《谚语研究的一个有价值的个案》，商务印书馆，2019。

《语言国情调查中的几个问题》，载《中国民族语言学报》第2辑。

《分析性语言的单音节性与双音节化——以景颇语为例》，载《黔南民族师范学院》2019（5）。

《中缅跨境景颇族语言研究》，中国社会科学出版社，2019。（与徐悉艰、金海月等合著）

《景颇语词汇学（修订本）》，中央民族大学出版社，2019。（与徐悉艰合著）

《阿昌语方言词汇集·序》，云南民族出版社，2019年。

2020 年

《老挝普内语概况》，载《汉藏语学报》2020（1）。（与陈娥、彭茹合写）

《论景颇语的分析性属性》，载《语言学论丛》第62期。

《深化跨境民族语言研究的五个理论问题》，载《贵州民族研究》2020（1）。

《语言国情调查的再认识》，载《语言应用研究》2020（3）。

《戴庆厦自选集》，中央民族大学出版社，2020。

《跨境语言调查与换位思考》，载《輶轩使者——语言学家的田野调查》，李宇明、王莉宁主编，商务印书馆，2020。

《论"记音"》，载《民族翻译》2020（1）。

《论新时代的语言国情调查》，载《语言规划学研究》第八辑，北京语言大学出版社，2020。

《景颇语的"一个半音节"在汉藏语语音研究中的地位》，载《韵律语法研究》2020（1）。

《史诗文献注释方法论的创新——〈彝族史诗"勒俄特依"译注及语言学研究〉序》，中国社会科学出版社，2020。

《民族语文文字应用研究第一辑》，民族出版社，2020。（与曲木铁西一起任主编）。

《谈谈语言田野调查》，载《民族语文文字应用研究第一辑》，民族出版社，2020。

《论分析型语言研究法的构建》，载《中央民族大学学报》2020（6）。

2021 年

《汉藏语研究方法讲稿》，商务印书馆，2021。

《景颇语的"主之谓"——兼与古代汉语比较》，载《古代汉语研究》2021（1）。《中国人民大学复印报刊资料》2021（5）转载。

《分析型语言与隐性语义实化——以藏缅语族的景颇语、哈尼语为例》，载《民族语文》2021（1）。《中国人民大学复印报刊资料》2021（8）转载。

《语言适应与语言发展——以贵琼语的变化为例》，载《语言应用研究》2021（3）。（与杨晓燕合写）

《语言学著作序文集》，民族出版社，2021。

(四) 荣誉

1953年3月　获中央民族学院优等生称号。

1986年7月　被评为中央民族学院优秀党员。

1987年11月　参加编写的《语言学概论》获得北京市哲学和政策研究优秀成果一等奖。

1987年11月　参加编写的《景汉辞典》《汉景词典》获得北京市哲学社会科学和政策研究优秀成果二等奖。

1988年1月　参加编写的《语言学概论》获得全国高等学校优秀教材奖。

1989年7月　主持的"结合我国语言实际开设系列语言学教程"项目获北京市高等教育局优秀教学成果奖。

1991年　《藏缅语族语言研究》获北京市第二届哲学社会科学优秀成果二等奖。

1992年2月　专著《藏缅语族语言研究》获得1989—1990年度滇版优秀图书一等奖。

1992年10月1日　获国务院政府特殊津贴。

1993年9月　获得北京市普通高等学校优秀教学成果二等奖。

1993年12月　主编的《汉语与少数民族语言关系概论》获得国家民委社会科学二等奖。

1993年12月8日　《中国少数民族语言简志丛书》（阿昌语简志）获中国社会科学院优秀成果奖。

1994年10月　参编的《藏缅语族语言词汇》获第二届中国民族图书一等奖。

1995年4月　获美国内布拉斯加州颁发的突出贡献奖。

1995年6月28日　参编的《计算机数据库及文字处理技术在少数民族语文研究中的应用》获国家民委一等奖。

1995年12月　参编的《汉藏语概论》获得全国高等学校人文社会研究优秀成果奖二等奖。

1995年　荣获《中国大百科全书》编辑出版荣誉证书。

1998年12月　参编的《汉语与少数民族语言关系概论》获普通高等学校第二届人文社会科学研究成果奖。

1998年12月　参编的《中国少数民族双语教育概论》获北京市第五届哲学社会科学优秀成果一等奖。

1999年5月18日　中国教育报登载《一生钟情语言科学——记著名民族语言学家、博士生导师戴庆厦教授》。

1999年　参编的《中国少数民族双语教学概论》获北京第五届哲学社会科学优秀成果一等奖。

2000年12月　参编的《中国少数民族语言文字应用研究》获北京市第六届哲学社会科学优秀成果二等奖。

2004年6月　获第一届国家民委突出贡献专家奖。

2004年10月20日　学校举行"庆祝戴庆厦教授从事民族语文教学研究五十年——暨首届汉藏语言专题（量词）"研讨会。

2005年1月　参编的《汉藏语概论》被评为北京高等教育精品教材。

2005年　"国家社科会科学基金重点项目——中国濒危语言个案对比研究"（批准号：01AYY005）结项，等级为优。

2006年12月14日　专著《中国濒危语言个案研究》获得第四届中国高校人文社会科学研究优秀成果三等奖。

2006年12月　专著《仙岛语研究》获得北京市第九届哲学社会科学研究优秀成果奖一等奖。

2007年9月　获北京市第三届高校教学名师奖。

2010年5月　获全国哲学社会科学规划领导小组表彰的荣誉证书。

2011年3月21—28日　获泰国清莱皇家大学荣誉博士。

2011年3月　在《长江学术》上刊登的《专家笔谈》一文获湖北省社科期刊第十二届专题优秀作品三等奖。

2012年12月　聘为中央民族大学荣誉资深教授。

2014年12月31日　北京语言大学、北京语言学会为六位在京专家举行寿庆，授予"语言学杰出贡献奖"。

2015年6月13日　中央民族大学中国少数民族语言文学学院召开"中国民族语文研究暨戴庆厦教授八十寿庆"研讨会。

2016年2月20日　获德宏州景颇族发展进步研究学会颁发的"杰出

景颇语文工作贡献奖"。

（五）赴国外、我国港澳台地区学术访问或参加会议

1986年1月　赴美国圣巴巴拉参加美国加州大学举办的"中国少数民族语言与文化"国际会议，见到李方桂先生。

1987年7月7日　参加香港大学举办的"国际粤语会议"。

1988年9月　参加在瑞典召开的第21届国际汉藏语言暨语言学会议。

1989年10月　参加在夏威夷召开的第22届国际汉藏语言暨语言学会议。

1990年9月30日—10月24日　参加在美国德克萨斯召开的第23届国际汉藏语言暨语言学会议，会后访问美国暑期语言学院（S.I.L）。

1992年5月5日—7月31日　与悉艰赴日本大阪、京都、东京访问。

1992年9月1—22日陪同美国SIL代表团去云南、贵州等四省考察、访问。

1992年10月　在菲律宾马尼拉参加国际词典学会议。

1992年12月12—15日　参加在中国香港举行的华语区语言学研讨会。

1993年9月　赴日本参加第26届国际汉藏语言暨语言学会议。

1994年3月26日—4月27日　与悉艰一同赴台北中研院访问。

1994年10月11日　赴巴黎参加第27届国际汉藏语言暨语言学会议。

1995年10月4—13日　赴美国参加第28届国际汉藏语言暨语言学会议。

1996年8月2—10日　参加中央民族大学代表团赴泰国访问。

1996年9月4—11日　赴韩国访问。

1996年9月　赴日本参加第29届国际汉藏语言暨语言学会议。

1997年3月26—29日　赴中国香港参加"纪念赵元任暨香港多语多文化"研讨会。

1997年7月14日—8月14日　参加中央民族大学代表团访问美国。

1998年9月29日—10月7日　赴瑞典参加第31届国际汉藏语言暨

语言学会议。

1998 年 11 月 28 日　应邀参加香港中国语文学会主办的学术研讨会，作了题为《新时期中国少数民族语言功能的变化》的主旨报告。

1999 年 8 月 7—13 日　赴德国参加第七世界汉语教学会议。

2001 年 8 月　赴新加坡参加第一届肯特岗国际汉语语言学圆桌会议。

2001 年 12 月 23 日　赴中国香港参加华语社区双语研究会议。

2002 年 3 月 12—14 日　赴中国香港参加第一届中国语言文字国际学术研讨会。

2002 年 11 月 2 日　在中国香港参加语言学学术会议。

2006 年 5 月 29 日—6 月 2 日　赴中国台湾参加"纪念李方桂先生学术研讨会"。

2006 年 9 月 13—18 日　赴美国西雅图参加第 39 届国际汉藏语言暨语言学会议。

2008 年 9 月 11 日　应邀参加在日本大阪举行的"缅甸语地区语言底层国际会议"。

2008 年　应邀访问韩国首尔外国语大学。

2009 年 1 月　赴泰国万伟乡调查阿卡语。

2010 年 2 月　赴泰国清莱调查拉祜语。

2010 年 6 月 21—27 日　赴中国台湾参加"藏缅语学术讨论会"。

2010 年 7 月 9—10 日　参加在香港理工大学召开的"多语社会与语言沟通——欧洲与中国应如何借鉴"会议。

2010 年 7 月 11—14 日　参加在香港理工大学召开的"第三届中欧社会论坛双年聚会"。

2010 年 10 月 15—22 日　赴瑞典参加第 43 届国际汉藏语暨语言学会议。

2011 年　赴泰国调查克木语。

2012 年 1 月　赴泰国调查优勉语。

2012 年 7 月 1—16 日　赴哈萨克斯坦做跨境语言调查。

2014 年 8 月 13—21 日　到美国俄克拉荷马大学参加"汉语汉字文化会议"。

2015 年 2 月 12—17 日　赴菲律宾马尼拉参加第 11 届国际双语学研

讨会。

2017年2—3月　赴老挝琅南塔调查普内语。

2017年3月　赴韩国首尔大学访问。

2018年12月12日　参加在老挝举行的"湄公河流域语言文化国际会议",发言题为《语言保护在中国》。

后　　记

　　2018年5月，我参加云南师范大学文学院硕士研究生答辩，正好碰到老朋友云南大学著名教授段炳昌教授（他原是云南大学文学院院长）。好久不见，见面时格外高兴。一起参加答辩完了后，他亲切地对我说，要为我做一部口述史。他说，回去后跟我的学生赵燕珍说，让她具体操办这件事。赵燕珍是我的2006级的博士生，毕业后到云南大学文学院任教，教语言学课，已是副教授。赵燕珍接到这一任务后，立即给我打电话，约我7月19日在云南大学做报告的时间抽空商量编写口述史的事。我非常感谢段老师，他这种说话算数、做事果断的风格令我起敬。

　　之后，我就开始回忆过去，梳理自己的八十多年的经历。漫长的人生历程一幕幕情景浮现在眼前，既有欢乐、充实，又有挫折、忧愁。我们这一代人目睹了新旧社会的对比，有幸从懂事起就把自己的人生与国家、民族的命运紧紧地联系在一起，新中国为我们提供了发挥才能的机会。我们能够做些事，能够辨别丑与美，勇于进取，是因为有了好的时代。岁月如歌！虽然我已过八十，但在黄昏之年，还想为祖国的发展、繁荣做些力所能及之事。人生的价值在于贡献，这是过好人生必须坚守的真理。

　　这本书从运作到出版，前后经过近四年时间。真诚感谢云南大学段炳昌教授、王卫东教授（云南大学文学院院长）的长期关照、费心；还要感谢赵燕珍副教授在繁忙的教学科研工作之余不厌其烦地为出好这本书尽心。

戴庆厦
2022年2月17日
于中央民族大学507工作室

▲ 1935年出生于厦门鼓浪屿

▲ 1952年（17岁）毕业于福建省仙游第一中学

▲ 1954年在瑞丽县景颇山寨实习住的茅草房

▲ 1954年（19岁，后排左一）语言实习结束后，在昆明得到德宏州副州长司拉山（前排左四）的接待

▲ 1956年，参加中国科学院语言调查工作队。这是1958年在云南元阳培训哈尼文教师的合影（二排右三）

▲ 1959年的结婚照

▲ 1975年在德宏州培训语文干部，这是教师与学员合影（前排右五）

▲ 1980年，同研究生傅爱兰、刘菊黄一起调查缅甸克伦语

▲ 1982年，在华中科技大学为全国语言学班上课（前排左五）

▲ 自1960年起长期讲授语言学课程

▲ 1983年,与马学良老师和开门弟子傅爱兰(右一)、刘菊黄(左一)合影

▲ 1984年,在香港参加"华裔社会中语言教学"研讨会,左一为李行德,左二为徐通锵

▲ 1989年,在夏威夷召开的国际汉藏语会议上与马提索夫(右一)Scott DeLancey(左二)、Lon Diell(左一)在一起讨论汉藏语研究问题

▲ 1990年,担任博士生导师,这是在答辩会上

▲ 1990年,在美国世界少数民族语文研究院做关于中国少数民族语言文字和语文政策的学术报告

▲ 1991年,在四川凉山参加首届国际彝缅语会议

▲ 1992年，与徐悉艰应邀访问日本京都大学，与西田龙雄教授商讨藏缅语研究

▲ 1992至1997年，担任国务院学位委员会学科评审组成员

▲ 1992年，带领博士生在兰坪普米寨调查普米语（左起阮宝娣、陈卫东、胡素华、戴庆厦、刘岩）

▲ 1993年，与著名汉藏语言学家马提索夫（左一）、白保罗（左二）在国际汉藏语会议上合影

▲ 2001年，为香港中文大学与云南大学合办的暑期语言工作坊讲课

▲ 2001年，重返50年前语言实习生活过的景颇寨子——云南陇川县弄唤寨

▲ 2002年7月，在去湖南湘西保靖县仙仁乡龙头寨路上调查濒危语言土家语

▲ 2002年，在湘西仙仁乡调查土家语

▲ 2002年，获美国语言学会终身会员称号，被誉为"藏缅语族下属语支权威学者"

▲ 2004年，荣获第一届国家民委"突出贡献专家奖"

▲ 2005年，在广西参加濒危语言国际学术会议

▲ 2005年，在芒市向勒期人董卫明调查勒期语

▲ 2006年，与弟子罗自群、蒋光友、时建、田静、金海月、吴铮、赵敏等在基诺山调查基诺语

▲ 2006年，带领博士生到云南阿昌族地区调查阿昌语（前排左起邱月、戴庆厦、赵燕珍；后排左一常俊之，右起时建、崔霞、赵敏）

▲ 2007年，创办《汉藏语学报》，任主编。这是编委会成立会议

▲ 2008年，赴泰国清莱省万尾乡调查阿卡族及其语言使用现状

▲ 2009年，在"全国语言学青年博士生导师高级研修班"讲授"如何培养有质量的博士生"

▲ 2011年，泰国王子（现国王）授予清莱皇家大学荣誉博士称号

▲ 2012年，在哈萨克斯坦与阿布莱罕外国语大学校长谈合作事项，左起戴庆厦、艾尔肯·阿热孜、田静、朱艳华）

▲ 2013年，在丽江七河镇白族村寨访谈，右一为李旭芳

▲ 2014年，在缅甸仰光的一所景颇族幼儿园调查儿童语言使用情况（中排右一朱艳华、右四戴庆厦，后排右一岳麻腊）

▲ 2015年，向缅甸人曹美爱等调查缅甸语

▲ 2016年，与好友陈章太（左一）、陆俭明（右一）参加商务印书馆《中国语言生活绿皮书》审定会

▲ 2016年在老挝调查普内语（左起：杨露、余金枝、戴庆厦、苏哲、朱艳华、彭茹）

▲ 2017年，与徐悉艰在云南边境调查缅甸景颇族波拉人的语言使用情况

▲ 2018年，与北京大学陆俭明教授参加在长沙召开的世界语言资源保护大会

▲ 2018年，与李宇明教授（右五）在老挝教育部访问

▲ 2018年，踏着秋叶去上课（83岁）

▲ 2018年5月，与段炳昌教授在云南师范大学合影

▲ 2019年7月，在昆明与本书的采访者赵燕珍副教授合影

▲ 戴庆厦、徐悉艰近照